ちくま新書

古代史講義【氏族篇】

佐藤 信 編
Sato Makoto

1579

古代史講義 氏族篇【目次】

はじめに

佐藤 信

めざましく研究が進展しつつある日本古代史の最新の研究成果と研究動向を、わかりやすく読者に提供するという趣旨で、これまでの『古代史講義――邪馬台国から平安時代まで』、『古代史講義【戦乱篇】』、『古代史講義【宮都篇】』に続けて、この度『古代史講義【氏族篇】』を送り出すことになった。

日本の古代史では、ヤマト王権の時代から律令国家の時代へという大きな歴史変遷が起きた。ヤマト王権のもとでは、畿内の有力豪族の統合を代表する大王のもとで、有力豪族たちは氏族的立場から倭の王権を構成した。氏姓制の時代ともいわれる。大王のもとで王権を構成した有力豪族には、議政官である大夫《まえつきみ》によって構成される群臣会議を代表する有力氏族があり、政権を左右して『日本書紀』に大臣・大連と位置づけられている。こうした有力氏族には大伴氏、物部氏、蘇我氏などがあり、時代とともに勢力交替があった。王権のもとで、神祇《じんぎ》を担当する氏族として中臣《なかとみ》氏や忌部《いんべ》氏があり、食膳を担当する氏族として膳《かしわで》氏や阿曇《あずみ》氏があるなど、それぞれの分野を伝統的に担って負名氏《なおいのうじ》と呼ばれる諸氏族があった。また、文筆や技術的諸分野で伴造《とものみやつこ》として大王権力に奉仕した渡来系氏族の諸集団もあった。こうした氏（ウヂ）は、必ずしも血縁集団というわけではなく、擬制的な血縁関係もふくめて政治的構成体としてとらえる見方が今日では一般的である。

　こうした氏姓制に対して、律令による中央集権的な帝国を整えた中国の隋・唐に学び、国際的緊張に対応して中央集権的な国制を実現したのが、日本律令国家であった。律令国家の確立は、氏族・氏姓を中心に氏（ウヂ）への結集を求める豪族のあり方から、氏よりも天皇に奉仕する個々の官人（官僚）を重視する律令官僚制の世界へという変化をもたらした。この氏族制・氏姓制から律令制へという変化は、ちょうど大王から天皇へという変化や、国号が倭から日本へと変貌する動きなどとも重なるものといえよう。ただし、律令官僚制のもとでも、従来の氏族が解体したわけではない。蔭位《おんい》の制によって既存貴族の氏族的温存も図られており、官人は天皇に仕えるとともに氏族にも属して行動・婚姻・生活を行い、氏上を尊重し氏の興隆を図る態度も維持したのであった。

　八世紀の政治史を、旧来の有力中央豪族の氏族的立場に重きを置く大伴氏的な立場と、新しい律令官僚制のなかに自らを位置づけて勢力を伸張させた藤原氏的な立場との対抗軸で説明する竹内理三《りぞう》氏の指摘（「八世紀における大伴的と藤原的」『竹内理三著作集第四巻』）は、今も鮮やかである。藤原氏に対抗し得る氏族としては、奈良時代には皇族出身の橘氏や伝統的な大伴氏・佐伯氏などがあり、律令制のもとでも氏族の動向はなお大きな位置を占めていたといえる。

皇統が天武系から天智系に代わった平安時代の初期には、八色《やくさ》の姓《かばね》や大宝律令以来の氏族のあり方が時代とともに大きく変貌したことを受けて、氏族秩序の再整備をめざして嵯峨天皇のもと、八一四年（弘仁五）に京・畿内諸氏族の系譜をまとめた『新撰姓氏録《しんせんしょうじろく》』が編まれた。これも、律令制を維持するための政治改革の一環とみることができる。

平安時代の氏では、氏長者《うじのちょうじゃ》が中心となって、氏神《うじがみ》や氏寺《うじでら》をまつり、氏人が大学で学ぶ際の大学別曹《べっそう》を管理し、氏人から一人を五位に推薦すること（氏爵《うじのしゃく》）などを通して氏の統合をはかった。

九世紀には、藤原氏のなかでも嵯峨天皇に重用された藤原冬嗣《ふゆつぐ》に続けて良房《よしふさ》・基経《もとつね》を輩出した藤原北家が台頭した。藤原北家は、天皇の外戚としての地位を獲得しつつ他氏族を排斥し、政治権力を掌握していった。他氏族・他家を排斥する過程では、承和《じょうわ》の変（八四二年）・応天門の変（八六六年）・阿衡《あこう》の紛議（八八八年）・菅原道真左遷事件（九〇一年）などの政治的事件が相次いだ。この過程を経て、藤原北家が摂政・関白として政治的発言力をもつ摂関政治への道が開かれていった。

古代の政治過程に応じた各氏族のあり方をめぐる研究には、近年多くの研究業績が積まれている。こうした最新の研究史をふまえて、本書では、各時期に活躍した諸氏族の動向を通して歴史を概観することをめざした。諸氏族についての十五講のどこからでも、読み進めていただければ幸いである。

凡例

＊各講末の「さらに詳しく知るための参考文献」に掲載されている文献については、本文中では（著者名　発表年）という形で略記した。

＊表記については原則として新字体を用い、引用史料の旧仮名遣いはそのままとした。

第1講

大伴氏（伴氏）

大川原竜一

†大伴氏（伴氏）と「令和」

二〇一九年五月一日、新しい元号である「令和」が施行された。その典拠は、『万葉集《まんようしゅう》』巻五の「梅花《うめのはな》の歌三十二首《しゅ》」（八一五～八四六番歌）に付された序にみえる「初春令月　気淑風和」（初春《しょしゅん》の令月《れいげつ》にして　気淑《きよ》く風和《かぜやわら》ぎ）という一節である。これらの歌は、七三〇年（天平《てんぴょう》二）に大伴宿禰旅人《おおとものすくねたびと》が大宰府《だざいふ》の自邸にて九州各地の官人を招いて催した、「梅花《ばいか》の宴《えん》」で詠まれている。旅人は、『万葉集』の編纂に関わったとされる家持《やかもち》の父にあたる。

大伴氏は歴史の教科書にも登場する伝統ある氏族である。「大化改新《たいかのかいしん》」以前より王権の政治の中心にあり、壬申《じんしん》の乱では大海人皇子《おおあまのみこ》（のちの天武《てんむ》天皇）の勝利に貢献し、奈良時代には幾度となく政変にまきこまれながらも生き残った。また平安時代には、淳和《じゅんな》天皇即位にともない、その諱《いみな》（身分の高い人の実名）の「大伴」を避けるため伴《とも》氏と称した。本講では大伴氏（伴氏）の歴史をひもとき、その足跡を追う。

†大伴氏の由来とその本拠地

「大伴」という名は、職務をもって王権に奉仕する人びとの組織・団体である「伴《とも》」に由来する。この伴をひきいたものが伴造《とものみやつこ》である。「大伴」とは、「伴造のなかの伴造」つまり有力な伴造として多くの伴を管掌していたことを意味しており（直木孝次郎「大伴連と軍事的伴」『日本古代兵制史の研究』吉川弘文館、一九六八）、それがまた中央で活躍した大伴氏の職掌であった。日本古代の氏族は、族長を頂点として血縁親族を中心にまとまり、共通の祖をもつ氏《うじ》を形成した同族的集団（擬制的な関係も含む）であるとともに、王権より氏の名とカバネを賜り、その臣下として職掌をはたすことで自らの地位を確保した政治的集団であった。

カバネとは、氏の社会的・政治的地位を示すものとして王権より賜与された身分標識である。中央の大伴氏は大化以前に「連《むらじ》」のカバネを有した。「連」は、おもに職掌名を氏の名とする、王権への従属性が強いものに与えられたカバネであった。「大伴」という氏の名と「連」のカバネを賜ったのは、氏が成立した五世紀末から六世紀初頭以降であろう。中央の大伴連の統属下におかれた地方の豪族には、大伴（部《べ》）直《あたい》や大伴首《おびと》といった氏の名とカバネが与えられた。

大伴氏の本拠地については、『日本書紀《にほんしょき》』（以下、『書紀』と略す。出典が『書紀』の場合は書名を省く）に、神武《じんむ》天皇の大和《やまと》入りの論功行賞により大伴連の遠祖《とおつおや》の道臣命《みちのおみのみこと》が宅地を賜り、「築坂邑《つきさかのむら》」に居住したとある（神武二年二月乙巳条）。これにより大伴氏が大和に構えた最初の拠点は、のちの大和国高市《たかいち》郡（現在の奈良県橿原市鳥屋町）であったとされる。ただしこの一帯には六世紀半ばから後半に蘇《そ》我《が》氏が勢力を伸張させたため（加藤謙吉『大和の豪族と渡来人』吉川弘文館、二〇〇二）、大伴氏はのちに本拠地を大和の磯《し》城《き》・十市《とおち》地域にうつしたようである（図1）。『万葉集』には、奈良時代における大伴氏の田地の経営拠点として城上郡《しきのかみ》の「跡《と》見庄《みのしょう》」（現在の奈

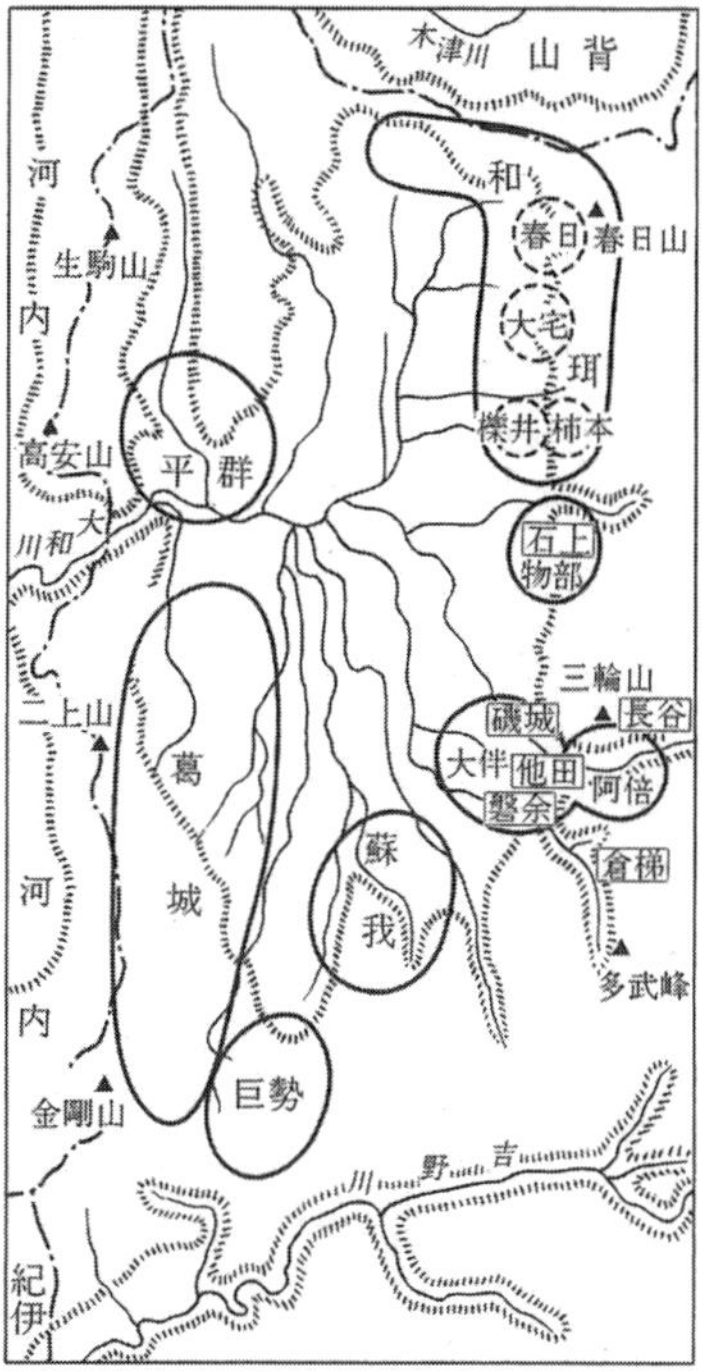

図1　大和における氏族分布図（岸俊男『日本の古代宮都』岩波書店、1993より引用）

良県桜井市。巻四・七二三番歌題詞など）や十市郡の「竹田庄《たけだのしょう》」（現在の奈良県橿原市東竹田町。巻四・七六〇番歌題詞など）が記されている。一方で大和以外の拠点に関しては、室屋《むろや》が「同じ国近き隣の人」であった紀小《きのお》弓《ゆみ》の墓を「田《た》身《む》輪邑《わのむら》」（のちの和泉《いずみ》国日根《ひね》郡淡輪《たんのわ》。現在の大阪府阪南市・泉南郡岬町淡輪）に作ったという伝承がみえ（雄略《ゆうりゃく》九年五月条）、また金村《かなむら》が「住吉《すみのえ》の宅《いえ》」（のちの摂津《せっつ》国住吉郡。現在の大阪市住之江区）に退いたという記事があるため（欽明《きんめい》元年〔五四〇〕九月己卯条）、その出身地は摂津・和泉地方の沿岸地域であったとみられる。

†神話・伝承にみる大伴氏の祖

七五六年（天平勝宝《てんぴょうしょうほう》八）五月、聖武太上《しょうむだじょう》天皇が崩御《ほうぎょ》する。それにともない皇嗣をめぐり政情が不安定になるなか、大伴古慈斐《こしび》が朝廷を誹謗《ひぼう》して人臣の礼を欠いたとして拘禁《こうきん》された（『続日本紀《しょくにほんぎ》』天平勝宝八歳五月癸亥条。以下、『続紀』と略記）。このときに家持は、同族に軽挙を慎むよう諭すために「族《やから》を喩《さと》しし歌」を作っている（『万葉集』巻二十・四四六五番歌）。ここでは、高千《たかち》穂《ほ》の岳に天降りした天孫《てんそん》に武具をもって従い、橿原《かしはら》の畝傍《うねび》の宮に即位した神武以来、代々の天皇に忠誠を尽くし仕えてきたという大伴氏の祖先の功業が述べられている。これらは子孫が語り継ぎ、手本とすべきものであり、一族の者は浅慮により祖先たちの名を絶やしてはいけないという、家持の思いが連ねられている。

大伴氏の系図としては、『続群書類従《ぞくぐんしょるいじゅう》』所収の「大伴系図」「伴氏系図」が知られるが、六国史《りっこくし》の所伝との齟齬も多くその利用には慎重を期す必要がある（図2）。大伴氏の祖先にまつわる神話や伝承は、『古事記《こじき》』や『書紀』に数多く載っている。

『古事記』によれば、天照大御神《あまてらすおおみかみ》の孫にあたる邇邇芸命《ににぎのみこと》が葦原中国《あしはらのなかつくに》に天降る際に、大伴連の祖である天忍日命《あめのおしひのみこと》と久米直《くめのあたい》の祖の天津久米命《あまつくめのみこと》の二人がその前に立って、靫《ゆき》（矢を入れる筒型の箱）や大刀《たち》、弓矢をとり仕えたとする。『書紀』神代下・第九段においては、異伝である一書第四に、天孫降臨《てんそんこうりん》にあたり大伴連の遠祖の天忍日命が来目部《くめべ》の遠祖天槵津大《あめくしつのおお》来目《くめ》をひきい、靫や弓矢などで武装して先導したとある。神武の大和入りでは、大伴連の祖の道臣命《みちのおみのみこと》と久米直の祖の大久米命《おおくめのみこと》が、神武の暗殺を企んだ宇陀《うだ》の兄宇迦斯《えうかし》を殺害したという伝承が『古事記』にみえる。『書紀』では、遠祖の日臣命《ひのおみのみこと》が大来目をひきいて菟田《うだ》にいたり、その導きの功により「道臣」の名を賜り、そして兄猾《えうかし》を死へと追いこんだとする（神武即位前紀戊午年六月丁巳条・八月乙未条）。両書の間には若干の内容の相違がみられるが、「族を喩しし歌」が『古事記』『書紀』を下敷きにしていることは間違いない。

その他の祖先伝承としては、大伴連の遠祖の武日《たけひ》が、垂仁《すいにん》期に阿倍臣《あべのおみ》らの遠祖とともに「五　大　夫《いつとりのまえつきみ》」のひとりであったこと（垂仁二十五年二月甲子条）、景行《けいこう》期には日本武尊《やまとたけるのみこと》の東征に従い甲斐《かい》の酒折宮《さかおりのみや》で靫《ゆき》部《べ》〔ゆげいのとものお〕を賜ったことが述べられている（景行四十年是歳条）。

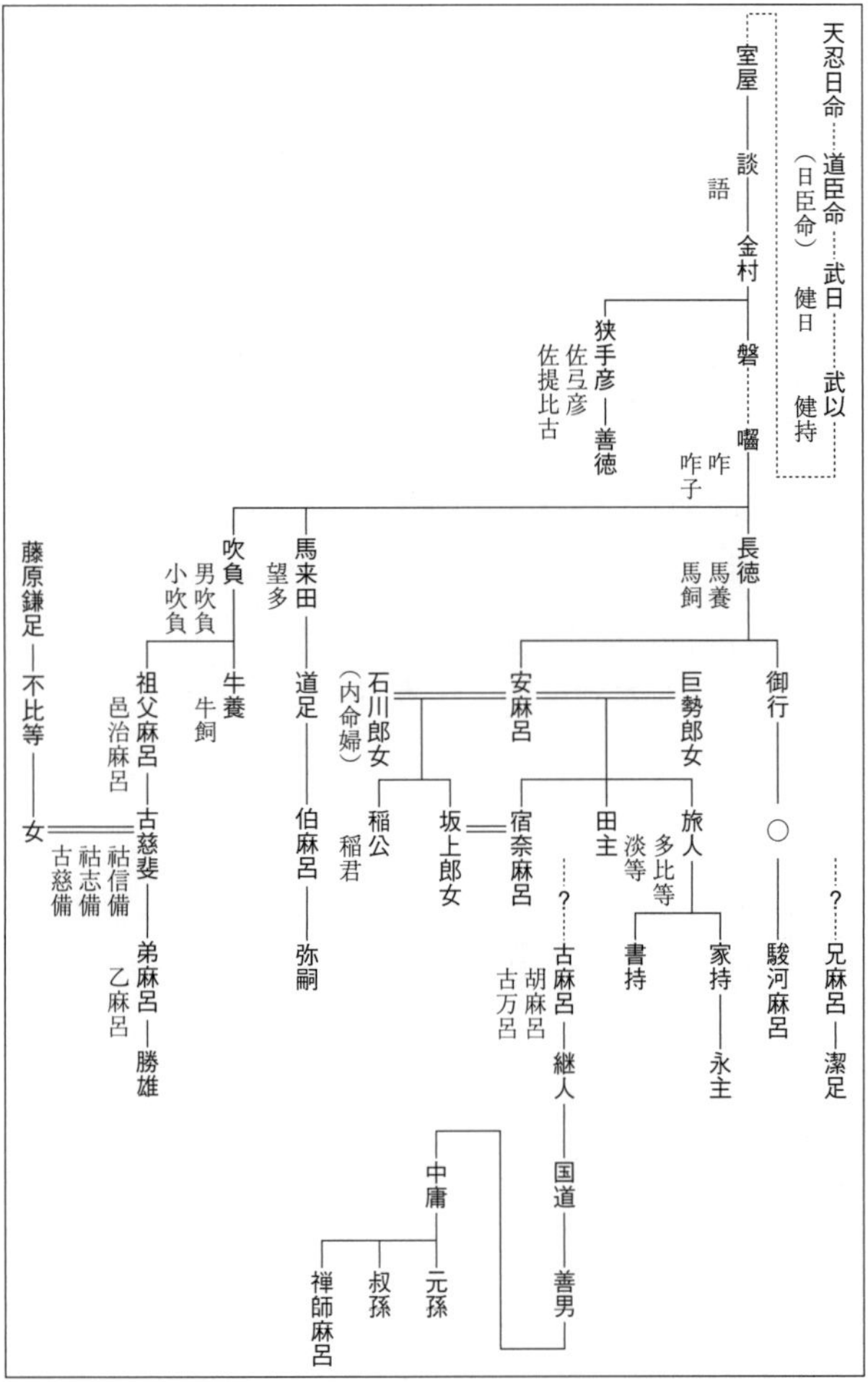
天忍日命
道臣命
(日臣命)
武日
健日
武以
健持
室屋
談
語
金村
狭手彦
佐弖彦
佐提比古
善徳
磐
囓
咋
咋子
長徳
馬養
馬飼
馬来田
望多
吹負
男吹負
小吹負
御行
○
駿河麻呂
兄麻呂
?
潔足
安麻呂
巨勢郎女
石川郎女
(内命婦)
旅人
多比等
淡等
田主
宿奈麻呂
坂上郎女
稲公
稲君
家持
永主
書持
?
古麻呂
胡麻呂
古万呂
継人
国道
善男
中庸
元孫
叔孫
禅師麻呂
道足
伯麻呂
弥嗣
牛養
牛飼
祖父麻呂
邑治麻呂
古慈斐
祜信備
祜志備
古慈備
弟麻呂
乙麻呂
勝雄
藤原鎌足
不比等
女
図２　大伴氏の系図

また、仲哀《ちゅうあい》天皇の崩御《ほうぎょ》に際しては、武以《たけもち》が「四大夫《よたりのまえつきみ》」として百寮をひきいて宮中を守ったと伝えられる（仲哀九年二月丁未条）。

祖先伝承は氏族にとって王権に仕え奉る由緒を示すものとして重要不可欠であった。それは大伴氏にとっても同様で、祖先が天孫降臨や神武東征に従ったように、子孫たる自分たちもまた天皇に近侍して奉仕すべきという自負の拠り所となっていたのである。

†大化以前における軍事との関わり

大化以前の史料には大伴氏の軍事への関わりが多く伝わっており、軍事に従事した来目（久米）氏や靫部（靫負部《ゆげいべ》）氏を統率していたことが知られる。そのためかつては、大伴氏は五世紀後半以降、王権の軍事を担った氏族であるとする見解が一般的であった。これは、雄略天皇の即位に際して「大連《おおむらじ》」に任じられた室屋《むろや》を実在した人物とみるところが大きい（大連については、【戦乱篇】の加藤謙吉「蘇我・物部戦争」を参照）。

『書紀』には、室屋が雄略の命により、不義を犯した池津《いけつ》媛《ひめ》と石川楯《いしかわのたて》を来目部に処刑させたとある（雄略二年七月条）。また雄略崩御ののちにおこった星川《ほしかわ》皇子の乱を、軍士を発して平定したとみえる（清寧《せいねい》即位前紀雄略二十三年八月条）。さらに子の談《かたり》は新羅《しらぎ〔シルラ〕》に出征してこれを破るも、従人《ともびと》の津麻呂《つまろ》や紀岡前来目連《きのおかざきのくめのむらじ》とともに戦死したという（雄略九年三月条）。

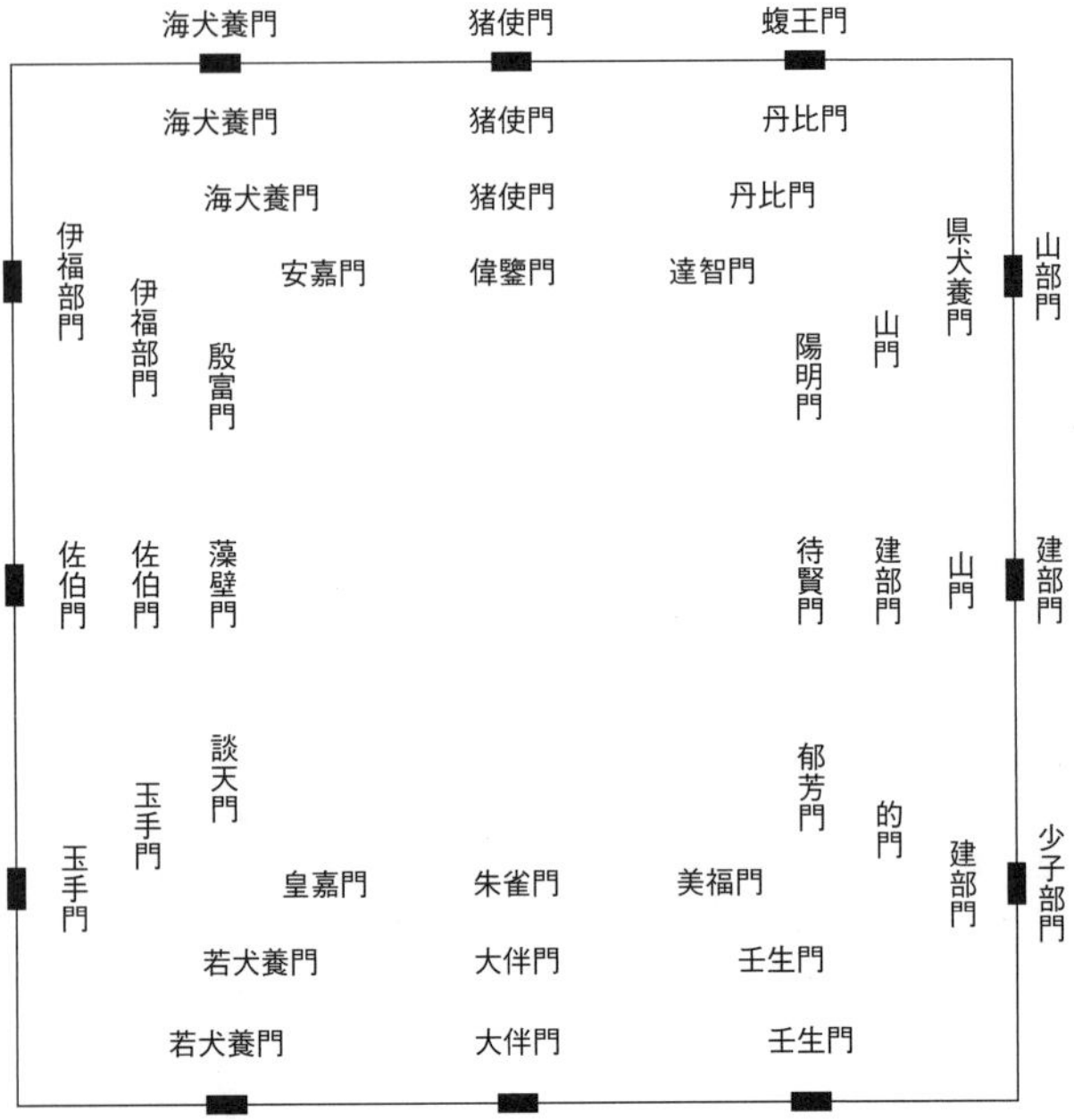

図3　宮城十二門の門号（鐘江 2015 より引用）
宮城外側＝藤原宮の門名、宮城内側＝外：『弘仁式』、中：『貞観式』、内：『延喜式』

平安時代初期に成立した氏族台帳である『新撰《しんせん》姓氏録《しょうじろく》』では、雄略の時代に室屋とその子が靫負を管領して門を守るとともにその開閉にあたったとされ、これが大伴・佐《さ》伯《えき》二氏の伝統的な職掌の嚆矢であると述べられている（左京神別中・大伴宿禰条）。大伴氏は宮城の四周に設けられた十二の門（宮城十二門）の門号に、氏族の名を残したいわゆる門号氏族である（図3）。それらは古くから各門の守衛にあたったとみなされている。七世紀末以降に宮城の南面中央の正門は「大伴門《おおとももん》」（のちの朱雀《すざく》門）とよばれ（舘野和己「大伴氏と朱雀門」『高岡市万葉歴史館紀要』一〇、二〇〇〇）、律令制下に大伴氏（伴氏）は、大儀の際に門部《かどべ》（衛門府《えもんふ》の下級官人）をひきいて重要な門を開閉する役についていた（『続紀』宝亀《ほうき》二年（七七一）十一月癸卯条、『延喜《えんぎ》式《しき》』左衛門府式・大儀条など）。しかし大伴氏が門の守衛開閉を担っていたという記述は奈良時代以降の史料にのみみえるため、『古事記』『書紀』の時代まではさかのぼれず、それは比較的新しい言説であったといえる。室屋は実在の人物ではなく、大伴氏の祖として語られる伝承上の存在であったとみられる。

　大伴氏に軍事に関する伝承が多いのは、七世紀後半に武力による功績が強調されたためであるとも指摘されている（鐘江二〇一五）。『書紀』によれば、室屋は衣通郎姫《そとほしのいらつめ》のために藤《ふじ》原部《わらべ》を定めることを奏したとある（允恭《いんぎょう》十一年三月丙午条）。また諸国に遣わされて白髪部《しらかべの》舎人《とねり》・白髪部膳夫《かしわで》・白髪部靫負を設置したとみえるなど（清寧二年二月条）、さまざまな部《べ》民《みん》の設定に携わっている。さらには信濃《しなの》国の男丁《よぼろ》を発して城《き》を水派邑《みまたのむら》に作ったとあり（武《ぶ》烈《れつ》三年十一月条）、大化以前における室屋の伝承は軍事のみに限定されるものではない。大伴氏は多くの伴を管掌していたが、それらは必要に応じて労働力として軍事に用いられていた面もあろう。またそれのみならず来目部や靫部のような軍事的な伴をひきいたことも実態であったと考えられる。

†六世紀代の対外関係と大伴氏の役割

大伴氏のなかで実在が認められる最初の人物は、室屋の孫とされる金村《かなむら》である。彼は、仁賢《にんけん》天皇崩御ののち国政をほしいままにする平群真鳥《へぐりのまとり》・鮪《しび》の父子を討ち、太子《ひつぎのみこ》（のちの武烈天皇）に即位をうながしたとされる（武烈即位前紀仁賢十一年八月条・十一月戊子条・十二月条）。ついで武烈が嗣子なくして崩じると、継体《けいたい》天皇をむかえる合議を主導したという（継体元年〔五〇七〕正月甲子条・二月甲午条）。天皇の即位に関わるこれらの所伝は大伴氏の「家記」に由来し、その功績を顕彰する意図のあることが指摘されている（笹川尚紀『日本書紀』の編纂と大伴氏の伝承」『日本書紀成立史攷』塙書房、二〇一六）。しかしながら金村らが磐井《いわい》の乱において物部麁鹿火《もののべのあらかい》を追討の将に推挙したという記事があり（継体二十一年六月甲午条）、『古事記』継体段にも金村が物部荒甲《あらかい》とともに鎮圧に遣わされたとみえ、少なくとも六世紀代に大伴氏が軍事を含む王権の政治に携わったことは認められる。

金村はまた新羅の侵攻に対する任那《みまな》（加耶）の救助要請を奏聞し（継体二十三年四月戊子条）、宣化《せんか》期には子の磐《いわ》と狭手彦《さてひこ》を百済《くだら》〔ペクチェ〕救援に派遣して成果をあげたという（宣化二年〔五三七〕十月壬辰朔条）。欽明期にはいると、かつて百済の要請で「任那四県」を割譲した方策を物部尾輿《おこし》らより非難されたため、病と称して朝廷に出仕しなくなったとする（欽明元年九月己卯条）。六世紀中頃には半島南部に対する倭国の外交的失敗があり、そのなかで金村は失脚し、大伴氏の勢力が後退したと一般的に論じられる。しかしながら狭手彦はその後も兵をひきいて高句麗《こうくり》《〔コグリョ〕》を伐ち百済を助けたと伝えられ（欽明二十三年八月条）、糠手子《あらてこ》は敏達《びだつ》天皇が招聘した百済の日羅《にちら》を慰労して国政を諮問する任についている（敏達十二年〔五八三〕是歳条）。崇峻《すしゅん》期には囓《くい》が任那復興のため大将軍に任じられて筑紫《つくし》にくだり（崇峻四年〔五九一〕十一月壬午条）、推古《すいこ》期には高句麗への使いとなり、任那の救援の詔《みことのり》を告げたとみえる（推古九年〔六〇一〕三月戊子条）。くわえて隋《ずい》使裴世清《はいせいせい》が来朝して国書を呈したとき、小墾田宮《おはりだのみや》での迎接の儀礼に携わっている（推古十六年八月壬子条）。金村以降も大伴氏のなかには倭国の対外交渉や派兵を担う者がいたことが伝わっている。

また囓は新羅・任那使をむかえる儀礼に蘇我蝦夷《えみし》とならんで「四大夫《よたりのまえつきみ》」として参加し（推古十八年十月丁酉条）、鯨《くじら》が推古の後嗣に関する議に群臣《まえつきみ》のひとりとしてみえる（舒明《じょめい》即位前紀推古三十六年九月条）。さらに長徳《ながとこ》が乙巳《いっし》の変《へん》ののちに成立した政権において右大臣に任じられている（大化五年〔六四九〕四月甲午条）。金村の閉居とは大伴氏が半島南部の外交を領導する立場を退いたことを示しているにすぎず（森二〇〇六）、大伴氏は七世紀前半においても王権内で一定の政治的地位を維持していたといえる。

†壬申の乱における大伴氏の活躍

白村江《はくそんこう》〔はくすきのえ〕の戦いをへて専制的な政権を確立した天智《てんじ》天皇は、六七一年に崩御する。翌年六月、近江《おうみ》の朝廷の不穏な動きを察知した大海人皇子は、隠棲《いんせい》していた吉野《よしの》を発ち家族やわずかな従者とともに急遽東国にむかう。このときに従った舎人《とねり》のひとりに大伴友国《ともくに》という名がみえる（天武元年六月甲申条）。ここに天智の子の大友《おおとも》皇子と大海人との戦いがはじまる。いわゆる壬申の乱である。美濃《みの》を本拠とした大海人方が攻勢を強めると、近江での戦いに敗れた大友は自殺に追いこまれ乱は終結する。勝者となった大海人は飛鳥《あすか》の地にもどり、六七三年、飛鳥浄御原宮《きよみはらのみや》で即位した。

かつては、それまで政権の中枢にあった伝統的な勢力が戦乱により大友とともに滅んだとみなされていた。しかし『書紀』によれば、乱後の天武政権にも大化前代以来の大夫層《まえつきみ》氏族の出身者が多いことが知られる（倉本二〇〇七）。大伴氏もまた大海人を支持しその軍にくわわった。馬来田《まぐた》は吉野を発した大海人を追って合流し、吹負《ふけい》は一族と豪傑を集めたのち飛鳥京をおさえ、将軍となり大和・河内《かわち》方面において大友方と戦い打ち破った（天武元年六月丙戌条・七月壬子条など）。さらには、安麻呂《やすまろ》が大和から美濃の大海人のもとへの使者としてみえ（天武元年六月己丑条）、御行《みゆき》は戦乱時には大将軍であったようで（『万葉集』巻十九・四二六〇番歌左注)、のち「壬申の年の功臣」と賞された(『続紀』大宝《たいほう》元年〔七〇一〕七月壬辰条)。とくに吹負の動きは『書紀』に詳細に記されており、大伴氏が呈したとされる原史料の存在がつとに説かれている。馬来田が薨《こう》じたときには、壬申年の勲績と先祖等の歴代の有功が顕彰されたとある(天武十二年六月己未条)。また六九一年(持統《じとう》五)には、ほかの十七氏とともに「其の祖等の墓記《おくつきのふみ》」の進上を命じられた(持統五年八月辛亥条)。同時期にはじめられた『古事記』『書紀』の編纂(天武十年三月癸酉条)では、大伴氏による記録や祖先の伝承が用いられたと考えられる。

六八四年(天武十三)、「八色《やくさ》の姓《かばね》」の制定により新しい身分秩序が定まると、大伴氏のうちの上位のものが「宿禰」の賜姓にあずかった。それらはのちに、律令制下において貴族となっていった。一族のなかで「宿禰」を賜った御行は、六九四年(持統八)に「氏上《うじのこのかみ》」(氏の代表者)となる(持統八年正月丙戌条)。また大納《だいな》言《ごん》に任じられ、持統期から文武《もんむ》期の政権を支える重臣として活躍した(持統十年十月庚寅条、『続紀』大宝元年正月己丑条)。このころに兄弟の安麻呂を含む御行の系統は、太政官の上部を構成する議《ぎ》政官《せいかん》(のちの公卿《くぎょう》。大臣・大納言と令外《りょうげ》の官の中納言《ちゅうなごん》・参議《さんぎ》)を優先的に輩出する嫡流《ちゃくりゅう》であると位置づけられたようである。

人名	初任の議政官			最高位		離任あるいは死去
	官名	位階	任命あるいは在任	官名	位階	
御行	大納言			大納言（贈右大臣）	正広参（贈正広弐）	大宝 1(701).1.15
安麻呂	中納言	従三位	大宝 1(701).3.21	大納言	正三位（贈従二位）	和銅 7(714).5.1
旅人	中納言	従四位上	養老 2(718).3.10	大納言	従二位	天平 3(731).7.25
道足	参議	正四位下	天平 3(731).8.11	参議	正四位下	天平7(735).9.28 以降
牛養	参議	従四位下	天平 11(739).4.21	中納言	正三位	勝宝1(749).閏5.29
兄麻呂	参議	正四位下	勝宝 1(749).7.2	参議	従三位	宝字 1(757).7 ヵ
駿河麻呂	参議	正四位下	宝亀 6(775).9.27	参議	正四位上（贈従三位）	宝亀 7(776).7.7
伯麻呂	参議	正四位下	宝亀 9(778).1.9	参議	従三位	延暦 1(782).2.3
家持	参議	正四位下	宝亀 11(780).2.1	中納言	従三位	延暦 4(785).8.28
潔足	参議	従四位上	延暦 9(790).2.27	参議	従四位上	延暦 11(792).10.2

表　大宝～延暦期における大伴氏の議政官（鷺森浩幸「大伴氏」『天皇と貴族の古代政治史』塙書房、2018より引用し一部改変）

律令体制の始動と大伴氏

氏上であった御行は律令体制が始動した大宝元年に薨去した。翌年、安麻呂が参議朝政《ちょうせい》を命じられ（『続紀』大宝二年五月丁亥条。以下、出典の『続紀』の書名は省略）、まもなく大納言に進む。天平期には旅人が大納言となり、その後、道足《みちたり》、牛養《うしかい》、さらに兄麻呂《えまろ》が議政官に列した（表）。奈良時代にはいると、大伴氏は一族のなかから一名を議政官に輩出し、天皇のもとで国政を合議する代表的氏族となるのである。

七四九年（天平二十一）、聖武天皇は陸奥国《みちのくのくに》より黄金が産出したことを言祝ぐ宣命《せんみょう》のなかで、大伴氏は「天皇《すめら》が朝《みかど》守り仕へ奉る、事顧《ことかえり》みなき人等《ひとども》」であると讃えて、「内兵《うちのいくさ》」（天皇の側近くに仕える武人）として期待と信頼をよせた（天平勝宝元年四月甲午朔条）。家持はこれに感銘をうけて、「陸奥国に金《くがね》を出《い》だしし詔書《しょうしょ》を賀《よろこ》びし歌」という長歌を詠む（『万葉集』巻十八・四〇九四番歌）。そこで「大君《おおきみ》に　まつろふものと　言《い》ひ継《つ》げる　言《こと》の官《つかさ》ぞ」つまり天皇に仕え奉ることが、代々祖先の言い伝えてきた大伴氏の職掌であると詠った。このとき聖武は出家しており、皇太子である娘の阿倍内親王《あべのひめみこ》（のちの孝謙《こうけん》天皇）への譲位《じょうい》の準備が進められていた。嫡流にうまれた家持は皇位継承の節目にあって、伝統ある氏族に連なる自負と天皇に仕える使命感を述べたのである。

　大伴氏は奈良時代前半には議政官を定期的に輩出していたが、七五七年（天平宝字《てんぴょうほうじ》元）におこった橘奈良《たちばなのなら》麻呂《まろ》の変により大きな打撃をこうむる。一族より多くの拘禁者をだしたうえ、古麻呂《こまろ》が拷問の杖下に死し、古慈斐《こしび》は配流となり（天平宝字元年七月庚戌条）、大伴氏は高位の者を失う。以降十余年間、議政官への任命はみられない。しかしながら一方で、議政官へのひとつのコースである大弁《だいべん》を含めて、太政官の事務機関である弁官《べんかん》にその後もほぼ継続的に任じられており（野村忠夫「弁官についての覚え書」竹内理三博士還暦記念会編『律令国家と貴族社会』吉川弘文館、一九六九）、変により衰勢したとはいえない。

　かつて奈良時代の政治史研究では、律令体制によって自らの政治的地位を確立した開明的な藤原氏に対して、大伴氏を大化前代以来の豪族を代表する守旧的な勢力であると評し、それらの勢力の相剋として政治構造を解する論があった。けれども大伴氏内部における利害関係は多様であり、それは必ずしも藤原氏に対抗するひとまとまりの勢力であったわけではない。藤原仲麻呂《なかまろ》（恵美押勝《えみのおしかつ》）の乱では、古薩《こさち》が与同し斬刑に処されている（天平宝字八年九月癸亥条）。他方、古慈斐の妻は藤原不比等《ふひと》の娘であり（宝亀八年八月丁酉条）、家持の聟《むこ》が「南右大臣家《みなみうだいじんけ》の藤原二郎」（仲麻呂の兄豊成《とよなり》の二男継縄《つぐただ》か）であったように（『万葉集』巻十九・四二一六番歌左注）、藤原氏との婚姻もみられる。橘奈良麻呂の変の前年に一族が危機に陥るにおよんで家持は「族を喩しし歌」を作ったが、このときの大伴氏はもはや祖先の名の承継により強くむすばれる氏族ではなかったのである。

†奈良時代後半の大伴氏の展開

奈良時代後半になると、連座失脚していた者たちが罪を赦されて位階を復した。七七三年に駿河麻呂《するがまろ》が陸奥按察使《むつのあぜち》・陸奥守《むつのかみ》・陸奥国鎮守《ちんじゅ》将軍を兼任し（宝亀四年七月甲午条）、征夷《せいい》の功績により累進、参議となり、ほどなく伯麻呂《おじまろ》と家持が議政官に連なっている。家持が参議につき右大弁に任命されたときには（宝亀十一年二月甲辰条）、すでに伯麻呂が参議で左大弁を兼ねており、ここにおいて大伴氏より二名の議政官をだしたのみならず、大弁を独占したことは注目される。
このち家持は七八二年（延暦《えんりやく》元）に陸奥按察使・鎮守将軍を兼任、七八四年には持節《じせつ》征東《せいとう》将軍となり（延暦三年二月己丑条）、翌年薨去している。その死から二十数日後、藤原種《たね》継《つぐ》暗殺事件がおきる。故人の家持が暗殺を唱道《しょうどう》したとして官位追奪・除籍されたのをはじめ、継人《つぐひと》・真麻呂《ままろ》・竹良《ちくら》らが斬刑、家持の子の永主《ながぬし》および継人の子の国道《くにみち》が流刑に処されている（延暦四年八月庚寅条、『日本紀略《にほんきりゃく》』延暦四年九月丙辰条など）。家持父子は、八〇六年（大《だい》同《どう》元）、桓武《かんむ》天皇が崩御する直前に赦されて復位をはたすが、その間の大伴氏の活動が途絶えていたわけではない。同族の多くが処分をうけるなか潔足《きよたり》は難をまぬがれたようであり、七九〇年（延暦九）に参議に任じられている。

一方で大伴氏は奈良時代後半から平安時代初期にかけての征夷戦争と関わりが深い。藤原種継暗殺事件の前々年に征東副将軍を兼任した弟麻呂《おとまろ》は（延暦二年十一月乙酉条）、のちに征東（征夷）大使をへて征夷大将軍に任命される（『日本紀略』延暦十三年正月乙亥朔条）。また今人《いまひと》が出羽守《でわのかみ》から征夷副将軍となっている（『日本後紀《にほんこうき》』弘仁二年四月庚辰条）。陸奥按察使や鎮守将軍、征東将軍という官職については、はやくに橘奈良麻呂の変の直前に古麻呂が陸奥按察使兼鎮守将軍に任じられていたが（天平宝字元年六月壬辰条）、光仁《こうにん》天皇が駿河麻呂を陸奥按察使に任じた際に「此[陸奥]の国は、元来《もとより》、人を択《えら》びてその任《つかさ》を授けり。汝駿河麻呂宿禰、唯《ひと》り朕《わ》が心に称《かな》へり」と勅を発したように（宝亀三年九月丙午条）、それらは古代東北における行政や軍事を任された要職であった（鈴木二〇〇八）。一族のなかには、七六〇年（天平宝字四）に鎮守軍監《ぐんげん》であった益立《ましたて》が、鎮守副将軍兼陸奥介をへて征東副使兼陸奥守となっているように（宝亀十一年三月甲午条）、天平宝字期より東北経略の経験のある人物もみえる。

また、かつて九州の隼人《はやと》が大規模な反乱をおこしたときに旅人が征隼人持節大将軍となり鎮圧にあたっている（養老《ようろう》四年〔七二〇〕三月丙辰条）。東北や九州といった古代の辺要の地が有事の際には、大伴氏の多くが要職に任じられていたのである。

†平安時代の大伴氏（伴氏）

平安時代にはいると、大伴氏が大儀の際の諸門開閉に携わったことが史料で確認されるようになる。また大伴氏はひきつづき実務官僚として職務に精励することで、その政治的地位を確保したようである。氏族名を伴氏と改めた八二三年（弘仁《こうにん》十四）には、これ以前に恩赦《おんしゃ》で復していた国道が参議兼右大弁に進んだ。

九世紀半ばには一族が関わる大きな二つの事件がおきる。承和《じょうわ》の変と応天門《おうてんもん》の変である（経緯は、【戦乱篇】の鈴木景二「応天門の変」参照）。前者では、八四二年（承和九）に謀反の首謀者のひとりとして健岑《こわみね》が流罪に処され、水上《みずかみ》が拘束、武守《たけもり》と甲雄《かつお》、氏永《うじなが》が収監されている(『続日本後紀《しよくにほんこうき》』承和九年七月己酉条・辛亥条・庚申条)。後者では、八六六年(貞観《じようがん》八)に応天門放火の主犯として善男《よしお》とその子の中庸《なかつね》、共謀者として秋実《あきざね》・清縄《きよただ》が斬刑(のちに遠流《おんる》)、さらに一族より五名が連座により配流に処された(『日本三代実録《にほんさんだいじつろく》』貞観八年九月二十二日甲子条)。応天門は平安宮(大内裏《だいだいり》)朱雀門の北に位置する朝堂院《ちようどういん》の正門であり、八一八年(弘仁九)の殿閣門号の唐風化により「大伴門《おおともも ん》」の読みに近しい唐の門名になぞらえて名づけられた門である。善男は父である国道と同じく実務官僚として昇進を重ね、ついには大納言にいたった良吏《りようり》であった。九世紀半ば以降、公卿や上級の官職が藤原氏や賜姓源氏《しせいげんじ》などに限られていき、伴氏はすでに政権を構成する代表的氏族であったとはいえない。そのためこれらの事件が藤原氏による他氏排斥事件であったとはみなしがたいが、結果として伴氏は、応天門の変により衰勢をまねき、以降その地位を低下させることとなった。

善男ののち長い空白期間をへて保平《やすひら》が最後の伴氏出身の公卿となる。保平は蔵人《くろうど》や弁官、衛府のような出世コースにのれずに地方官を歴任し、九三九年(天慶《てんぎよう》二)に七十三歳で参議となる(『公卿補任《くぎようぶにん》』天慶二年条)。のちに彼は宿禰姓を改めて朝臣《あそん》姓を賜っている(『日本紀略《にほんきりやく》』天慶五年七月一日癸未条)。その後の伴氏は、十一世紀には衛府の下級官人や弁官局の史《し》、少納言《しようなごん》局の外記《げき》のポストを保ちえたにすぎず、年功によって下国《げこく》の守《かみ》に任じられるという状況となるのである(角田文衛「参議伴保平―残照の大伴氏―」『王朝の映像』東京堂出版、一九七〇）。

平安時代は、いわゆる摂関政治の成立・展開過程として藤原氏中心に歴史が語られることが少なくない。近年では、藤原氏との政治抗争に負けつづけて、歴史の主たる舞台から退場を余儀なくされた「敗者」とみられてきた、大伴氏（伴氏）の実像についての再検討が進められている（荒木二〇一四）。奈良時代以降、藤原氏以外の旧来の氏族が相対的に力を落としていくなかで、ひとり大伴氏（伴氏）の足跡のみを「没落」ととらえる歴史観は熟慮する余地がある。

さらに詳しく知るための参考文献

荒木敏夫『敗者の日本史4　古代日本の勝者と敗者』（吉川弘文館、二〇一四）……「敗者」の視点から日本史を読み解くシリーズの一冊。地方に存在した三河大伴（部）直氏や三河伴氏など、擬制的な同族関係によりむすびついた氏族の歴史的な動向をたどり、大伴氏の歴史と変遷を論じている。

鐘江宏之『日本史リブレット人　大伴家持　氏族の「伝統」を背負う貴公子の苦悩』（山川出版社、二〇一五）……家持の人物伝。彼を奈良時代の貴族の一つの典型例として、当時の貴族社会や官人制度に落としこみながら叙述しており、その生涯を通して奈良時代の特徴をつかむことができる。家持は万葉歌人としての印象が強く、彼について言及する論著は数多いが、近年では本書のほかにも歴史学の視点から律令官人としての実像をとらえた著作が刊行されている。高志の国文学館編・中西進監修『官人　大伴家持—困難な時代を生きた良心』（桂書房、二〇一七）、藤井一二『大伴家持　波乱にみちた万葉歌人の生涯』(中公新書、二〇一七)。

佐伯有清『人物叢書　新装版　伴善男』(吉川弘文館、一九八六、初出一九七〇)……善男の生涯や応天門の変の内実のみならず、善男の祖先や子孫、後世の伝説および近代における評価についても詳細に論じており、平安時代の伴氏を知るうえでの基本文献。

佐藤信編『古代史講義【戦乱篇】』(ちくま新書、二〇一九)……本講でふれた政変や戦争の概要と最新の研究成果が一冊で整理されており、併読をすすめる。

森公章『戦争の日本史1　東アジアの動乱と倭国』(吉川弘文館、二〇〇六)/倉本一宏『戦争の日本史2　壬申の乱』(吉川弘文館、二〇〇七)/鈴木拓也『戦争の日本史3　蝦夷と東北戦争』(吉川弘文館、二〇〇八)……大伴氏(伴氏)の歴史はいわば日本古代史そのものといえ、大伴氏が経験した戦争や内乱を通して各時代の流れや特徴を理解するのに役立つ。

第2講

物部氏

篠川 賢

†物部氏の成立

物部《もののべ》氏については、大伴氏とともに倭《やまと》政権を支えた軍事氏族の雄、とするのがごく一般的な見方であろう。蘇我《そが》氏とその勢力を争い、物部守屋《もりや》が蘇我馬子《うまこ》に敗れたのちはその勢力を失ったということも、よく知られていると思う。ただ、その氏(ウヂ)としての性格や成立については、なお不明な点が多い。

まずは、成立についてであるが、物部氏は、「物部」というウヂ名と、「連《むらじ》」というカバネを持つ氏(ウヂ)であり、「物部」というウヂ名は、部(べ)である「物部」を統率したことに由来する。かつては、氏姓《しせい》制(ウヂ・カバネ制)や部《べ》制(部民《べみん》制)の成立を五世紀代に遡らせて考える説が有力であったが、稲荷山《いなりやま》古墳出土の鉄剣銘文が発見されて(一九七八年)からは、五世紀後半のワカタケル大王(雄略《ゆうりやく》天皇)の時代には、実質的なウヂは存在し、のちの部制に通じる「人制《ひと》」も存在したが、いまだウヂ名や「部」の呼称は成立していなかった、と考えられるようになった。今日では、氏姓制や部民制の成立を、六世紀代に求める説が一般的である。

『日本書紀《にほんしょき》』の雄略天皇即位前紀によれば、雄略の即位にともない平群臣真鳥《へぐりのおみまとり》が「大臣《おおかみ》」、大伴連室屋《むろや》と物部連目《め》が「大連《おおむらじ》」任命されたという。これが「大臣」「大連」任命記事の最初であるが、当時、ウヂ名やカバネが未成立であったならば、当然この記事の信憑性は疑わしいということになる。ただ、「物部」のウヂ名や「大連」という職位は未成立であっても、物部氏の前身集団が、大伴氏の前身集団とともに、のちの「大連」に相当する執政官的地位に就き、軍事的トモを率いて雄略に仕えた（雄略の軍事的専制王権を支えた）、とする説は有力である。

しかし、稲荷山鉄剣銘によれば、「杖刀人首《じょうとうじんのしゅ》」として軍事的トモを率い、ワカタケル大王を「佐治」した「ヲワケ臣」は、稲荷山古墳礫槨《れきかく》の被葬者であり、埼玉地方の豪族であったと考えられる。ヲワケを中央の有力豪族と考えたとしても、ヲワケはオホヒコを始祖とする系譜（のちの阿倍《あべ》氏や膳《かしわで》氏らの系譜）を称しており、ニギハヤヒやイカガシコヲを始祖とする物部氏や、アメノオシヒやミチノオミを始祖とする大伴氏の系譜とは異なる。ワカタケル大王の時代においては、大王に臣従し、それを支える組織を構成したのは、地方の豪族や中央の中小豪族など、いまだ限られた集団であったと推定されるのであり、中央の有力豪族の多くは、なお大王に臣従せず、それと連合・同盟の関係にあったと考えられる。

†「連」のカバネ

「連（ムラジ）」は「臣（オミ）」とならぶ代表的カバネであり、「臣」のカバネについては、稲荷山鉄剣銘の「ヲワケの臣《しん》」に示されるように、大王に仕える臣下を意味する漢語の「臣（シン）」に由来すると考えられる。「連」についても、「群れ主（ムレアルジ）」というような倭語《わご》（日本語）に漢字をあてたものではなく、大王に連なるという意味の漢語の「連（レン）」に由来するとみるべきであろう。「臣」をオミ、「連」をムラジと読むようになるのはのちのことであり、カバネの「臣」や「連」は、本来漢語で読まれた身分標識であったと考えられる（篠川二〇〇九）。

臣と連との違いについては、臣姓のウヂは地名をウヂ名とすることが多く、連姓のウヂは職掌名をウヂ名とすることが多いことから、臣はかつて大王家とともに連合政権を構成した豪族のウヂ、連は上級の（有力な）伴《ばん》造《ぞう》〔とものみやつこ〕のウヂに与えられたカバネとみる説（阿部武彦『氏姓』至文堂、一九六〇）が、今でも一般的である。しかし、尾張《おわり》連・茨田《まんだ》連・阿刀《あと》連のように、地名をウヂ名とする連姓ウヂも存在し、膳臣・采女《うねめ》臣・宍人《ししひと》臣のように、職掌名をウヂ名とする臣姓ウヂも存在する。

臣と連の違いを、その出自系譜に求める説もあり、この説では、「皇別」のウヂには臣のカバネ、「神別」のウヂには連のカバネが与えられたとする。しかしこの場合も、出雲《いずも》臣・穂積《ほずみ》臣・采女臣などは「神別」であり、猪使《いつかい》連・小子部《ちいさこべ》連・日下部《くさかべ》連などは「皇別」であって、例外が多い。

臣と連の違いは、ウヂの職掌の違いや出自系譜の違いによるのではなく、ほかに理由が求められなければならないであろう。そしてそれは、継体《けいたい》天皇（ヲホド大王）の即位を契機に生じた違いとみるのが妥当と考えられる。つまり、それ以前は、大王に臣従した集団は、ひとしく「臣（シン）」の身分標識を称していたのに対し、継体の即位を支持した集団には、それとは区別される「連（レン）」（継体に連なるという意味の漢語）の身分標識が賜与されたと考えられるのである。大伴金村《かなむら》や物部麁鹿火《あらかひ》が継体の即位に大きな役割を果たしたのは事実とみてよく、金村・麁鹿火それぞれの一族は、もちろん「連」を称したのである。地名をウヂ名としながらも連のカバネを称する尾張連や茨田連が、いずれも継体の妃を出した一族であることも注意されるであろう。

継体の即位事情をめぐっては様々な議論があるが、継体は、前大王とは直接血縁関係のない地方出身の豪族であり、前王権の所在地である大和《やまと》に入り、それを継承した大王であったと考えられる（篠川賢『継体天皇』吉川弘文館、二〇一六）。継体の即位は、「王朝交替」ではなかったが、平和裏に行われた即位でもなく、それを支持した一族も、それに反対した一族もあったと推定されるのである。

†「物部」のウヂ名と物部氏の職掌

「物部」の「部」は部制の部であること、したがって物部氏は部制が成立したのちに現れたウヂであること、そして「部」の語は、百済《くだら》の部司《ぶし》制（穀部《こくぶ》・肉部《にく》・馬部《め》などの十二の内官と、司軍部《しぐん》・司徒部《しと》などの十の外官からなる行政制度）にならって導入された語であり、漢語に由来すること、これらの点は、早くに津田左右吉《つだそうきち》が指摘したとおりであろう（津田左右吉『日本上代史の研究』岩波書店、一九四七。『津田左右吉全集』第三巻所収）。

「部」の呼称が導入された時期、すなわち部制の成立した時期については、継体紀九年（五一五）二月丁丑条の分注に、『百済本記《くだらほんき》』（百済滅亡後に日本に亡命してきた百済人によって、その持参した史料に基づいて編纂されたと推定される歴史書。継体紀・欽明《きんめい》紀に引用されることによってのみ伝えられるが、一般に、その記事内容の信憑性は高いと評価されている）に曰くとして「物部至々《ちち》連」の名がみえることからすると、この頃には成立していた可能性が高い。この分注によれば、「物部」のウヂ名も成立していたことになる。

物部氏は、継体の即位を契機に、それを支持した麁鹿火とその一族に「連」のカバネが与えられる一方、部である「物部」が設置され、その統率者としての地位も麁鹿火（ないしその一族の人物）に与えられたことによって成立したウヂと考えてよいであろう。物部氏は、成立当初から大伴氏とならぶ最有力氏として登場したのであるが、物部氏の前身集団は、おそらく、のちの河内《かわち》国渋川《しぶかわ》郡の地域を本拠とした在地豪族であり（物部氏の本拠地については、崇峻《すしゅん》天皇即位前紀の物部守屋討伐記事を参照）、継体に従って大和に入り、大和にも拠点を設置していったものと考えられる。

部としての「物部」の職掌（役割）については、「物部」という語が、漠然とした広い範囲を指す語であることから、部が多くの種類（土師部《はじべ》・玉造部《たまつくり》・弓削部《ゆげ》等々）に分化する以前、おそらく「部」称の導入当初に設置された部であり、その役割は、特定された範囲に限定されていなかったと考えられる。ウヂとしての物部氏の職掌については、一九六〇年代後半に、軍事・警察を本来の職掌としたとする説（直木孝次郎「物部連に関する二、三の考察」『日本書紀研究』二、一九六六）、祭祀を本来の職掌としたとする説（志田諄一「物部氏伝承の成立」『茨城キリスト教短期大学研究紀要』七、一九六七）、生産技術集団の統率を本来の職掌としたとする説（野田嶺志「物部氏に関する基礎的考察」『史林』五一—二、一九六八）があいついで提示されたが、いまだ共通した理解は得られていない。

物部氏の人物に関する『日本書紀』の記事内容からすると、物部氏は、特定の職掌に限定されず、広く王権に奉仕したウヂであったことが窺えるのであり、これは、物部氏が単なる一伴造のウヂではなく、その長が「大連」として長く政権の中枢にあったということに基づくところが大きいと考えられる。ただ、「物部」の統率者としての物部氏の職掌ということでいえば、生産技術集団の統率とする説が妥当であろう。「物部」の設置は、その当時における様々な生産技術集団を、ひろく「物部」として王権の支配下に組み込むことであったと考えられるからである。そして、その生産技術集団に課せられた任務の中心は、武器・祭器の製作にあったとみてよいであろうから、物部氏が軍事・警察的役割を果たしたということや、祭祀的性格を持ったということは、そこから派生したと考えられるであろう。

†物部氏の特徴

「物部」および「物部＋カバネ」を姓（セイ）とする古代の人名は、全国各地に分布し、その分布範囲の広さや分布密度の高さは、ほかのどの部に由来する姓よりもまさっている。物部里（郷）や物部神社も各地に分布しており、これらのことは、部制下において、物部が全国各地に広く設置されたことを示している。物部の多さは、先に述べたとおり、物部が部制成立の当初から設置され、特定の職掌に限定されない部であったということ、およびそれを率いた物部氏が、部制下において大きな勢力を有していたことに、その理由が求められるであろう。

ただし、全国各地に設置された物部、およびそれを現地で統率した地方伴造としての物部氏と、中央の物部氏との関係は、さほど強固なものではなかったようである。中央の物部氏と地方伴造としての物部氏との間に親族関係はないのが一般的であり、両者の統属関係も、守屋討伐の際に地方伴造の物部氏が守屋側に参戦した形跡の少ないことからすれば、さほど強固であったとは考え難い。

物部氏の特徴としては、同系氏族（同族系譜を称する氏族）が多いということも挙げられる。『新撰姓氏録《しんせんしょうじろく》』には、現存の抄録本においてであるが、千百八十二氏が載せられており、そのおよそ十分の一にあたる百十一氏が石上《いそのかみ》氏（物部氏の後裔）の同系氏族である。それらの氏族のなかには地名をウヂ名とするウヂも含まれているが、多くは伴造に由来するウヂ名を称している。同系氏族であるからといって、互いに親族関係にあるということではないが、同族系譜を称する以上、何らかの関係はあったはずである。物部氏の同系氏族が多いということは、部制下において、物部氏が多くの伴造を統率したからと考えてよい

(東海道)		(東山道)		(山陰道)		(南海道)	
伊賀国	阿拝郡	近江国	栗太郡	丹波国	船井郡	紀伊国	名草郡
伊勢国	三重郡		愛智郡		何鹿郡	淡路国	津名郡
	安濃郡		犬上郡	丹後国	与謝郡	阿波国	板野郡
	壱志郡	美濃国	多芸郡	但馬国	城崎郡		阿波郡
	飯高郡		安八郡	因幡国	巨濃郡	讃岐国	大内郡
	多気郡		本巣郡	出雲国	楯縫郡		寒川郡
尾張国	中嶋郡		方県郡		出雲郡		三木郡
	海部郡		厚見郡		神門郡		三野郡
	春部郡		賀茂郡	石見国	安濃郡	伊予国	宇摩郡
	山田郡		可児郡	隠岐国	周吉郡		新居郡
	愛智郡	信濃国	筑摩郡				越智郡
参河国	碧海郡		更級郡	(山陽道)			風早郡
	額田郡		高井郡	播磨国	明石郡		温泉郡
	賀茂郡		埴科郡		賀茂郡		宇和郡
	幡豆郡	上野国	甘楽郡	備前国	磐梨郡	土佐国	香美郡
遠江国	浜名郡		多胡郡		御野郡		
	敷智郡		緑野郡	備中国	窪屋郡	(西海道)	
	長下郡		群馬郡		賀夜郡	筑前国	志麻郡
	榛原郡	下野国	芳賀郡	備後国	神石郡	筑後国	生葉郡
駿河国	益頭郡			周防国	玖珂郡	豊前国	企救郡
伊豆国	田方郡	(北陸道)					仲津郡
	那賀郡	若狭国	遠敷郡				上毛郡
甲斐国	山梨郡		三方郡			豊後国	直入郡
相模国	愛甲郡	越前国	敦賀郡			肥前国	三根郡
武蔵国	橘樹郡		丹生郡			日向国	那珂郡
	荏原郡		足羽郡			壱岐国	石田郡
	入間郡		大野郡				
	埼玉郡		坂井郡				
上総国	周淮郡	越中国	砺波郡				
	山辺郡		射水郡				
下総国	千葉郡	越後国	頸城郡				
	印旛郡		三嶋郡				
	匝瑳郡	佐渡国	雑太郡				
常陸国	信太郡						
	那賀郡						

表１　物部・物部里（郷）・物部神社の分布（畿内を除く）

であろう。また、部制の発達（朝廷の職務分掌組織の細分化・複雑化）にともない多くの部が設置されていったであろうが、物部氏の一族が、それらの部の伴造職に任命されるということも多かったと考えられる。

同系氏族の問題と密接に関係するものに複姓《ふくせい》がある。複姓には共通する部分の名称が上にくる形（第一形式）と下にくる形（第二形式）があり、第一形式の複姓氏族には、共通する部分の名称をウヂ名とするウヂと同族系譜を称する例が多い。「物部」の場合は、両方の形式がそれぞれ数多く存在し、第一形式には物部弓削連・物部依網《よさみ》連・物部朴井《えのい》連など二十三例、第二形式には、聞《きく》物部・竹斯《つくし》物部・来目《くめ》物部など十例が知られる。これらは史料に残された例であり、実際にはさらに多くの「物部」の複姓が存在したと考えてよい。複姓の多さも、物部氏が多くの伴造を統率するとともに、一族の人物が多くの部の伴造職に任命されたことを示すものと考えられる。

また、物部氏に限ったことではないが、第一形式の複姓の存在からは、共通する部分の名称をウヂ名とするウヂが、個々の複姓のウヂ（集団）から構成された大きな集団ではないか、との推測が導き出されるであろう。ウヂを、本宗《ほんそう》氏とそこから分かれた傍系《ぼうけい》氏の集合とする見方は広く行われているが、近年、竹本晃は、本宗氏なるものを設定することには問題があり、血縁関係にあるとは限らない小集団（複姓氏族）が集まって大きなウヂを

（左京神別上）
石上朝臣　穂積朝臣　阿刀宿禰　若湯坐宿禰　舂米宿禰　小治田宿禰　弓削宿禰　氷宿禰　穂積臣　矢田部連　矢集連　物部肩野連　柏原連　依羅連　柴垣連　佐為連　葛野連　登美連　水取連　大貞連　曾禰連　越智直　衣縫造　軽部造　物部　真神田曾禰連　大宅首　猪名部造
（右京神別上）
采女臣　中臣習宜朝臣　中臣熊凝朝臣　巫部宿禰　箭集宿禰　内田臣　長谷置始連　高橋連　水取連　小治田連　依羅連　曾禰連　肩野連　若桜部造　大宅首
（山城国神別）
阿刀宿禰　阿刀連　熊野連　宇治宿禰　佐為宿禰　佐為連　中臣葛野連　巫部連　高橋連　宇治山守連　奈癸私造　真髪部造　今木連　奈癸勝　額田臣　筑紫連　秦忌寸　錦部首
（大和国神別）
佐為連　志貴連　真神田首　長谷山直　矢田部　県使首　長谷部造
（摂津国神別）
若湯坐宿禰　巫部宿禰　田々内臣　阿刀連　物部韓国連　矢田部造　佐夜部首
（河内国神別）
氷連　鳥見連　高屋連　高橋連　宇治部連　物部依羅連　矢田部首　物部　物部飛鳥　積組造　日下部　栗栖連　若湯坐連　勇山連　物部首　津門首
（和泉国神別）
采女臣　韓国連　阿刀連　宇遅部連　巫部連　曾禰連　志貴県主　若桜部造　榎井部　物部　網部　衣縫　高岳首　安幕首
（未定雑姓）
尋来津首　物部　物部聞　椋椅部連　為奈部首　大部首

表２『新撰姓氏録』にみえる石上氏（物部氏）の同系氏族

構成していたと説いている（竹本晃「律令成立期における氏族制」『ヒストリア』一九三、二〇〇五）。竹本が本宗氏を設定できないとした理由には、氏上《うじのかみ》の継承は特定の系統に固定化されずに流動的であったという点があるが、物部氏の場合も、そうであったと考えられる。

†物部氏の盛衰

物部氏の最初の長（氏上）は、先に述べたように麁鹿火である。継体の次の安閑《あんかん》・宣化《せんか》天皇の時代にも、麁鹿火は大伴金村とならんで「大連」であったとされる。また、宣化紀元年（五三六）二月朔条によれば、金村・麁鹿火の「大連」のほかに、蘇我稲目《いなめ》が「大臣」、阿倍大麻呂《おおまろ》が「大夫」に任じられたとある。蘇我氏も、最初から稲目を「大臣」とする最有力氏族として登場するが、このことは、稲目の一族（蘇我氏の前身集団）が、それまでは大王に臣従していなかった一族であり、しかもそのなかでの最有力の一族であったため、稲目を「大臣」に任ずるという最高の待遇を以て臣下に組み込んだということであろう。

「大臣」については、かつては「オホオミ」と読むのが一般的であったが、近年では、「オホマヘツキミ」と読むべきであるとの説も有力である（倉本一宏『日本古代国家成立期の政権構造』吉川弘文館、一九九七。黒田達也『朝鮮・中国と日本古代大臣制』京都大学学術出版会、二〇〇七）。この説によれば、律令制成立以前の倭政権中枢部において存在した合議制は、オホマヘツキミ―マヘツキミ制として理解するべきであり、「大臣」はオホマエツキミ、「大夫」（ほかに「臣」「卿」など）はマヘツキミの漢語表記とされる。従うべき見解であろう。ただ、この説においては、「大臣」とならぶ「大連」の存在は否定されるのであるが、「大連」もまたオホマヘツキミであったとみてよいであろう。用明《ようめい》紀元年（五八六）五月条には、「大臣」の蘇我馬子と「大連」の物部守屋の二人を指して「両大臣」（二人のオホマヘツキミ）と記している。

麁鹿火の次の物部氏の長は、尾輿《おこし》であった。両者の関係について、『日本書紀』に記載はなく、『先代旧事本紀《せんだいくじほんぎ》』の「天孫《てんそん》本紀」によれば、尾輿の方が麁鹿火より一世代上の人物とされる。この「天孫本紀」の伝えは信頼できないが、両者が、親子・兄弟といったような近い血縁関係になかったことは認められるであろう。

欽明《きんめい》紀元年（五四〇）九月己卯条には、尾輿の奏言によって「大連」の大伴金村が引退したとの記事がみえ、これ以後は、「大連」の尾輿と「大臣」の蘇我稲目が二人の「大臣（オホマヘツキミ）」として勢力を競うことになる。そして、欽明紀十三年十月条には、「仏教公伝」の記事に続けて、「崇仏《すうぶつ》論争」記事が載せられ、そこでは、崇仏派の蘇我稲目に対して、物部尾輿・中臣鎌子《なかとみのかまこ》は排仏派として描かれている。同様の「崇仏論争」記事は、敏達《びだつ》紀十四年（五八五）二月から六月条にも載せられており、そこでは、稲目に代わって

「大臣」となった蘇我馬子が崇仏派、尾輿に代わって「大連」となった物部守屋と、中臣勝海《かつみ》が排仏派とされている（六月条の或本では、物部守屋・大三輪逆《おおみわのさかふ》・中臣磐余《いわれ》が排仏派とされる）。

なお、尾輿と守屋の関係についても、『日本書紀』には記事がなく、「天孫本紀」や『公卿補任《くぎょうぶにん》』では父子とするが、その信憑性は低い。守屋は「物部弓削守屋」とも記されることからすると、弓削の地（のちの河内国若江《わかえ》郡弓削郷付近）に居住していたか、あるいは弓削部の伴造であったかと考えられる人物であり、尾輿とは異なる系統の人物であった可能性が高い。

「崇仏論争」記事については、その信憑性に問題が多く、物部氏を排仏派とする理解にも多くの疑問が提出されている。ただ、守屋と馬子の間に対立があったことは事実とみてよく、それは、二人のオホマヘツキミの間の政治的主導権争いであったと考えられる。そして、敏達十四年に敏達天皇が死去すると、両者の争いは、皇位継承問題と関わって具体化し、ついに用明二年（五八七）、穴穂部《あなほべ》皇子の擁立を図った守屋が、馬子らによって討たれるということになった。この守屋討伐事件については、開明派の蘇我氏と保守派の物部氏の争いという見方もあるが、物部氏を保守派とみるのは疑問であろう。また、事件の背景に臣姓氏族と連姓氏族の対立を想定することも行われているが、これも適切ではあるまい。守屋はマヘツキミ層から孤立して討たれたのであり、馬子の側には大伴氏・佐伯《さえき》氏・土師氏など連姓氏族も多く加わっている。

†その後の物部氏と石上氏の成立

物部氏は、守屋が討たれたことによって滅亡したわけではないが、その勢力が衰えたことは確かである。事件後、最初に『日本書紀』に登場する物部氏の人物は、推古《すいこ》紀十六年（六〇八）条に、阿倍鳥《とり》とともに朝堂の庭において隋使《ずい》（裴世清《はいせいせい》）を導いたとされる物部依網連抱《いだき》である。阿倍鳥はマヘツキミと明記される人物であり（推古紀十八年十月丁酉条）、物部依網抱もマヘツキミの一人であったとみてよいであろう。また同三十一年是歳条には、新羅《しらぎ》に派遣された副将軍の一人として物部依網連乙《おと》等の名がみえ、乙等は小徳《しょうとく》の冠位を帯びていることから、やはりマヘツキミの地位にあったと推定される。

推古朝の物部氏は、なお有力なウヂとしての地位を維持していたのであるが、次の舒明《じょめい》朝以降は、物部氏の人物がマヘツキミの地位に就くことはなかったようである。舒明紀・皇極《こうぎょく》紀には物部氏（物部連氏）の人物は一人も登場せず、次の孝徳《こうとく》紀には古人大兄《ふるひとおおえ》皇子の謀反に加わった物部朴井連椎子《しいのみ》、斉明《さいめい》紀には有間《ありま》皇子事件において皇子の家を囲んだ物部朴井連鮪《しび》（椎子と同一人か）、天智《てんじ》紀には百済救援軍の後将軍の一人として物部連熊《くま》の名がみえるが、とくに有力な地位に昇った人物は見出せない。物部氏が復活するのは、天武《てんむ》天皇に抜擢された物部連麻呂《まろ》（石上朝臣《あそん》麻呂）の時である。

物部麻呂は、壬申の乱において大友《おおとも》皇子に最後まで従った人物であり、天武に重用されて台頭し、天武の死後の殯宮《もがりのみや》儀礼や持統《じとう》の即位儀礼において重要な役割を果たし、持統朝の末年には、右大臣《うだいじん》の丹比真人《たじひのまひと》、大納言《だいなごん》の阿倍御主人《みうし》・大伴御行《みゆき》に次ぐ地位にあった。天武十三年（六八四）の八色《やくさ》の姓《かばね》の制定により、麻呂とその一族は「朝臣」のカバネを賜与され、それにともないウヂ名も「石上」に改めている。ウヂ名の変更には、麻呂と石上《いそのかみ》神宮とのかかわりが考えられるであろう。また、連姓氏族のほとんどには「宿禰《すくね》」が賜与されたのであり、「朝臣」が賜与されたのは、物部氏と中臣氏のみであった。ここにも、麻呂に対する特別扱いが示されているといえよう。

麻呂は、文武《もんむ》朝以降も順調に昇進し、慶雲《けいうん》元年（七〇四）には右大臣に任命され、和銅《わどう》元年（七〇八）には正二位に昇叙し、左大臣《さだいじん》に任じられている。養老《ようろう》元年（七一七）三月に薨去《こうきょ》したが、八世紀のはじめ、長く太政官《だじょうかん》の首座にあった人物である。この時期、藤原不《ふじわらのふ》比等《ひと》が政権の中心にあったことは間違いないであろうが、麻呂が何ら実権を持たない存在であったとは考え難い。神武《じんむ》紀の饒速日（ニギハヤヒ）伝承や、崇神《すじん》紀の伊香色雄（イカガシコヲ）伝承など、『日本書紀』の物部氏の祖先伝承には物部氏を顕彰する傾向が顕著であり、そこには麻呂の関与が想定されてよいであろう。

さらに詳しく知るための参考文献

加藤謙吉『大和の豪族と渡来人――葛城・蘇我氏と大伴・物部氏』（吉川弘文館、二〇〇二）……物部氏のみを取り上げた書ではないが、物部氏についての通説的理解が明快に述べられている。

木本好信『律令貴族と政争――藤原氏と石上氏をめぐって』（塙書房、二〇〇一）……物部氏の後裔である石上氏を中心に、奈良時代の政治史を叙述した書。石上氏と藤原氏との協力関係に視点が置かれている。

篠川賢『物部氏の研究』（雄山閣、二〇〇九）……物部氏について、研究史を概観し課題を整理したうえで、総合的に取り上げている。

平林章仁『物部氏と石上神宮の古代史――ヤマト王権・天皇・神祇祭祀・仏教』（和泉書院、二〇一九）……物部氏についての最新の研究書。物部氏の宗教的性格に焦点が当てられており、とくに石上神宮と物部氏の関係が詳しく論じられている。

前田晴人『物部氏の伝承と史実』（同成社、二〇一七）……物部氏について全般的に取り上げた書であり、とくにその活動拠点について、同系氏族の伝承も含めて詳しく論じられている。

第３講

蘇我氏

中村友一

†蘇我氏とは

古代史上で最も著名な氏族といえば、奈良・平安時代では藤原氏を思い浮かべる方が多いだろうが、飛鳥時代ではまず第一に蘇我氏が挙げられるだろう。

蘇我氏といえば、中学・高校の日本史の教科書においても記されるように、本章でも触れる馬子と厩戸王《うまやどおう》（聖徳太子）と推古天皇（額田部《ぬかたべ》。天皇名は後に付けられたもの）による三頭政治や、乙巳《いっし》の変における排斥された側としてその名がとくに知られていることだろう。

蘇我氏に関する研究は、それこそ膨大な数にのぼり、それらを要約・紹介するだけでも一書となる分量である。だが、二〇〇〇年代頃からは専門書といった研究書はあまり見られなくなり、どちらかと言えば一般書であったり概説的に書かれるものが多くなり、一般に広まった感がある（佐藤長門『蘇我大臣家』山川出版社、二〇一六。遠山美都男『蘇我氏四代』ミネルヴァ書房、二〇〇六など)。ただし、研究としては史料的な制約もあり、停滞していると言える。

しかしながら、近年では飛鳥地域の発掘成果を基にした、考古学的な視点からの蘇我氏への言及も増えており（坂靖『蘇我氏の古代学　飛鳥の渡来人』新泉社、二〇一八など）、新たな研究状況を迎えつつある。

本章では、これらの研究成果を簡単に追いかけ、飛鳥時代に光芒を放った蘇我氏の実像を分かりやすく解説することにしたい。

†蘇我氏の出自

蘇我氏は古代において氏族の出自を示す際に最も重視された『日本書紀』において、その出自を示さない。もっとも『古事記』においては、第八代孝元天皇段に蘇我石河宿禰と見え、分註に「蘇我臣・川辺臣・田中臣・高向臣・小治田臣・桜井臣・岸田臣らの祖なり。」とあって、孝元天皇の後裔（子孫）と伝えている。

弘仁六年（八一五）に撰進された『新撰姓氏録』（左京皇別上条）によれば、蘇我氏の後裔の一つである石川朝臣の条に「孝元天皇の皇子、彦太忍信命《ひこふつおしのまことのみこと》の後《すえ》なり。日本紀に合《かな》へり。」とあり、さらに桜井朝臣条に「石川朝臣と同じき祖《おや》。蘇我石川宿禰《そがのいしかわのすくね》の四世孫、稲目《いなめの》宿禰大臣《すくねのおおおみ》の後なり。日本紀に合へり。」とあり、孝元天皇の後裔である武内宿禰を祖とすることが窺えるように記載されてはいる。そして「日本紀」つまりは『日本書紀』が重視されていることも知られる。

　時代が降って成立する、源平や藤原氏系図としては信憑性が高い『尊卑分脈《そんぴぶんみゃく》』では蘇我満智《まち》から系を起こし、韓子《からこ》—高麗《こま》（馬背とも）—稲目—馬子へと系をつなげている。ただし『尊卑分脈』では、後半の数名は物部氏の後裔の石上氏の人物が挙げられており、誤りが見られる。おそらく後述する蘇我氏系の石川氏という氏の名の類似から混同したと考えられ、信を置きがたい。

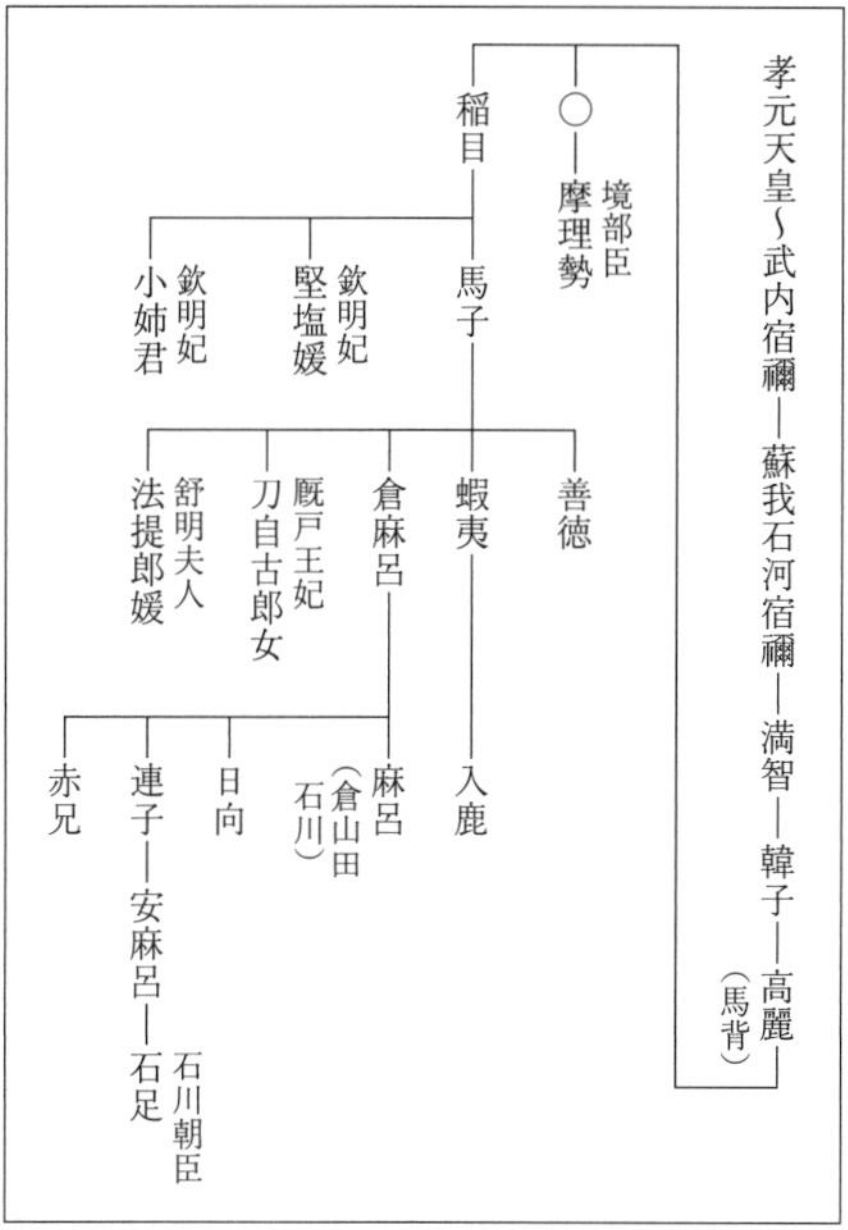

蘇我氏略系図

　ここに見える満智・韓子・高麗という名が第一の着想点

となり、稲目の代になり突如として大臣として活躍し出すこと、かつ帰化渡来系氏族である東漢氏《やまとのあやし》を配下に従えるような活動実績を踏まえることなどから、蘇我氏が渡来系の出自であるとする説がかつて出された。

この説はそれ程広まってはいないが、すでに研究者らによっても否定的な見解が大勢を占めている（加藤謙吉『蘇我氏と大和王権』吉川弘文館、一九八三。平林章仁『蘇我氏の研究』雄山閣、二〇一六）。満智と個人名部分の読みが一致する、木満致《もくまんち》（木羅斤資とも・『日本書紀』応神二五年条）の存在が果たして同一人と言えるかどうか、韓子・高麗といったそもそもの個人名という推測根拠は、当時の人名の名づけ方は現在とは大きく異なることから根拠としづらい。詳しくは述べないが、蝦夷や入鹿も北方異民族の蔑称やイルカという、およそ高貴さなどとはかけ離れた名前だろう。

おそらくは古墳時代にはすでに土着していたであろう、在来系の氏族であることは間違いないだろう。ただ、たしかに蘇我稲目の代に大臣としてランクアップして登場するのはいささか突拍子もなく、その後同じく孝元天皇後裔の大彦命系の阿倍氏と並び、武内宿禰系の氏族群の盟主のみならず、大王家に比肩する実力を示す背景が何かしら推定されなければならないだろう。次節において検討しよう。

宗我坐宗我都比古神社

†蘇我氏と同族とその根拠地

蘇我氏の根拠地は、人名にも見える河内国石川（大阪府南河内郡近辺）や、『日本書紀』推古三十二年（六二四）に馬子が要求した本居《うぶすな》と称された大和国葛城（奈良県御所市・葛城市付近）を想定する見解もある。だが、宗《そ》我坐《がにいます》宗我《すそが》都《つ》比《ひ》古《こ》神社が所在している大和国曽我（橿原市曽我町）の地が、妥当であろう。近隣には入鹿神社もある。

さらに大和の曽我の地は、南に南曽我遺跡や北には玉作遺跡として注目されている曽我遺跡がある。さらに『古語拾遺《こごしゅうい》』において蘇我氏が大蔵、忌部《いんべ》氏が斎蔵《いみくら》を管掌したと記されることから、忌部氏と強い関係性を指摘する見解もある（平林前掲書）が、その忌部氏の根拠地に所在したと考えられる太玉神社（橿原市忌部町）も近接している。

前述した『古事記』孝元天皇段に併記される川辺臣・田中臣・高向臣・小治田臣・桜井臣・岸田臣について黛《まゆずみ》弘道のまとめをもとに簡単に見ておこう（黛『物部・蘇我氏と古代王権』吉川弘文館、一九九五）。

まず川辺氏は河内国石川郡川野辺。田中氏は大和国高市郡田中。高向《たかむく》氏は河内国錦部《にしごり》郡高向。岸田氏は大和国山辺郡岸田。小治田《おはりた》氏は大和国高市郡小治田で、同地の南は蘇我氏のもう一つの勢力範囲の豊浦《とゆら》の地である。桜井氏は河内国河内郡や石川郡の見解もあるが、飛鳥寺の東北に数キロ離れた大和国十市郡桜井の地が妥当だろう。

他にも『新撰姓氏録』には蘇我氏の後裔氏族として、田口氏（大和国高市郡田口）・箭口氏（同高市郡か）・久米氏（同高市郡久米郷）・御炊氏（不詳）が挙げられる。

以上の他、前掲した石川宿禰や蘇我倉山田石川氏の氏名が示すように、河内国石川の地は蘇我氏の勢力範囲の一つであり、後に山田寺の建立を始める蘇我倉山田石川麻呂の勢力の及ぶ地となったとみられる。また、馬子と兄弟の境部臣摩理勢《さかいべのおみまりせ》は軽の境部の地に因む氏名を持つが、同地も現在の橿原市に比定されるなど、蘇我氏と主な同族の根拠地は大和の各所に所在したとみて間違いないだろう。

武内宿禰後裔氏族も同族と見なせるのだが、葛城《かずらき》氏・紀《き》氏・巨勢《こせ》氏・平群《へぐり》氏・波多《はた》（羽田）氏などの雄族などであり、ここで述べきれるものではないので割愛する。ただ、前述の推古三十二年に馬子が要求した本居とする葛城の地は、葛城集団（武内宿禰後裔氏族の初期段階）の正統、本家筋を蘇我馬子が自負するに及んでの表現だと考えられる。

†蘇我氏の主な事績と厩戸王・推古天皇との治世

蘇我稲目以前の石川宿禰や満智など、『日本書紀』以外の史料上に実績が見えるが、韓子は新羅征討の将軍として見えている（『書紀』雄略天皇三月条）。高麗は系譜記事以外には業績など何も見られないが、その子とされる稲目は宣化天皇元年に大臣として登場する。一般的に「蘇我氏四代」と称した際には、この稲目から数えた代数となる。

稲目は欽明天皇代にも引き続き大臣に任じられる。「大臣」は「マエツキミ」に「大」字を冠した称であるが、「大臣・大連制」については、大連の存在も含めて、整った制度ではないと考えられている（倉本二〇一五）。

稲目の代には『日本書紀』欽明天皇十三年（五五二）には、百済からの仏教公伝に際して、崇仏派として仏教を積極的に導入することを唱え、排仏派である物部尾輿らと対立している。

稲目の子が馬子であり、この馬子から「蘇我氏三代」と数える場合もあるが、蘇我氏全盛期を築く実力を兼ね備えていた。馬子は敏達・用明・崇峻・推古の各天皇に仕えたとされ、『日本書紀』の記述も史実がある程度摑めると考えられる。

馬子は、姉であり欽明天皇の后となった堅塩媛《きたしひめ》という血統的な背景も持つが、厩戸王と推古天皇と並んで政治を主導して、三頭政治とも称される治世期間を現出させたが、そこに至るまでにはかなり血なまぐさい権力闘争を経ていた。

まずは稲目の代から小競り合いの続いた「崇仏・廃仏論争」だが、用明天皇崩御後に、遂に厩戸王等とともに、物部尾輿の後を継いでいた守屋らを討ち滅ぼした。馬子は後に飛鳥寺となる寺院の建立を開始し、厩戸王は四天王寺の造立を始めるなど、たしかに仏教導入に際しての問題に結び付けられる事件である。だが近年では、いわゆる大臣系氏族と大連系氏族の派閥争い、政争といった趣が強いという指摘が通説的である（詳しくは本シリーズ『古代史講義【戦乱篇】』の加藤謙吉「蘇我・物部戦争」を参照されたい）。

さらに馬子は用明の後継、崇峻天皇代に至り、すでに実権を握っていたとされる馬子を誹った崇峻を、東漢直駒《やまとのあやのあたいこま》に命じて殺害している。日本史上で唯一はっきりと天皇（この当時はまだ大王と称されていたと考えられるが）を弑したという悪名を轟かせている。

崇峻の次に即位した女帝推古の代に至ると、馬子は天皇だったというトンデモ説も出されるくらい、能臣ぶりを発揮する。簡単に関与したと考えられる事績を列挙してみよう。

石舞台古墳

・厩戸王が摂政となる中、遣隋使を派遣して対隋外交を主導した。
・欽明后である堅塩媛を、欽明天皇陵に合葬した。なお、欽明陵は議論の的となっているがここでは割愛する。
・推古天皇十一年（六〇四）十二月に「冠位十二階」を制定した。
・推古十二年四月には厩戸王が中心になり「十七条憲法」を制定する。馬子は冠位も立場も与える、決める側であり枠外にいた。
・推古二十八年是歳条では厩戸王と共に議って「天皇記」「国記」「臣《おみ》連《むらじ》伴造《とものみやつこ》国造《くにのみやつこ》百八十部《ももやそのとものを》并《あわせて》公《おおみ》民《たから》等本記」を録した。
・推古三十一年是歳条では、新羅が任那（加耶）を討つという事件が起こった。天皇は馬子に、そして群臣と諮り対処に当たっている。

この後馬子は、推古三十二年（六二四）十月に、前述の、葛城県は蘇我氏の本居なので得たいと欲している。しかし、推古天皇は「今朕は蘇何（蘇我）より出でたり。大臣はまた朕の舅たり。」と血縁的な近さと信頼を示したが、葛城県は馬子に与えなかった。

翌々年に馬子は薨去するが、ここで「嶋大臣」と称された由来が記される。自宅に池を作り、小さな島を築いていたからであるという。このことから葬られたとされる桃原墓は、遺称地とみられる奈良県明日香村島之庄にある石舞台古墳が馬子の墓と目されるようになっている（遠山二〇一七）。

†乙巳の変（大化の改新）と蘇我本宗家

中大兄皇子と中臣鎌足らによって蘇我入鹿を討ち、馬子の子で入鹿の父であった蝦夷が自害した事件を乙巳の変といい、その後の諸改革は諸説あるが、いわゆる「大化の改新」と称したことは周知のことだろう。かつては事件と改革をまとめて「大化の改新」と称し、「逆賊」扱いされた蘇我氏が滅亡したと記されていた。この点については本シリーズの有富純也「乙巳の変」を参照、また蘇我氏全体が滅んだのではなく、蘇我稲目・馬子・蝦夷・入鹿と続く「蘇我氏四代」＝本宗氏《ほんそうし》だけが討たれたということは、同じく本シリーズの鈴木正信「蘇我氏とヤマト王権」をそれぞれ参照されたい。

乙巳の変に至る蝦夷・入鹿代は、敗者側として、討たれるべくして討たれたという史料上の脚色も考えられるが、『日本書紀』に見られる主な事績を参照しておこう。

まず舒明《じょめい》天皇の即位に当たって、蝦夷は叔父に当たる境部摩理勢父子を死に追いやっている。蝦夷は引き続き大臣に任命された。

・舒明八年（六三六）七月、大派王《おおまたおう》が朝参が遅いので時間を決めようと蝦夷（ここでは豊浦大臣と記される）に諮ったが、これに従わなかった。

・皇極元年（六四二）には蝦夷が自らの祖廟を葛城の高宮に作り、八佾《やつら》の舞を行った。さらに一般の公民を用いて自分と入鹿の墓を造営し、それを大陵・小陵と称したという、臣下にあるまじき行為が連記される。また、故厩戸王の私民である上宮の乳部《みぶ》の民を造墓に使役してしまった。翌年には蝦夷は隠退をするが、子の入鹿に紫冠を授けて大臣位に擬えさせるという、越権と見なせる行為をした。さらに厩戸王の子である山背大兄《やましろおおえ》王《おう》一族を自害に追いやってしまう。

・皇極三年十一月には、甘檮《あまかしの》（樫）丘《おか》に蝦夷・入鹿の家を建て、上の宮門・下の宮門と称し、子供らを王子と呼び、城柵を築き兵庫を設けたという。

これらの傍若無人の振る舞いや越権行為の数々は、どこまでが史実を表しているかという問題がある。推古天皇代末期から、天変地異や不作などの記事が頻出するのも、蘇我氏専横が影響したと思わせぶりに配置されている可能性が高い。

いずれにしてもこのような反感を買う流れはあったと考えられ、翌大化元年（六四五）六月に至り、三韓の調を進《たてまつ》るという日に、中大兄（後の天智天皇）と中臣鎌足（藤原氏の初代）らによって入鹿が討たれる、いわゆる乙巳の変が起こるのである。

古人大兄王《ふるひとおおえおう》より入鹿が殺害されたことを聞いた蝦夷は、前述の「天皇記」「国記」「本記」や珍宝を悉く焼いたが、その死を伝えない。墓に納めることが許されているので、この時亡くなったと考えられるが、ここに「蘇我氏四代」と呼ばれる本宗氏が滅んだのである。

†その後の蘇我一族

さて、本宗氏が滅んだとはどういうことか、要は蘇我氏がことごとく滅んだわけではないということで、一族や分家などは生き残っているということである。

乙巳の変に際して三韓の調の表文を読み、事変に参画した人物に蝦夷の甥である麻呂（もっとも長い氏名表記は蘇我倉山田石川《そがのくらのやまだのいしかわ》）がいた。後に山田寺となる寺院を建立し始めた麻呂は、蘇我倉家とも呼ばれ、山田と石川の地に勢力を持っていたことを示している。しかしこの麻呂は右大臣にまで昇るが、大化五年(六四九)に異母弟である日向《ひむか》に讒言され、謀反の疑いをかけられ山田寺において妻子共々自害するに至った。

一方、雄当《おまさ》(倉麻呂とも)の子で、麻呂の弟には連子《むらじこ》と赤兄《あかえ》もおり、赤兄に至っては斉明天皇四年(六五八)に有馬皇子を謀反の嫌疑で密告し、その後左大臣にまで昇る。だが、壬申の乱において敗れる近江朝廷側であったため、配流されて波瀾の生涯を終えた。

他方、連子の系統が石川氏を称して存続していくのである。この石川氏は石足や年足、名足など、いわゆる政事中枢に参画する議政官《ぎせいかん》にまで昇るものもでており、蘇我氏後裔の面目は施している。この石川氏のうち一部の子孫は元慶元年(八七七)に至って宗岳(宗岡・宗丘とも表記)朝臣と改姓を許されている。音の頭を取ると「ソガ」と読める原点回帰とも取れる改姓だが、後に「ムネオカ」と読むようになった。いずれにしてもかつてのような権勢とまではいかないまでも、議政官に昇りうる勢いはなくなってしまっていた。

石川氏も平安時代にはわずかに貴族とされる五位以上に昇れる人物を輩出する程度で、かつて天皇・大王をしのぐ権勢は見る影もなく、律令制貴族のトップに立った藤原氏の下風に立ち続けることになるのである。

さらに詳しく知るための参考文献

遠山美都男『人をあるく　蘇我氏と飛鳥』（吉川弘文館、二〇一七）……写真や図版が豊富で、かつ簡便な人名の説明があり、記述内容も合わせて初学者に易しい。さらに宮や古墳、遺跡が地図・図版・現地写真と共に掲載されており、飛鳥探訪にも役立つ。

吉村武彦『蘇我氏の古代』（岩波新書、二〇一五）……新書としては内容が深く、飛鳥時代の時代背景共々学びながら読むことができる。巻末の年表も初学者には十分な内容で至便であるだろう。

倉本一宏『蘇我氏——古代豪族の興亡』（中公新書、二〇一五）……新書で初学者にも手に取りやすい。図版が多く、理解を深めやすいことや、律令官人となった石川氏や宗岳氏の記述が多いのも特徴であり、本講の後半の理解を深めてくれるだろう。

平林章仁『日本古代氏族研究叢書⑤　蘇我氏の研究』（雄山閣、二〇一六）……より専門的に学びたい人にお勧めする。多くの史料や様々な論点があることを知られるが、蘇我氏がまだまだ研究途中の素材であることも知られるだろう。本講中で掲示したその他の書や、ここで挙げた諸書が掲示する参考文献も膨大である。同様に研究書の取っかかりとして前田晴人『蘇我氏とは何か』（同成社、二〇一一）もここにおいて挙げておきたい。

第4講

阿倍氏

服部一隆

†阿倍氏とその登場（六・七世紀）

阿倍氏は、蘇我・大伴・物部などの有名氏族と比べると目立たないが、高校の教科書には、大化改新で左大臣になった阿倍内麻呂《あべのうちまろ》、斉明天皇の時代に日本海側の東北に派遣された阿倍比羅夫《あべのひらふ》の二人が掲載されているように、中央・地方で足跡を遺した有力氏族であり、平安時代には都の陰陽道《おんようどう》や東北の豪族に似たような安倍氏もいる。ここではあまり知られていないが重要な役割を果たした阿倍氏について説明する。（以下便宜的に日本書紀〔紀と記載〕の天皇号と年代および平安時代の旧国名を使用する）

律令制以前、官僚制はまだなく、ヤマト王権の職務は主に氏族によって分担されていた。阿倍氏が史書に初めて登場するのは、五三六年に宣化天皇が即位して、大伴金村《おおとものかなむら》・物部麁鹿火《もののべのあらかひ》を大連《おおむらじ》に再任し、蘇我稲目《そがのいなめ》を大臣《おおまえつきみ》とした後にある、阿倍大麻呂《おおまろ》（火麻呂《ひまろ》とも）を大《まえつ》夫《きみ》としたという記事である（宣化紀）。「大夫」は「まえつきみ」といい、「群臣」「卿」なども書かれる天皇の前での合議に参加できる政治的地位で、蘇我・阿倍などの臣系氏族と大伴・物部などの連系氏族以下十数の有力氏族がいる。大臣・大連は最高執政官とするのが通説だが、近年の研究では大連は氏族に伝わった家記《かき》にある敬称で政治的地位ではなく、蘇我氏が「大臣」（おおまえつきみ）として「大夫」を代表したとする説が有力である（倉本一宏『日本古代国家成立期の政権構造』吉川弘文館、一九九七）。「大夫」の始まりもこの記事なので『日本書紀』の認識によれば、阿倍氏は合議制とともに史上に現れたことになる。

そして六二四年（推古三十二）、阿倍麻呂（摩侶とも）は、蘇我馬子に派遣されて推古天皇に直轄領の葛城県《かずらきのあがた》（奈良県御所《ごせ》市付近）を賜ることを申し出て（推古紀）、推古没後の天皇を決めるに当たって、大臣の蘇我蝦夷《えみし》が阿倍麻呂と相談してその邸宅に群臣を集めさせて田《た》村《むら》皇子（後の舒明天皇）と山背大兄王《やましろのおおえ》（厩戸《うまやど》皇子の子）のどちらが次期天皇にふさわしいかを合議する（舒明即位前紀）などの記事がある。ともに行動することが多く、登場も同時であることから、阿倍氏は蘇我氏との関係が深いと考えられている（志田一九七二）。その後六四五年（皇極四）の乙巳《いっし》の変で蘇我氏本宗家（嫡流）が滅亡すると、大化改新政府では孝徳天皇の下、阿倍内麻呂（倉梯麻呂《くらはしまろ》とも）が左大臣、蘇我石川麻呂が右大臣、中臣鎌足《なかとみのかまたり》が内《うち》臣《つおみ》となる（孝徳紀）。このように六・七世紀、阿倍氏は蘇我氏等の有力豪族とともに天皇に近侍することによって大夫としての地位を守ってきた。

また五三六年に宣化天皇・蘇我稲目・物部麁鹿火とともに氏族を差配して那津《なのつ》（福岡県福岡市）の官家《みやけ》（外交施設か）に穀物を送った記事があり、阿倍臣《あべのおみ》（名はない）は伊賀《いが》臣を派遣していることから、有力氏族として職務を分担し、外交や輸送にも関わっていたことが知られる（宣化紀）。その後、阿倍鳥《とり》が六〇八年（推古十六）に小野妹子《おののいもこ》等の遣隋使の返礼として来朝した裴世清《はいせいせい》を朝廷に迎える導者（案内）となり、六一〇年（同十八）に新羅・任那の使者を朝廷に迎える四大夫の一人として登場するなど、外交儀礼に活躍している（推古紀）。

阿倍は氏《うじ》で地名につくことが多い臣《おみ》の姓《かばね》であり、その本拠地は大和国十市郡《やまとのくにとおちぐん》阿倍《あべ》（奈良県桜井市阿部《さくらいしあべ》）が有力視されている。したがって阿倍氏は、大和に拠点を持ち、その代表が大夫（まえつきみ＝群臣）となれる上級氏族ということが特徴となろう。

阿倍氏は、内《うち》（大和国宇智《うち》郡・奈良県五條《ごじょう》市付近、〔内臣《うちつおみ》と関連づける説もある：岸俊男『日本古代政治史研究』塙書房、一九六六〕）・渠曾部《こそべ》・引田《ひきだ》（城上《しきのかみ》郡辟田《ひきた》郷・桜井市初瀬《はせ》）・久努《くの》・普《ふ》（布）勢《せ》・狛《こま》・他《おさ》（長）田《だ》（大和国城上《しきのかみ》郡・奈良県桜井市）などの居住地（畿内近辺と想定される）を付され、阿倍〇〇臣と表記されることが多く（複姓氏族）、内が早く廃れたとの考えもある（加藤一九九一）。六世紀には複姓《ふくせい》が存在したと考えられているが、六九四年（持統八）に布《ふ》勢御主人《せのみうし》が氏全体として代表者の氏上《うじのかみ》を賜り、その後阿倍を冠して呼ばれることが多くなるため、ヤマト王権からは、氏のまとまりで把握されていたようである（中村英重『古代氏族と宗教祭祀』吉川弘文館、二〇〇四）。

†阿倍氏の系統と地位（八世紀以後）

六八四年（天武十三）の八色《やくさ》の姓《かばね》によって、阿倍氏は臣《おみ》から朝臣《あそん》に改姓し、有力な系統が出てくる。まず布勢御主人《ふせのみうし》が壬申の乱で活躍して天武天皇に太政官《だいじょう》のことを誄《しのびごと》（死者への報告）し、六九四年（持統八）に氏上となって阿倍氏を名乗り、七〇一年（大宝元）に右大臣となる。七〇三年の没後まもなく、その一族である引田《ひきた》朝臣宿奈麻呂《すくなまろ》が阿倍朝臣《あべのあそん》に改姓して中納言となり、七一二年（和銅五）に居所《きょしょ》によって別氏となっていた一族（引田・久努《くの》（駿河国有度《うど》郡・静岡県静岡市）・長田《おさだ》の六人）を阿倍氏「正宗」（嫡流のことか）の宿奈麻呂と異ならないという理由で本の阿倍姓にさせ、七一八年（養老二）には大納言まで昇進する（七二〇年没）。その後はまた御主人の子の広庭《ひろにわ》が七二七年（神亀四）に中納言まで昇進する（七三二年没）。このように阿倍氏の氏上は、布勢から引田、また布勢の系統へと移動していたと考えられる。従来本宗の移動とされてきたが（加藤前掲書など）、現在では氏上を複姓諸氏の代表とする説が有力であり（竹本晃「律令成立期における氏族制」『ヒストリア』一九三、二〇〇五)、これらの氏上任命によって成立した単姓の阿倍氏が中核となり、その次に複姓の朝臣姓諸氏、外縁に臣姓諸氏が位置する構造であったという説も出されている(鷺森浩幸「阿倍氏」『天皇と貴族の古代政治史』塙書房、二〇一八)。ただし複姓諸氏は阿倍氏が分裂したものとされることが多いが、異論もあって成立過程はよく解っていない。

以上のように八世紀前半まで阿倍氏の嫡流は連続して議政《ぎせい》官(参議以上)を出す上級貴族としての地位を保持した。しかし天平期(七二九~七四九)以後は、連続しなくなり、七五七年(天平勝宝九)に沙弥《さみ》麻呂が、七六〇年(天平宝字四)に嶋麻呂が晩年に参議に到達するのがやっとで、政治勢力を次第に失って官人・近臣化してゆく。平安初期には、観察使となった兄雄《あにお》、国司を歴任した安仁《やすひと》・比高《なみたか》らがいて、地方行政にも成果を遺し、東国に関わっている。安仁は嵯峨の寵愛により大納言まで昇進している。

女系では阿倍大刀自《おおとじ》が長屋王《ながやおう》の妻になっていたことがわかっている(長屋王家木簡)。さらには、阿倍内親王と呼ばれた孝謙天皇の乳母《めのと》として阿倍朝臣石井《いわい》を出したり(続日本紀:親王・内親王の名は乳母の氏をとることが多い)、平城天皇(安殿《あて》親王:幼少時小《お》殿《て》王)の外祖母に阿倍古美奈《こみな》が、同じく乳母に阿倍小《お》殿堺《てさかい》がなり、八〇六年(大同元)に阿倍小殿氏は阿倍

布勢系　御主人―広庭―嶋麻呂
引田系　比羅夫―宿奈麻呂

阿倍氏系図(諸系図は布勢系を記す)

朝臣氏へ改姓されているなど、皇室への女系の繫がりによって恩寵を受けたとされる（鷺森前掲）。その他の官人としては、遣唐使となり唐で官人として活躍するも帰国できなかった阿倍仲麻呂が著名である。安倍晴明などの陰陽道の安倍氏も系図上は阿倍御主人の子孫ということになっており（安倍氏系図）平安期になると安倍表記が増える。

また、『日本書紀』には、六五八年から六六〇年（斉明四〜六）にかけて阿倍比羅夫（引田朝臣宿奈麻呂の父）が蝦夷・粛慎《あしはせ》と戦った記事が多数ある。従来阿倍臣として名がない記事は、阿倍氏の家記によるもので提出した布勢御主人が対立していた引田系の比羅夫の名を削ったとする説が有力（坂本太郎「日本書紀と蝦夷」『古事記と日本書紀』吉川弘文館、一九八八）だったが、近年の研究だと記事を家記とそれ以外に二分することはできず、家記部分は阿倍氏の功績が誇張されているとされる（熊谷公男「阿倍比羅夫北征記事に関する基礎的考察」『東北古代史の研究』吉川弘文館、一九八六）。つまり、家記の提出は御主人のときのみとも限らず、比羅夫は斉明天皇のとき筑紫《ちくし》大宰帥《だざいのそち》であった功績もある（続日本紀）ので、『日本書紀』編纂時に阿倍氏の正宗であった引田朝臣に関わるものも入っていたと考えられる。

以上のように、阿倍氏は血縁関係を持つことが多い複姓氏族が集まって形成されたもので、氏全体としての血縁関係は明らかでなく、系譜の共有によって結びつけられたものであるといえる（竹本前掲など）。

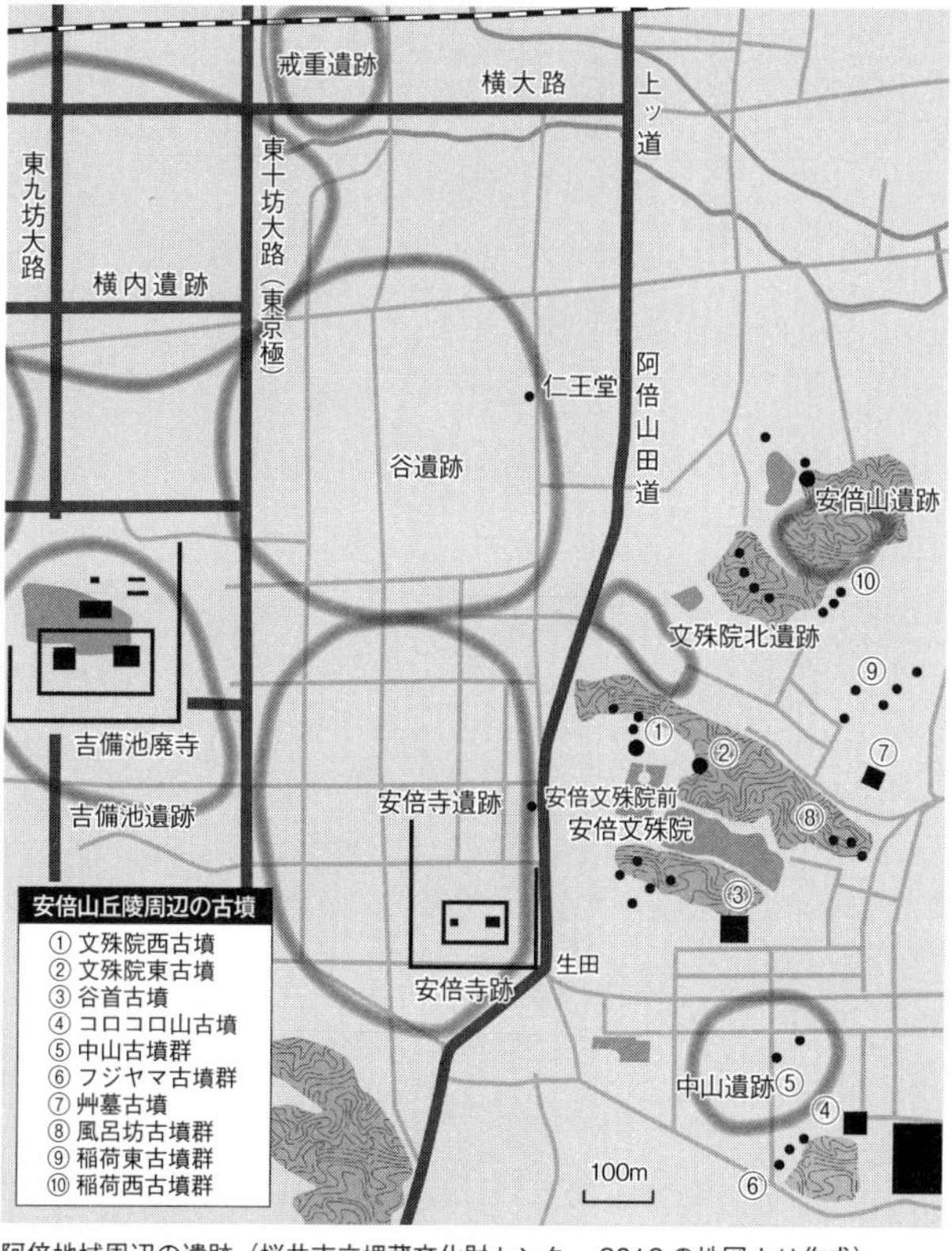

阿倍地域周辺の遺跡（桜井市立埋蔵文化財センター 2012 の地図より作成）

安倍寺史跡公園（上空西から）

文殊院西古墳入り口

文殊院西古墳切石の石室
（上・下：桜井市立埋蔵文化財センター 2012 より、
中：桜井市観光協会公式ホームページより）

†阿倍氏の根拠地

阿倍は奈良県桜井市阿部が有力な遺称地で（氏族分布は第1講図1を参照）、神武天皇の伝承を初めとして、ヤマト王権が継体天皇（玉穂宮《たまほのみや》）・用明天皇（池辺雙槻宮《いけべなみつきのみや》）など頻繁に宮を築いた奈良盆地東南（桜井市付近）の磐余《いわれ》の地に近い（桜井市立埋蔵文化財センター二〇一二）。

平安初期に成立した『日本霊異記《にほんりょういき》』上巻一に雄略天皇の従者少子部栖軽《ちいさこべのすがる》が磐余宮《いわれのみや》から阿倍《あべ》山田道《やまだみち》を通って雷を捉えに行ったという伝承がある。付近には五世紀末から六世紀にかけては渡来系集団を思わせる玉や鉄を生産した工房群（谷《たに》・安倍寺《あべでら》遺跡）や古墳があり、六世紀末から七世紀にかけては政治権力を彷彿とさせる居宅（上之宮《うえのみや》・中山《なかやま》・安倍寺《あべでら》遺跡）や大型横穴式石室を持つ古墳（谷首《たにくび》・艸墓《くさはか》・文殊院西《もんじゅいんにし》古墳）がある。

阿倍氏の氏寺である安倍寺《あべでら》跡が発掘されており、講堂と回廊の関係が不明なものの、東に金堂、西に塔を配置した法隆寺式に近い伽藍配置ではなかったかとされている（安倍寺跡は現在史跡公園となっている）。近年の研究では、創建瓦（軒丸瓦）は、吉備池廃寺《きびいけはいじ》（百済寺《くだらでら》説が有力）・山田寺の創建時期と近く、七世紀中頃とされている。加えて近接する百済大宮《くだらおおみや》への遷宮によって、舒明《じょめい》天皇と阿倍氏との関係が深まり、乙巳の変にも影響を与えたことが想定されている（笹川尚紀『日本書紀成立史攷』塙書房、二〇一六）。平安時代末に編纂された『東大寺要録』に「崇敬寺《すうけいじ》〈字安倍寺〉右安倍倉橋大臣之建立」（末寺章）とあることと合致する可能性も指摘されている（木簡史料によると「阿倍」と「安倍」は通用する）。

†阿倍氏の同族と分布

阿倍氏の同族（同じ祖先神をもつ同祖を含む）について。平安初期に成立した平安京・五畿内居住の古代氏族の系譜書『新撰姓氏録《しんせんしょうじろく》』（佐伯有清『新撰姓氏録の研究　本文篇』吉川弘文館、一九六二）では、祖先神がどこで分かれたかによって皇別《こうべつ》（皇族からわかれる）・神別《しんべつ》（神々の後裔）に、渡来系氏族は諸蕃《しょばん》に、それぞれ分類され、阿倍朝臣すなわち阿倍氏の本宗は左京皇別で孝元《こうげん》天皇の皇子大彦命《おおひこのみこと》の後裔とされる。同祖（同じ祖先神）の氏族として、布勢《ふせ》朝臣（紀伊国ヵ）・宍人《ししひと》（宍人）朝臣・高橋《たかはし》朝臣・許曽倍《こそべ》朝臣（摂津国島上《しまかみ》郡古曽部《こそべ》・大阪府高槻《たかつき》市）・阿閉《あべ》臣（伊賀国阿拝《あべ》郡・三重県伊賀市）・竹田《たけた》臣（大和国十市郡・橿原市東竹田町）・名張《なはり》臣（伊賀国名張《なばり》郡・三重県名張《なばり》市）・佐々貴山公《ささきやまのきみ》（近江国蒲生《かもう》郡・滋賀県近江八幡《おうみはちまん》市）・膳大伴部《かしわでのおおともべ》・阿倍志斐連《あべのしひのむらじ》（左京皇別）、若桜部《わかさくらべ》朝臣（右京皇別）、阿閇《あべ》臣（山城国皇別）、坂合部首《さかいべのおびと》（大和国皇別）、高橋朝臣・伊我水取《いがのもいとり》（摂津国皇別）、難波忌寸《なにわのいみき》（河内国皇別）、膳《かしわで》臣・宇太《うだ》臣・松原《まつばら》臣（和泉国皇別）を挙げる。

　これらの元になった伝承には以下のものがある。

『古事記』に孝元天皇が生んだ御子として「大毘古命《おおひこのみこと》（中略）大毘子命の子、建沼河別《たけぬなかわわけの》命《みこと》者〈阿倍臣等の祖〉」（孝元段）とあり、『日本書紀』には孝元天皇は二男一女を生み、「大彦命、是《これ》阿倍臣、膳臣、阿閉臣、狭々城山君、筑紫国造、越国造、伊賀臣、凡七族の始祖なり」（孝元七年）とあり、『先代旧事《せんだいくじ》本紀《ほんぎ》』に「大彦命〈阿倍臣、高橋臣等の祖〉」（天皇本紀、孝元条）とある。大彦命は、その子の建沼河別命（武渟川別《たけぬなかわわけ》）とともに崇神天皇の

「四道将軍」として知られる。『日本書紀』では、北陸・東海・西道・丹波《たんば》に、『古事記』では、高志道《こしのみち》・東方十二道《とうほうじゅうにどう》に派遣され、大彦は北陸・高志、武渟川別は東海・東方という区別がある。「オオヒコ」については、稲荷山古墳出土金錯銘鉄剣に系譜がある。

（表面）辛亥《しんがい》年七月中に記す、乎獲居《おわけ》臣《しん》、上祖《じょうそ》名は意富比垝《おおひこ》、其児《そのこ》多加利足尼《たかりのすくね》、其児名は弖已加利獲居《てよかりわけ》、其児名は多加披次獲居《たかはしわけ》、其児名は多沙鬼獲居《たさきわけ》、其児名は半弖比《はてひ》、
（裏面）其児名は加差披余《かさはよ》、其児名は乎獲居臣、世々《よよ》杖刀人首《じょうとうじんしゅ》と為り、奉事《ほうじ》し来たり今に至る、獲加多支鹵《わかたける》大王寺《たいおうのじ》斯鬼宮《しきのみや》に在る時、吾《われ》天下を左治《さち》し、此百練利刀《このひゃくれんりとう》を作らしめ、吾奉事根原《わがほうじのこんげん》を記すなり。

本鉄剣は、辛亥年（四七一）七月の年代が書かれ、オワケ臣が、上祖オオヒコから自身まで八代にわたって、大王の御代御代杖刀人首となって奉仕し、獲加多支鹵大王（雄略天皇・倭王武）がシキ宮にある時、天下を佐《たす》け治め、刀を作らせお仕えする始まりを記したものである。

ここにはオオヒコ伝承の原型に当たるものが記されている。記紀と異なって、オオヒコは四道将軍ではなく、阿倍氏との関わりもないが、杖刀人首と結びついている。稲荷山古

墳の被葬者ヲワケについては、地方豪族とする説（井上光貞『飛鳥の朝廷』講談社学術文庫、二〇〇四）と中央豪族とする説（岸俊男『日本古代文物の研究』塙書房、一九八八）の二つがある。従来丈部《はせつかべ》は阿倍氏の部民で「はせつかう」意味とされていたが、近年ではその前身を杖刀人とする説が有力である（佐伯有清『日本古代氏族の研究』吉川弘文館、一九八五）。

丈部氏は八世紀以後、東国（東海道・東山道）に分布し、郡司が多いことから、国造の一族かそれに準ずる豪族であったことが指摘されている（佐伯前掲書）。さらに墨書土器等の氏族分布も同様である（明治大学日本古代学研究所ホームページ墨書・刻書土器データベース）。そうすると杖刀人（丈部）と阿倍氏の関係がいつできたかは不明となり、古くは東国（東山道・東海道）に素朴なオオヒコ伝承が存在し、阿倍氏や北陸道・四道将軍と結びついたのはその後とも考えられる。

阿倍氏と同族で、東国との結びつきが最も深いのは膳《かしわで》・高橋氏である。『日本書紀』で、景行《けいこう》天皇は、日本武尊《やまとたけるのみこと》に東国を服属させた後に同地を巡行する（景行五三年）。天皇が上総《かずさ》国に至って、海路から淡水門《あわのみなと》に渡ると、覚賀鳥《かくかのとり》（みさご）の声が聞こえたので尋ねて海に出たところ白蛤《うむき》（はまぐり）を得る。ここで膳臣の遠祖磐鹿六鴈《いわかむつかり》が白蛤を調理・献上して、天皇から膳大伴部《かしわでのおおともべ》を賜っている。ところが『高橋氏文』には、高橋氏の祖である磐鹿六鴈は景行天皇に安房浮嶋宮《あわのうきしまみや》（千葉県南部）で奉仕し、葛飾野《かつしかの》（千葉県北部等）で狩猟をしたという異伝を掲載する。これらの伝承の相違は、東海道が海上交通から陸上交通へと変化したことを反映したとする説がある（服部一隆「房総三国の成立について」『千葉史学』七五、二〇一九）。つまり立場や時代の変化によって伝承が再構築されていることはよくあることになる。

従来東国には丈部が多かったが、奈良時代後半から平安時代になると陸奥国南部（福島県から宮城県南部）で阿倍安積《あさか》臣・阿倍会津《あいづ》臣・阿倍陸奥《みちのく》臣などの阿倍氏へと変更される例が増加する（大塚徳郎『みちのくの古代史』刀水書房、一九八四）。その他下総国に阿倍猨嶋《さしま》臣も存在する。これらは現地の丈部氏が中央の阿倍氏と擬制的な同族関係を結んだものと考えられる（加藤前掲書）。平安末期になると、陸奥国の奥六郡《おくろくぐん》（岩手県）には安倍氏（頼時・貞任など）が登場し、中央貴族の出自意識をもち、鎮守府将軍安倍比高《なみたか》の子孫とする仮説もあり（樋口知志『前九年・後三年合戦と奥州藤原氏』高志書院、二〇一一）、安倍氏の子孫を称する津軽安東氏の系図では阿倍御主人の子孫とされる（安藤系図）。つまり、畿内で勢力を失った平安以後でも、阿倍（安倍）氏は、東国や東北では名門とされていたのである。

†阿倍氏の性格と活動

阿倍氏の氏族としての性格は何であろうか。例えば葛城《かずらき》・平群《へぐり》などは地域名をもった臣《おみ》系《けい》氏族で、物部・大伴・中臣などは特定の職掌をもつ伴造《ばんぞう》氏族である。阿倍氏は膳氏や高橋氏などの食事の調理に関する氏族との同族関係が強く、「あへ（饗）」が職掌であるとする説（志田前掲）もある。しかし、阿倍は地名で食事提供に関する伝承がないので、大夫として色々な職務を分掌したものとも考えられ、「近侍的」「官人的」と称されることもある（大塚徳郎「阿倍氏について（上）（下）」『続日本紀研究』三―一〇・一一、一九五六）。また同族に供膳を担当する膳氏・高橋氏等がいて大嘗祭で名簿の奏上を実施することから「新嘗・服属儀礼」を統率することがあり、大嘗祭で海外の服属をテーマとした吉志舞《きしまい》の奏上を担当し、新嘗料を貢進する屯倉との関わりから難波吉士《なにわのきし》や大戸首《おおへのおびと》が同族に組み込まれることがあったとされる（志田前掲書）。

つまり阿倍氏の性格として確実にいえることは、六世紀頃から大夫層として現れた大和を根拠とする臣系氏族ということになろう（大和国の阿倍に居住する以前からの存在を想定する説もある）。大夫として供膳・外交や東国について分掌するようになって関連氏族と同族関係を結んでいき、複雑な同祖同族関係を持つようになる。七世紀には複姓氏族として畿内各地に居住しており、八世紀前半には布勢・引田系を中心に嫡流を形成したが次第に氏族としての勢力はなくなっていく。平安時代になり、その一派は安倍晴明などの陰陽道の家となっていく。地方では、東国への進出とともに膳・高橋などの氏族と系譜を共有するようになり、現地丈部の改姓による阿倍氏も登場するなど、奥州安倍氏へもその威光は繫がっていくのである。阿倍氏は、大和で発生した氏族が時代に合わせて変質し、同族関係を列島各地へ広げていく一つの例といえよう。

さらに詳しく知るための参考文献

大橋信弥『阿倍氏の研究』（雄山閣、二〇一七）……阿倍氏に関する近年までの論点や史料を網羅して著者の見解を加えている基本図書。

鷺森浩幸『天皇と貴族の古代政治史』（塙書房、二〇一八）……七世紀から平安時代初期にかけての阿倍氏の変質を論じる。

歴史読本編集部編『ここまでわかった！　古代豪族のルーツと末裔たち』（新人物往来社、二〇一一）……古代氏族とそのルーツ・拠点・特徴をやさしく説明し、阿倍氏とその考古資料の記事もある。

加藤謙吉『大和政権と古代氏族』（吉川弘文館、一九九一）……阿倍氏の複姓としての性格や同族の膳氏などの関係について論じる。

志田諄一『古代氏族の性格と伝承』（雄山閣、一九七一）……古代氏族のなかに阿倍氏を位置づけ、その性格を論じる。後に引き継がれる論点を提示する。

桜井市立埋蔵文化財センター『阿倍氏〜桜井の古代氏族〜』（桜井市文化財協会、二〇一二）……阿倍氏の根拠地とされる奈良県桜井市阿部の立地や遺跡を説明した展示図録。

第5講

藤原氏（鎌足～奈良時代）

佐藤 信

†藤原氏の誕生

乙巳の変を実現して天智天皇を支えた藤原（中臣）鎌足にはじまる古代藤原氏は、律令国家への道を開いた藤原不比等、その子の武智麻呂《むちまろ》（南家）・房前《ふささき》（北家）・宇合《うまかい》（式家）・麻呂（京家）の四兄弟、そして南家次世代の藤原仲麻呂が淳仁天皇を擁立して大師（太政大臣）となるなど、七～八世紀の政治権力を左右していった。藤原氏は、婚姻による外戚化をはかって結びつきを深めつつ天皇家を支え、律令官僚として政界に勢力を広げて他の伝統的な有力諸氏族を制しながら、奈良時代の政治史に大きな位置を占めた。この藤原氏の動向にもいくつもの起伏があったが、その展開と歴史・社会的な背景を検証したい。

†藤原鎌足

藤原氏の氏祖中臣鎌足（六一四〜六六九）は、ヤマト王権で神祇祭祀を担った氏族中臣氏の出身で、推古天皇の後継天皇を合議する群臣会議に参加した中臣御食子《みけこ》の子である。中臣のウヂ名は、神と人、天と地の中をつなぐ意味という。鎌足は、中臣氏の伝統である神祇の職を受け継ぐべき存在であったが、七世紀前半の政治史の中で、神祇よりも政治を志して中大兄皇子（天智天皇）と密接な関係を築き、乙巳の変を成功させた。『日本書紀』や『藤氏家伝《とうしかでん》』によれば、隋・唐で学んで帰国した南淵請安《みなぶちのじょうあん》や僧旻《みん》のもとで中臣鎌足と中大兄皇子は中国の先進知識を学び、その過程で両者の意思疎通を進めたという。

鎌足は、中大兄と蘇我氏の有力者蘇我倉山田石川麻呂を婚姻で結びつけて味方とし、六四五年の乙巳の変で中大兄とともに蘇我本宗家の蘇我蝦夷・入鹿を滅ぼした。この時代、高句麗・百済・新羅などの諸国では、唐の東北・朝鮮半島侵攻という国際的緊張に直面して国家的集中を図るために、王や貴族による権力集約が行われたが、乙巳の変も倭におけるそうした動向として位置づけられる。そして大化改新政権では、鎌足は皇祖母《すめみおや》（前皇極天皇）・孝徳天皇と中大兄皇太子のもとで、左右大臣に次ぐ内臣となった。孝徳天皇時代には改新政策が展開したが、六五三年には、孝徳天皇を難波宮に残して皇祖母・皇后間人《はしひと》

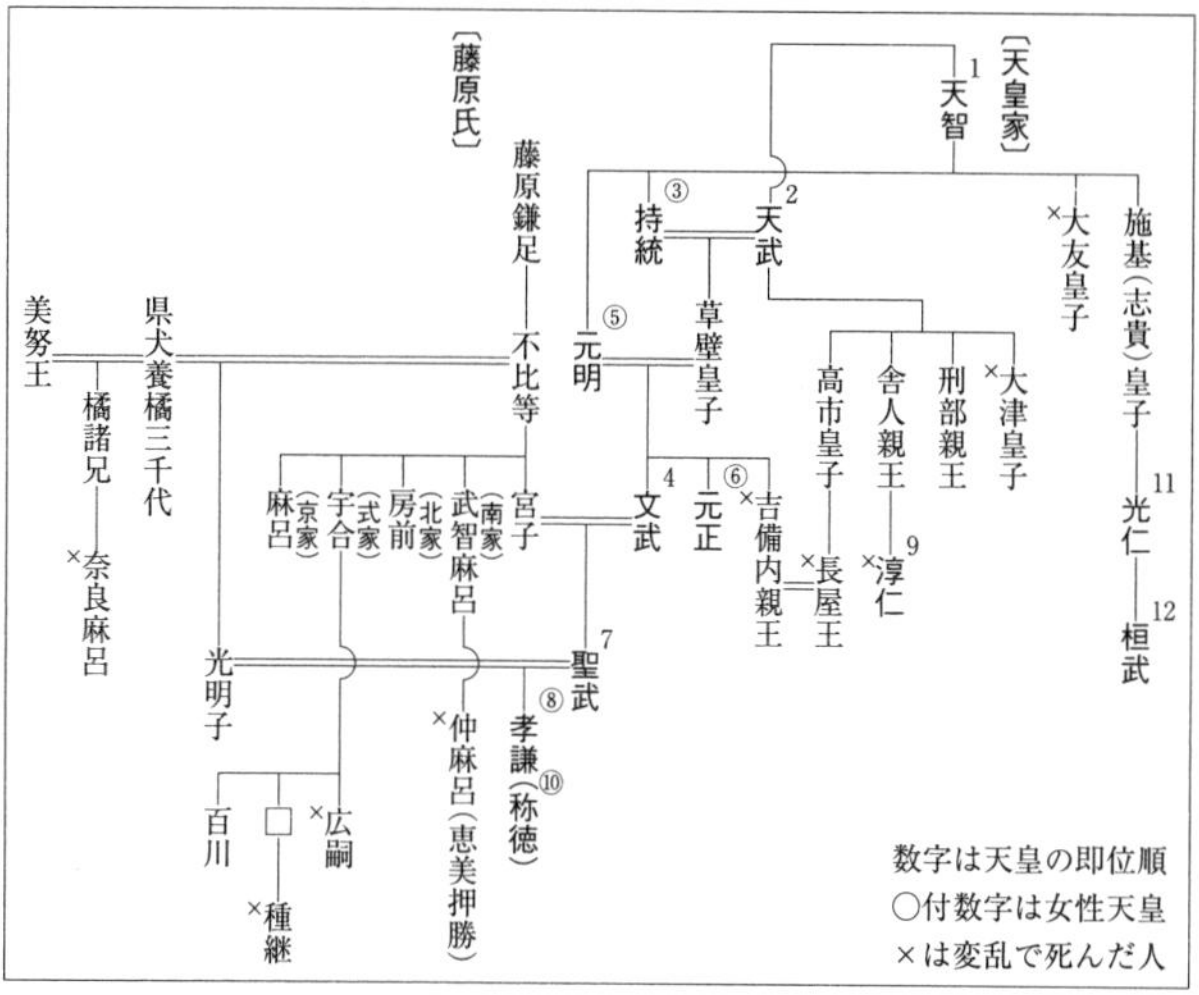

図1　天皇家と藤原氏系図（佐藤信編『大学の日本史1　古代』山川出版社、2016）

皇女（舒明・皇極天皇の皇女で、天智の同母妹）・皇太子中大兄は、官人たちとともに飛鳥に戻ってしまう。そして孝徳天皇没後に、六五五年斉明天皇（もと皇極天皇）が重祚して、中大兄皇子が皇太子の立場となった。

その後朝鮮半島では、唐が新羅と組んで六六〇年に百済王都の扶余を陥落させて百済を滅ぼし、義慈王たちは唐に連れ去られた。しかし、根強い抵抗で各地でなお地盤を保っていた百済復興勢力は、倭に支援を求める。この百済復興勢力の要請を受けて、斉明天皇の倭王権は、倭にいた王子扶余隆を百済に送還するとともに、大軍を派遣して復興勢力への支援を決断した。女性天皇の斉明、皇太子にあたる中大兄皇子やその弟大海人皇子たちとともに、鎌足も北部九州に赴いて「海表の政」を支えた。しかし、六六一年病を得た斉明天皇は、鎌足の神仏への祈りにもかかわらず九州で亡くなる。中大兄が喪服のまま軍政の指導を続けるが、六六三年の白村江《はくそんこう》の戦いで、倭軍は唐・新羅連合軍に大敗してしまう。

唐・新羅連合軍が侵攻してくるかもしれない状況に応じて、亡命百済貴族の力も借りて古代朝鮮式山城や水城《みずき》を営んだり、烽火《とぶひ》・防人《さきもり》を設けたりするなど、防衛政策を展開する。しかし、六六八年に高句麗が滅亡したのち、百済・高句麗の故地をめぐって唐と新羅が争うようになり、列島への侵攻の危機は遠ざかっていく。そして六六八年に天智天皇が近江大津宮で即位し、対外的緊張のもとで国内の統治体制の整備を進め、それを内臣として中臣鎌足は支えた。

長く側近くで天智天皇を支え、鎌足は天智と大変親しい関係を築いた。天智から采女の安見児《やすみご》を賜っている（『万葉集』巻二、九五番）。天智天皇のもとで、鎌足は白村江以後の困難な国際関係において、大臣外交を展開している。正倉院には、百済義慈王から鎌足に贈呈された「赤漆槻木厨子《せきしつつきのきのずし》」があった（「東大寺献物帳」）。また『藤氏家伝』によれば、白村江以後に親しく使節交換するようになった新羅から六六八年に来倭した大使金東厳《きんとうがん》に付して、天智天皇が新羅王に船を贈った際に、鎌足も新羅執政の金庾信《きんゆしん》宛てに船一隻を贈呈している。さらに高句麗の宝蔵王から、鎌足宛てに親しい書状が送られている。

近江大津宮の琵琶湖畔の高楼での宴会の際に、乱暴な行為をした大海人皇子を天智天皇は排斥しようとしたが、鎌足は間をとりなして大海人を助けたという。鎌足は、娘の氷上娘と五百重娘を大海人皇子（天武天皇）に嫁がせている。さらに『懐風藻《かいふうそう》』によれば、鎌足は娘を天智皇子の大友皇子にも嫁がせていた。のち壬申の乱で皇位を争うこととなった、近江朝廷を主催した大友皇子と天武天皇とのどちらにも、鎌足は娘を配していたのである。先を見通した政略結婚であったといえよう。

鎌足は、神祇の家である中臣氏に生まれながら、仏教をも篤く信仰した。山階寺（のちの興福寺）を創建して維摩会《ゆいまえ》を起こしており、また第一子の貞慧《じょうえ》を出家させて留学僧として唐に赴かせている。

六六九年、鎌足が亡くなる直前に、天智天皇は信頼する鎌足のために破格の待遇を与え、大織冠《たいしょっかん》や大臣の位とともに藤原の氏名を与えた。これが、大臣となり得る氏族としての藤原氏のはじまりとなった。

†藤原不比等

鎌足の次子藤原不比等（六五九〜七二〇）は、渡来系の田辺史《たなべのふひと》氏のもとで養育されて

「フヒト」を名とし、律令など大陸の先進文化を身につけた。若年で父鎌足が亡くなり、また壬申の乱で中臣氏を代表する中臣金《かね》が近江朝廷側の有力者として敗者となったこともあり、鎌足の庇護を受けることなく、持統天皇時代に自らの力で身を起こしたといえる。持統天皇の六八九年（持統三）に三十一歳で直広肆（従五位下）で判事となってから、官界での活躍がはじまる。草壁皇子との親しい関係もあり、持統天皇に信任されて、律令制の形成に活躍して、大宝律令の編纂や平城京遷都を中心的にリードした。

律令官僚制は、ヤマト王権を構成する畿内有力豪族の氏族を中心としたそれまでの氏姓制に代わって、氏よりも天皇に対して官僚個々人が仕える制度であった。新興の藤原氏は、伝統的な有力氏族に対して、律令制の展開とともに勢力を伸張していった。また、七一〇年の平城遷都は、旧来の中央有力豪族の本拠地に近い飛鳥・藤原の地を離れて、氏姓制にかわる新しい律令制の都を形成する意味をもった。平城遷都以前から、不比等の別邸が平城宮に東接する隅寺《すみでら》（海龍王寺）の位置にあり、のちに法華寺ともなっているが、むしろその位置をめざして遷都が行われたとみることができる。不比等が牽引した国家的事業には、大宝律令に続く養老律令の編纂や、『日本書紀』（七二〇年撰進）の編纂などもあった。こうして、唐の先進文明に明るい藤原不比等は、天皇を中心とした律令国家の確立に大きな役割を果たし、藤原氏の地位を高めた。

また、天武・持統天皇の直系皇位継承の実現を進めながら、天皇に藤原氏の娘を嫁がせて天皇家と藤原氏の連携を実現していった。不比等は、娘の宮子を文武天皇（軽皇子）に嫁がせ、その宮子が産んだ首皇子（聖武天皇）にまた娘の光明子（安宿媛。母は橘三千代）を嫁がせた。光明子はのち聖武天皇皇后となり、藤原氏と天皇家を結ぶ重要な役割を果たした。他にも、不比等は娘の長娥子《ながこ》を長屋王に、娘の多比能を橘諸兄に嫁がせるなど、有力者に対する政略結婚を展開している。なお、不比等も父鎌足と同様に仏教を篤く信仰し、平城京に氏寺の興福寺を営んだ。

六九八年（文武二）には、藤原朝臣の姓は不比等のみが継承せよとの詔を得ている。これは、不比等の要望を容れた詔といえる。鎌足が藤原のウヂ名を得たあと、中臣氏一族も藤原を名乗ったが、同族の有力者意美麻呂《おみまろ》などは、中臣氏伝統の神事に仕えることから中臣のウヂ名に戻されたのだった。

七〇一年（大宝元）年三月の議政官の構成（『公卿補任《くぎょうぶにん》』）は、左大臣に多治比島、右大臣に阿倍御主人、大納言に石上麻呂・藤原不比等・紀麻呂・布勢御主人、中納言に三輪高市麻呂・大伴安麻呂と並ぶ。七世紀半ば以前の氏姓制時代の倭王権の群臣構成を引き継いで、中央有力氏族から氏上が一人ずつ参加して議政官を構成していた。不比等は、七〇八年（和銅元）に元明天皇のもと右大臣となった。その後元正天皇のもとで七一七年（養老元）

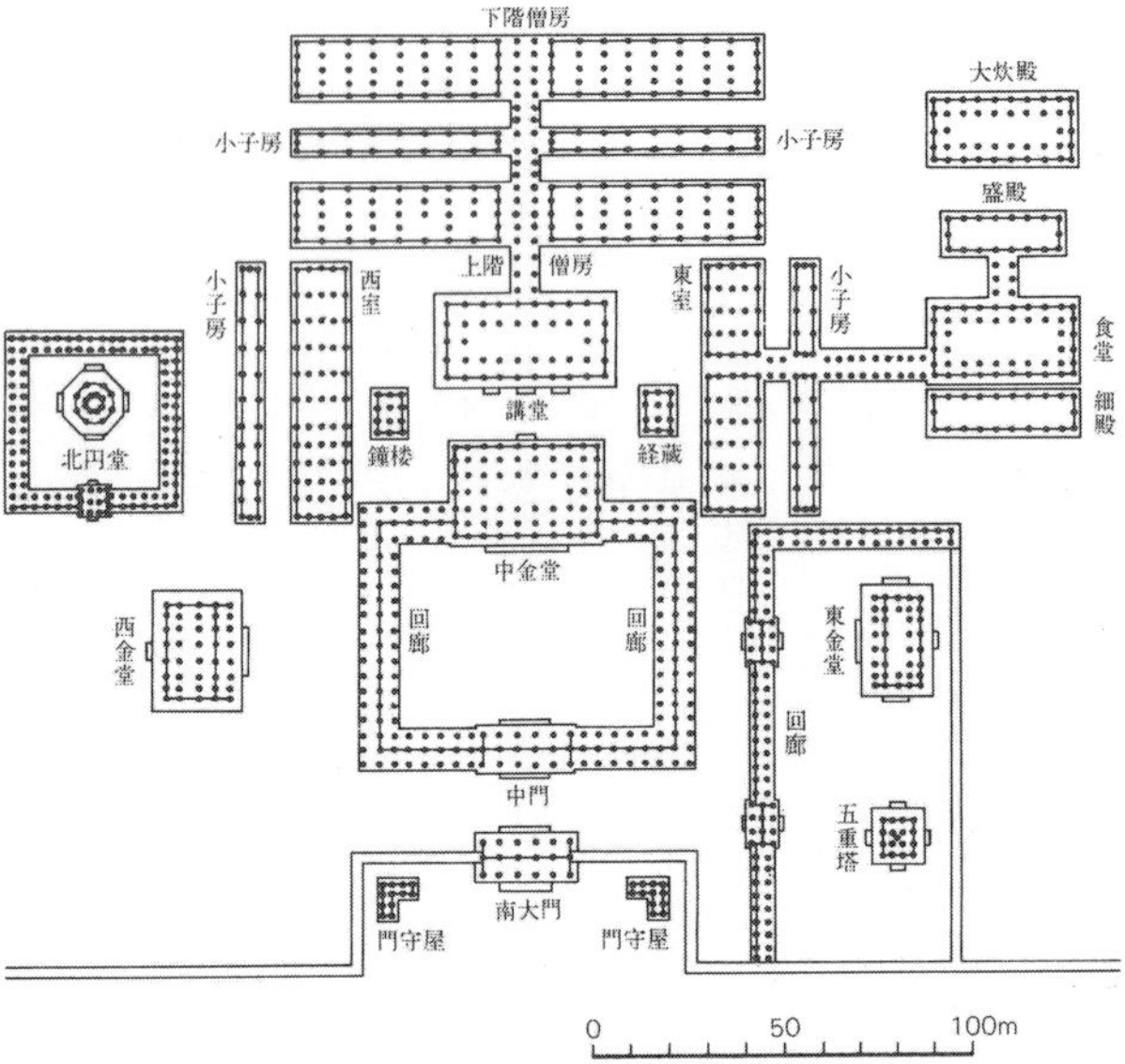

図２　興福寺伽藍配置図（『国史大辞典５』）

に左大臣石上麻呂が没した後も、右大臣のまま留まった。不比等は、太政大臣への就任を求められたといわれるが、それを固辞して長く右大臣のまま議政官の首座として政界を主導した。これには、他の伝統的有力豪族に対する配慮とともに、若年の子息四兄弟が成長するまで他氏族の上位昇進を抑制する効果があった。

不比等が、天武・持統直系の皇位継承の実現に力を尽くしたことは、正倉院に納められた「黒作懸佩刀《くろづくりかけはきのたち》」の来歴（天平勝宝八歳（七五六）六月廿一日「東大寺献物帳」）に見られる。この刀は、草壁皇子が常に身につけていたものを不比等に賜り、草壁の皇子である文武天皇即位の際（六九七年）に不比等から文武に献上された。さらに文武天皇が亡くなる際（七〇七年）に再び不比等に賜り、のちに不比等が亡くなる際（七二〇年）に、文武の皇子で不比等の外孫でもある聖武天皇に献上されたのであった。持統天皇・草壁皇子が望んだ天武・持統直系の皇統を、不比等が保証する意味をもつ儀器であったといえよう。

七二〇年（養老四）に右大臣不比等は亡くなり、太政大臣・正一位を追贈された。この贈位・贈官は、不比等の子孫にとって、蔭《おんい》位の制によって官僚世界での出身に際して他氏族より有利な立場をもたらした。長く右大臣に留まったことといい、子息の四兄弟への権力継承を考えていたといえる。こうして、没後も故太政大臣家が功封などの藤原氏の資産を管理・経営したが、不比等の財産は基本的に光明皇后が引き継いだ。

†藤原四兄弟

藤原不比等の四人の子は、藤原四兄弟と呼ばれる。武智麻呂・房前・宇合・麻呂の四人で、それぞれのちの南家・北家・式家・京家の祖となった。不比等が七二〇年に亡くなると、長屋王の政権となる。四兄弟はまだ若く、ようやく武智麻呂と房前が議政官に列する段階であった。聖武天皇と光明子の間に産まれた基王〈親王〉を早々に皇太子として、藤原氏の外戚としての立場が続く道を築こうとしたが、基王はすぐに夭折してしまう。次の皇位継承をめぐっては、聖武夫人の県犬養広刀自が産んだ安積親王が橘諸兄や大伴氏・佐伯氏の擁護のもとに育っており、また長屋王と吉備内親王の間に産まれた王子たちも皇位継承候補であった。四兄弟は、次の皇位継承をめぐるあせりを背景に、光明子の立后をめざす上で障害となる長屋王を排除する。この七二九年の長屋王の変では、四兄弟の画策によって、長屋王と室の吉備内親王そして二人の間に産まれた四人の王子たちが抹殺された。一方で長屋王と不比等の娘との間に産まれた王子は何ら咎めを受けていない。長屋王の変ののち、光明子は臣下の娘ながら皇后となり、新たに大納言となった武智麻呂をはじめ、藤原四兄弟が参議に出世して政権を掌握した。しかし七三七年〈天平九〉、九州の地から広まった天然痘にかかり、四兄弟は相次いで病死する。ここに、藤原氏の政治勢力は一時後退した。

藤原武智麻呂〈南家〉〈六八〇～七三七〉は、不比等の長子である。第二子の藤原仲麻呂が編纂させた『藤氏家伝』の武智麻呂伝が伝えられる。それによれば、七〇一年〈大宝元〉に「大宝令制によって、上級貴族の家の若者も、官僚となる前に天皇に近侍する内舎人《うどねり》という官に就くことになった。武智麻呂が内舎人として伺候することを、不比等家の家政を預かる小治田志毘《おわりだのしび》は、嘆息して不満を顔に表していた。彼に対して、不比等は新たな律令による任務を恥じることはない、もう口に出すな、と諭した。出仕した武智麻呂が立派であったので、人々から称えられた」という。

武智麻呂は、その後大学頭、図書頭、近江守、式部卿、首皇子（聖武天皇）の東宮傅《ふ》などを歴任した。七二一年には中納言に昇進して、七二九年長屋王の変後大納言にのぼった。ついで大宰帥を兼ね七三六年右大臣となったが、七三七年に発病して亡くなる際に正一位・左大臣となっている。南家の南は、邸宅の位置による。

藤原房前〈北家〉（六八一～七三七）は、不比等第二子だが、七一七年に兄武智麻呂に先行して参議に任じられている。また七二一年（養老五）の元明太上天皇の没時には、右大臣の長屋王とともに太上天皇からとくに後事を託されている。そして元正天皇の内臣として内外を計会して帝業を輔翼することが依頼されている。のちに長子の武智麻呂が四兄弟の出世頭となるが、房前も重視される立場にあって、藤原氏の軍事的基盤ともなった中衛府の長官中衛大将ともなっている。

藤原宇合〈式家〉（六九四～七三七）は、七一六年遣唐副使となり入唐した経験をもつ。常陸守の時代に、今に伝わる『常陸国風土記』の撰進に関与した可能性がある。対蝦夷戦に際して持節大将軍の経験もある。式部卿に任じたことから、「式家」の名が生まれた。

七二九年の長屋王の変では、王の邸宅を包囲した六衛府の軍勢を率いたのが宇合であった。変ののち七三一年に参議となって、四兄弟政権を構成する。のち西海道節度使となり、大宰帥ともなった。

藤原麻呂〈京家〉（六九五〜七三七）は四子の末弟で、左京大夫の経歴から家は「京家」と呼ばれる。兵部卿ののち、兄宇合とともに七三一年に参議となる。陸奥持節大使ともなった。平城京左京の長屋王邸の北の二条大路から出土した二条大路木簡によって、北側の左京二条二坊五坪に藤原麻呂の邸宅が存在したことが知られた。

七三七年に藤原四兄弟が相次いで没すると、中央政界では橘諸兄が首班となって政界を主導し、唐の先進文化を身につけて留学から帰国した玄昉《げんぼう》や吉備真備が聖武天皇に重用され、政治に手腕をふるった。その玄昉と吉備真備の排除を求めて西海道で兵を起こしたのが、式家宇合の長子藤原広嗣（〜七四〇）であった。七四〇年（天平十二）の藤原広嗣の乱の背景には、四兄弟が一斉に病死し、次の世代の人材がまだ高位に昇らない中での藤原氏次世代の危機感があった。藤原氏とくに式家は、広嗣の乱で打撃を受けた。その後の次世代は、南家の長子藤原豊成と二子藤原仲麻呂の台頭を待つことになる。

†藤原仲麻呂

南家武智麻呂の第二子藤原仲麻呂（七〇六〜七六四）は、奈良時代後期に権勢を独占して太政大臣（太師）にまでなった。光明皇后のために置かれた皇后宮職《こうごうぐうしき》の長官となり、光明皇后との結びつきを背景として政界に勢力を伸ばした。孝謙天皇の即位で光明が皇太后になると、皇后宮職は紫微中台《しびちゅうだい》と改称し仲麻呂はひきつづきその長官となった。太政官では兄の豊成が常に上席であり、右大臣豊成のもと仲麻呂は大納言であったが、政治的能力をもつ仲麻呂は、太政官とは別に光明皇太后の権威を利用して政治力を発揮した。高齢の左大臣橘諸兄は、七五六年（天平勝宝八）に引退に追い込まれ、翌年没した。

橘奈良麻呂（七二一〜七五七）は、父橘諸兄の後を受けて大伴氏・佐伯氏たちの勢力を導く立場となった。『万葉集』には、大伴家持たちが橘諸兄や奈良麻呂の邸宅で開かれた宴会にしばしば列席して詠んだ歌が伝えられている。

七五六年に聖武太上天皇が亡くなると、その遺詔により道祖《ふなど》王（新田部親王の子）が皇太子に立てられた。未婚の女性天皇の孝謙天皇までで天武・持統天皇直系による皇位継承は途切れることになったから、次の皇位継承の不安を取り除く遺詔であった。ところが翌七五七年（天平宝字元）、聖武太上天皇の喪中の不適切行為を理由に、皇太子道祖王は廃せられ、群臣会議では複数の候補を抑えて大炊《おおい》王（舎人親王の子。のち淳仁天皇）が立太子した。大炊王は、藤原仲麻呂の亡き長子の夫人を妻とし、仲麻呂の邸宅内に住んでいたから、こ

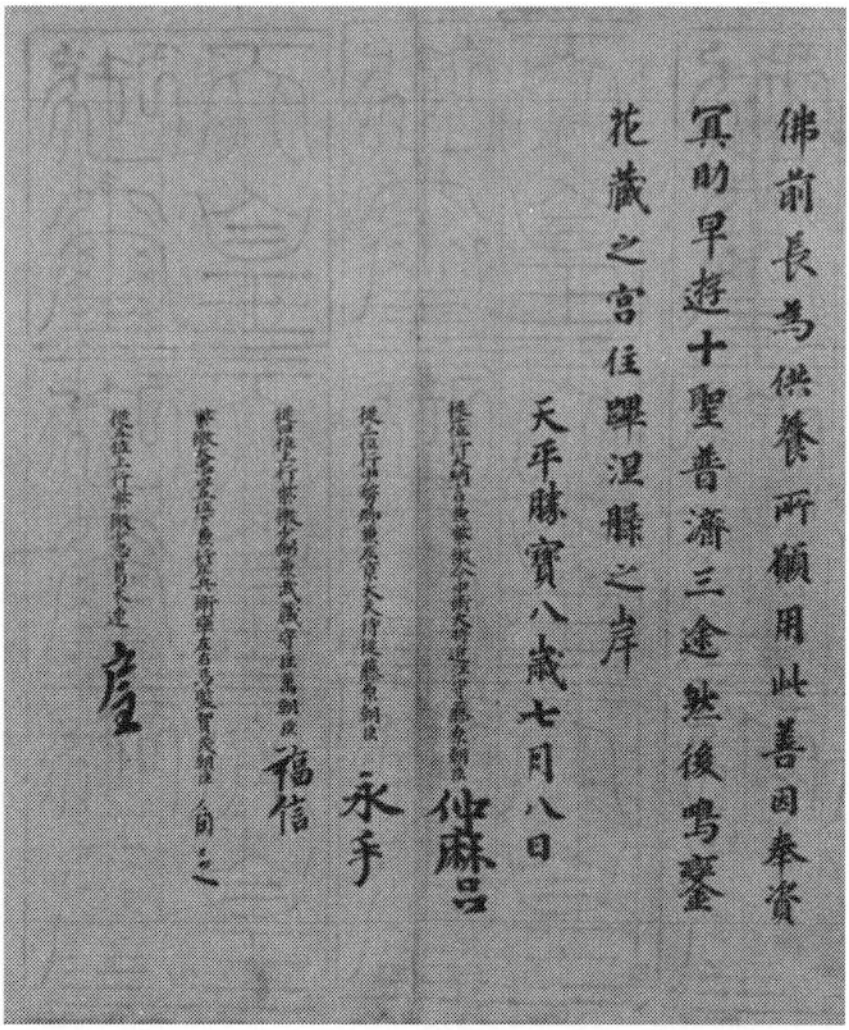
佛前長為供養所願用此善因奉資
冥助早遊十聖普済三途然後鳴鑾
花蔵之宮住涅槃之岸
天平勝寶八歳七月八日
仲麻呂
永手
福信

図3　東大寺献物帳の「仲麻呂」署名（正倉院事務所）

の廃太子・立太子は、光明皇太后を背景とした仲麻呂による大炊王の擁立劇とみられる。

こうして皇太子を擁立し専権をふるう藤原仲麻呂に対し、反発する橘奈良麻呂は、皇族や大伴氏・佐伯氏らの力を合わせて仲麻呂打倒を図る。しかし七五七年（天平宝字元）、仲麻呂に先制されて、奈良麻呂や彼に与した黄《き》文《ぶみ》王（長屋王と藤原不比等の娘との間の子）・道祖王（廃太子）そして大伴古麻呂らは、厳しい取り調べのもと殺されてしまう。これが橘奈良麻呂の変で、天武天皇の孫・曾孫の世代の有力な王が命を失うとともに、橘・大伴・佐伯などの氏族の地盤沈下が進んだ。

七五八年（天平宝字二）に孝謙天皇が皇太子大炊王（淳仁天皇。ただし「淳仁」の号は明治になって贈られたもので、『続日本紀』以来長く「廃帝」と呼ばれた）に譲位すると、仲麻呂に擁立された淳仁天皇は、仲麻呂に恵美押勝《えみのおしかつ》の名、功封・功田や私鋳銭・私出挙の権利を与えるなど、破格の厚遇を与えた。恵美押勝は、唐風化政策を行い、官司の名前を中国風呼称に改めるなどした。光明皇太后が故聖武太上天皇の遺愛の品を東大寺大仏に献上した時のリスト「東大寺献物帳」には、「仲麻呂」の自筆署名がみられる。

†恵美押勝の乱

淳仁天皇の七六〇年（天平宝字四）に恵美押勝はついに大師（太政大臣）となり、権勢を極める。が、同年後ろ盾の光明皇太后が亡くなると、押勝にも影が射すようになる。翌年、平城宮改作のため近江の保良宮《ほらのみや》（滋賀県大津市）に移った時期に、孝謙太上天皇は看病にあたった僧道鏡を寵愛するようになった。これをいさめた淳仁天皇と孝謙太上天皇との仲は悪化し、平城宮に戻る際には、淳仁天皇は平城宮内の中宮に入ったのに対して、孝謙太上天皇は宮に東接する法華寺に入って別居状態になった。この時代の太上天皇は天皇をしのぐほどの権威と権力を保持しており、両者の別居状態は政治的な危機を意味する。

七六二年（天平宝字六）に孝謙太上天皇が国政の大事は自ら行うと宣言すると、恵美押勝の権勢は動揺した。押勝は、息子たちを次々議政官の参議とし要職につけ、畿内の軍事権を掌握して対応する。兄の右大臣藤原豊成をも大宰府に追って排除しようとするが、こうした自家中心策は、かえって他氏族や藤原氏の他家からの反発を受け孤立していった。

天平宝字八年(七六四)、危機感をつのらせた恵美押勝は、淳仁天皇のもとから天皇権力の象徴である鈴(駅鈴)・印(「天皇御璽」の内印)を得ようとし、その争奪を契機に孝謙太上天皇側と武力衝突して、乱を起こす。しかし、孝謙太上天皇側の迅速な対応によって平城宮での緒戦に敗れ、地盤である近江国さらに息子が国司であった越前国をめざした。途中、随伴した氷上塩焼《ひかみのしおやき》(塩焼王。新田部親王の子)を「今帝」に据え、自分の子供たちに親王に準じた品位《ほんい》を与えたりしている。しかし、孝謙太上天皇側に先回りされ愛発関《あらちのせき》を押さえられて、越前への逃亡は果たせず、琵琶湖北西岸の最後の決戦の地で兵士に斬殺された。

式家の藤原宿奈麻呂《すくなまろ》(良継)は、数百の兵で孝謙太上天皇側で戦い、また最後の戦闘場面で決着をつけたのは、駆けつけた同じ式家の藤原蔵下麻呂《くらじまろ》の兵力だった。式家は、広嗣の乱以来雌伏して、仲麻呂政権のもとで自重してきたが、押勝の乱で恵美押勝を打倒する活躍により、政権の表舞台に返り咲いてくる。恵美押勝の乱に勝利すると、孝謙太上天皇は、道鏡を大臣禅師としたのち、淳仁天皇を廃して廃帝とし淡路にとじ込めて、ふたたび即位した(称徳天皇)。

『続日本紀』の藤原真楯(もと八束。北家房前の三子。大納言となった)の伝記(天平神護二年三月丁卯条)には、公務に励んで聖武天皇の信任を受けて政治的才能を発揮しはじめたところ、従兄弟の藤原仲麻呂の妬みをかったため、その後は病と称して家に籠もり書物に埋もれて暮らして命長らえたという。

†藤原百川

藤原百川（七三二〜七七九）は、式家宇合の第八子で、光仁天皇・桓武天皇の擁立に力を尽くした。宝亀元年（七七〇）、女性天皇の称徳天皇は皇太子を定めないまま亡くなったので、皇位継承問題が群臣会議で諮られた。北家の左大臣藤原永手、式家の藤原良継や藤原百川らの画策により、次の後継には、奈良時代を通して続いた天武天皇系皇統に代わって、天智天皇の孫である白壁《しらかべ》王が立てられ、即位して光仁天皇となった。しかし、この皇嗣決定の過程では、右大臣吉備真備たちのように天武天皇の孫にあたる皇族の即位を望む貴族たちの声も多かったから、新しい天智系皇統の権威は必ずしも安定してはいなかった。白壁王は、妻に天武系の聖武皇女の井上内親王（母は県犬養広刀自）を迎え、子に他戸《おさべ》親王がいたから、そのまま順調に行けば天武・天智両系の血を受けた他戸親王が次に即位する見込みであった。実際、井上内親王は皇后、他戸親王は皇太子に立てられた。

しかし、その後七七三年（宝亀四）に井上内親王・他戸親王は呪詛《じゅそ》の疑いをかけられて廃后・廃太子され、代わって光仁皇子の山部親王（桓武天皇）が皇太子となった。渡来系氏族出身の高野新笠《たかののにいがさ》を母とする山部親王の立太子は、藤原百川らの画策によるものであった。井上内親王・他戸親王は大和国宇智郡に幽閉されたのち、七七五年（宝亀六）に二人同時に不幸な死を迎える。

七八一年（天応元）、病の光仁天皇は、皇位を皇太子山部親王に譲り、桓武天皇が即位する。桓武同母弟の早良《さわら》親王を皇太子として、新体制が固められた。しかし、同年末に光仁太上天皇が亡くなると、翌年正月に氷上川継《ひかみのかわつぐ》謀反事件が起こるなど、政治的な不安定は続いた。氷上川継は、聖武皇女の不破内親王と天武皇孫の塩焼王との間の子として天武系の有力な皇位継承候補であり、京家藤原浜成の娘を妻とした人物であった。

桓武天皇即位以前の七七九年に藤原百川は没したが、桓武天皇は自分の皇太子擁立に尽力した藤原百川への恩義を生涯忘れなかった。百川の娘旅子《たびこ》を後宮に迎えて夫人として重んじた。のちに旅子が産んだ大伴親王（百川の外孫）は、桓武皇子の嵯峨天皇の次に即位して淳和天皇となった。また、桓武天皇は百川嫡子の藤原緒嗣《おつぐ》（七七四〜八四三）を重用し、緒嗣の元服に内裏《だいり》で手ずから加冠し、百川から献じられた剣を賜って、百川への感謝の言葉を伝えている。のち若い緒嗣を特別に参議に登用する際にも、「百川がいなければ自分は即位することはなかった」と詔している。

八〇五年（延暦二四）の徳政相論では、参議緒嗣の「軍事と造作」の停止を求める議を、桓武天皇は採用している。また甥の淳和天皇が即位すると緒嗣は八二五年右大臣となった。しかし、九世紀前半の嵯峨天皇のもとの藤原冬嗣にはじまる北家の台頭の前に、式家は次第に地盤後退していった。

こうして、四兄弟以降、藤原氏は各家の家系ごとに、天皇や皇位継承候補に娘を嫁がせ、外戚の地位と政権の掌握をめざして競い合っていった。その過程では、他家や、兄弟間・伯父甥間で時に競合することもあった。そのなかで、九世紀には北家が権力を手中にしていった。

さらに詳しく知るための参考文献

青木和夫『日本古代の政治と人物』(吉川弘文館、一九七七)……鎌足について基本的な考察を行った「藤原鎌足」を載せる。青木和夫・田辺昭三編『藤原鎌足とその時代――大化改新をめぐって』(吉川弘文館、一九九七)も参照されたい。

沖森卓也・佐藤信・矢嶋泉『藤氏家伝　鎌足・貞慧・武智麻呂伝　注釈と研究』吉川弘文館、一九九九)……基本史料である『藤氏家伝』の本文とその訓読・注、そして研究を提供する。同著者による『現代語訳　藤氏家伝』(ちくま学芸文庫、二〇一九)もある。

木本好信『藤原仲麻呂』『藤原四子』『藤原種継』(ミネルヴァ日本評伝選、二〇一一・二〇一三・二〇一五)……先行研究をふまえながら、藤原氏各家の系譜を奈良時代史のなかで位置づける研究を行ってきた著者による評伝。

岸俊男『藤原仲麻呂』（吉川弘文館〈人物叢書〉、一九六九）……仲麻呂についての、史料にもとづいた信頼できる詳細な伝記。多角的な視野から奈良時代政治史のなかに位置づけている。氏族もからんだ古代の政治史については、同著者の『日本古代政治史研究』（塙書房、一九六六）がお勧め。

倉本一宏『藤原氏の研究』（日本古代氏族研究叢書6、雄山閣、二〇一七）……鎌足から仲麻呂までの藤原氏について、王権との関係に焦点をあてながら論じた最近の研究。

田村圓澄『藤原鎌足』（塙書房〈塙新書〉、一九六六）……藤原鎌足について、実証的な立場から詳述した新書。

第6講　橘氏

新井重行

†橘氏は印象が薄い？

「源平藤橘《げんぺいとうきつ》」という言葉がある。貴種の氏族を表すもので、四姓《しせい》ともいい、源氏・平氏・藤原氏・橘《たちばな》氏の四氏を指す。日本史に興味がおありの方ならば、源氏・平氏・藤原氏が、史上いかに重要な役割を果たしたか、説明は不要であろう。しかし橘氏はどうであろうか。ほかの三氏に比べるとやや印象が薄い、というのが正直な感想ではなかろうか。江戸時代の学者であり史書にも明るいはずの本居宣長《もとおりのりなが》でさえ、その著書『玉勝間《たまかつま》』において、「よに源平藤橘とならべて四姓といふ、源・平・藤原は中昔より殊に広き姓なれば、さもいひつべきを、橘はしも、かの三うぢにくらぶれば、こよなくせばきを、此かぞへのうちに入ぬるは、いかなるよしにかあらむ」と述べ、四姓に橘氏が入ることに違和感を覚えているのである。

これには、橘氏が平安時代以降に大きくその勢力を減じ、政治の表舞台に現れなくなることが大きく作用しているだろう。しかし橘氏は、古代日本の国家の仕組みが形成される飛鳥時代から奈良時代にかけて重要な役割を果たし、その後も平安時代まで朝政と深く関わりを持った氏族であり、決して軽視されるべきではない。

†県犬養橘三千代と橘の由緒

橘氏は七三六年（天平八）に、葛城《かずらき》王・佐為《さい》王の兄弟が、皇親から臣籍に降下することを望み、橘宿禰《すくね》の姓を賜ったことに始まる。この兄弟は、美努《みぬ》王（敏達天皇の玄孫だが、曾孫とする史料もある）を父とし、県犬養三千代《あがたのいぬかいのみちよ》を母とする。橘宿禰の姓は、もともと三千代が、元明天皇の大嘗祭後の宴席において、天皇から忠誠の賞として与えられたものであり、その際、橘を浮かべた坏とともに、橘の実は人々に好まれ、枝は霜雪にも強く、葉は落ちることがない、というような言葉も賜った。ミカン科の常緑樹である橘には、変わらぬ忠誠の意味が込められたのであろう。三千代が亡くなったのち、葛城王・佐為王は母が賜った姓を受け継ぐことを願い出、これが許されたことにより橘氏が創られたのである。

そこでまず、橘氏の淵源となる三千代の事蹟の紹介から始めることにしたい。

県犬養橘三千代の生年はよく分からない。県犬養東人《あずまひと》を父とすることが知られるが、母もまた不詳である。県犬養氏は、番犬の飼養などを行い屯倉《みやけ》の運営に関わる伴造氏族であり、河内国（和泉国との説もある）を本拠地としたと考えられている。三千代は、天武天皇の時代に朝廷に出仕し、その後、持統天皇・文武天皇・元明天皇・元正天皇・聖武天皇の歴代にわたり後宮に仕えた。

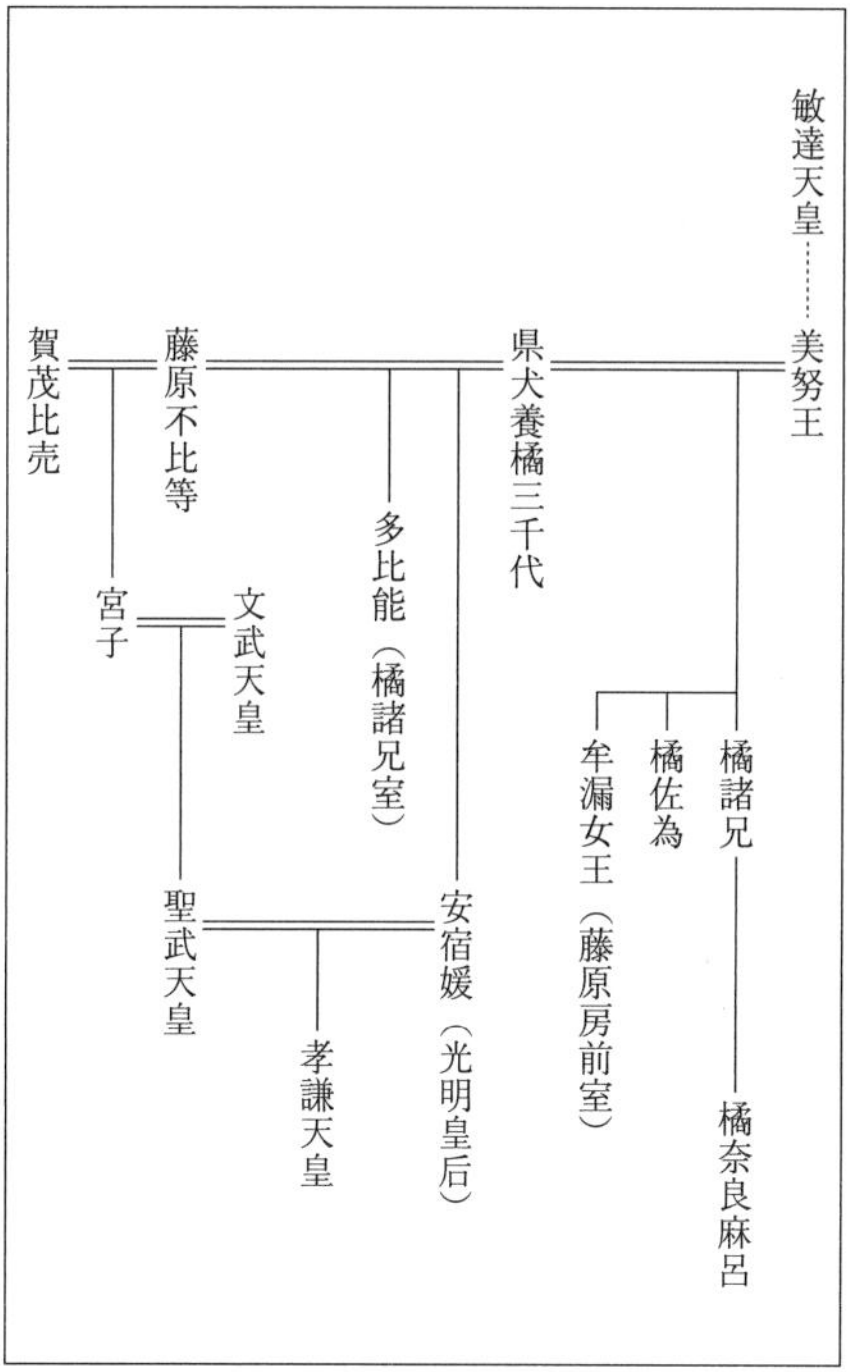

橘氏略系図１

出仕して数年ののち、美努王との間に葛城王（のちの橘諸兄）を産み、ついで佐為王、牟漏女王の二男一女を儲けるも、美努王との婚姻関係は、持統朝の末頃には解消されたようである。ついで三千代は藤《ふじ》原不比等《わらのふひと》の室となり、安宿媛《あすかべひめ》（光明皇后、聖武天皇の皇后）、多比能《たびの》（橘諸兄の室）などを儲けた。

夫の不比等は、宮子（賀茂比売《かものひめ》との娘）を文武天皇の夫人とし、さらに宮子所生の首親王《おびと》（聖武天皇）にも安宿媛（三千代との娘）を入れて皇后とするなど、天皇との姻戚関係を結ぶことで自らの地位を固め、藤原氏の隆盛の基礎を作った（本書第5講も参照）。不比等がいまだ少壮であった時期において、首尾よく天皇との姻戚関係を結ぶことに成功した理由については、草壁皇子《くさかべ》（持統天皇と天武天皇の皇子）が若くして亡くなったのち、複数の皇位継承候補者がいる中で、草壁皇子の子である軽皇子《かる》（文武天皇）を次期天皇とすることを望んだ持統天皇が、渡来系氏族とも近く、開明的な考えを持つ不比等と協力することを選んだと考えられている。この背景に、双方と関係を持つ三千代の活躍があったことは想像に難くない。以降も三千代は、特に元明・元正朝では、側近として、首親王と安宿媛の婚姻などにも大きな働きがあったと考えられる。

†三千代の評価をめぐって

三千代の働きについては、不比等の妻の立場を利用して後宮で暗躍したというイメージとともに語られることがある。確かに後宮における事蹟は、その性質上、史料に残りにくく不明な点も多い。しかし近年の家族史・女性史研究の進展によって上記のような捉え方には再評価が迫られている。

祖先を同じくする血縁集団が、父―嫡子の父系で継承されてゆくという観念が日本で定着するのは、律令が導入されて以降のことである。それ以前の社会では、母系も父系と対等な関係にあり、個人は父方・母方の双方の集団に流動的に属することが可能な「両属性」が大きな特徴であった。三千代が後宮に仕えたのは律令が導入されて間もない時期で、いまだ旧来のあり方も色濃く残っており、集団の財産や代表者の地位が、母系によって継承されることも珍しくはなかった。このような時期における三千代の後宮での振る舞いは、みずからの血縁に基づくネットワークを活用して集団に利することを求めたものと評価でき、奇異なこととはいえない。今後、母子の繋がりも視野に入れつつ、三千代の事蹟を再検討することによって、奈良時代政治史の通説的な理解が変わる可能性もあるだろう。

†橘諸兄政権

橘《たちばなの》諸兄《もろえ》は、はじめ葛城王と称した皇親であり、七三六年（天平八）に、弟の佐為王とともに母三千代の賜った橘宿禰の姓を継承することが許され、臣籍に降下して橘氏を創出したことは前に述べた通りである。賜姓とともに葛城の名を改め、橘諸兄と称した（のち七五〇年〔天平勝宝二〕に朝臣《あそん》の姓を賜り、橘朝臣となる）。

当時は天皇の五世王までを皇親とする制度であったので（律令の規定では四世王まであったが、七〇六〔慶雲三〕に五世王までに改められた）、敏達天皇の五世孫に当たる葛城王は、皇親の地位を子に伝えることができないという事情があった。また朝廷は、皇親が増加し生活に困窮するものが現れたことに鑑み、新たな氏族を創り官人として朝廷を支えることを皇親に呼びかけた時期でもあった。「諸兄」という名も、不比等と三千代の娘を后とした聖武天皇の兄であるという意味を込めて聖武天皇が授けたものと考えられており、臣下の立場で天皇を扶け導く役割が期待されていたことがうかがわれる。

葛城王から橘諸兄となった七三六年前後は、社会が疫病に悩まされており、朝廷においても不比等亡きあとの政権を担った藤原四兄弟が相次いで疫病にたおれるなど、危機的な状況にあった。また諸兄の弟佐為もこの頃に没している。こうした状況下で、諸兄は七三八年に右大臣となり、朝廷の首班となった。

諸兄政権の船出は、疫病による疲弊に加え、七四〇年には九州で藤原広嗣《ひろつぐ》の乱が起こるなど不安定なものとなった。聖武天皇は諸兄の協力も受けながら、恭仁《くに》京への遷都、国分寺の造営などの施策のほか、紫香楽《しがらき》宮に大仏を造立することを決めるも政情は安定せず、大仏造立をめぐって造都の計画変更や、遷都が繰り返されたこともあり、ついには聖武天皇と諸兄との関係にも亀裂を生じさせる結果となった。朝廷内の混乱は、七四五年に聖武天皇が紫香楽宮での大仏造立を断念し、平城京へ還都したことで一応の終息をみたが、母三千代の縁から諸兄の後ろ盾となっていた元正太上天皇が崩御すると、諸兄は次第に朝廷での発言力を失ったとみられる。その一方で、聖武天皇が孝謙天皇に譲位する頃より、藤原仲麻呂《なかまろ》が政治的な存在感を増していった。その後、諸兄は七五五年に、宴席において聖武太上天皇に対し無礼な言動があったとの密告に遭い、そのため翌年に官を辞し、さらにその翌年には亡くなってしまう。

橘諸兄の「相楽別業」

橘諸兄は、相楽《さがらか》郡に別宅「相楽別業」を所有していたことが知られ、聖武天皇を迎えて宴を催したこともある。この別宅に関連して、近年の発掘調査で注目すべき成果がある。京都府木津川市の馬《ば》場南《ばみなみ》遺跡は、平城宮の北東方向に奈良山丘陵を越えたところに所在し、奈良時代中期から後期にかけて二時期にわたる遺構が確認されている。このうちⅠ期（七三〇年代後半から七六〇年頃）の遺構は、「大殿」（貴人の居住する殿舎の意）と墨書された土器の発見や、出土瓦に平城京内で使用される瓦との共通性が見られるなど、遺物の検討から高位の貴族の邸宅の可能性があり、橘諸兄の「相楽別業」との関連が推定されている。なおⅡ期（七六〇年頃から七八〇年代）の遺構は寺院に関わるものとされる。この遺跡は古代の相

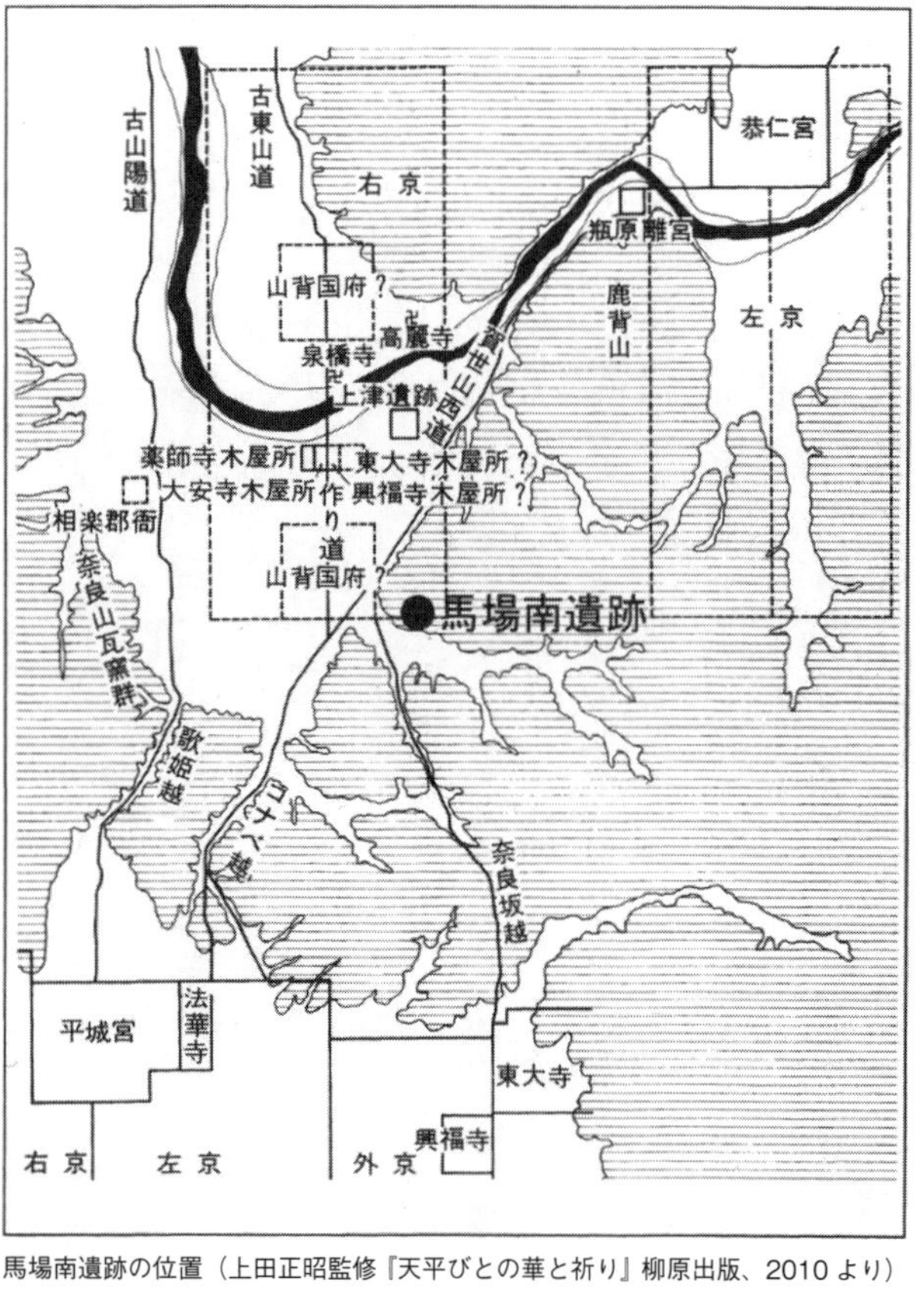

馬場南遺跡の位置（上田正昭監修『天平びとの華と祈り』柳原出版、2010 より）

楽郡にあり、同時に恭仁京の右京南東隅に位置している。さらに当時の主要交通路に面し、木津川の水運のための河港にも近く、恭仁京の造営に主導的な役割を果たした諸兄が別宅を構えるには、ふさわしい場所といえる。

†橘奈良麻呂の変

橘諸兄の息子の奈良麻呂《ならまろ》は、七四〇年（天平十二）に従五位下に叙され、翌年に大学頭に任じられる。以降、順調に昇進を重ね、七四九年（天平勝宝元）に孝謙天皇が即位すると参議に任じられ、議政官の仲間入りを果たす。このとき奈良麻呂は三十歳前後と推定され、それまでの例からすれば異例の若さでの参議昇進であった。

同じ頃、朝廷では、孝謙天皇との血縁関係を背景として藤原仲麻呂の勢力拡大が著しく、皇太子道祖《ふなど》王を廃し、仲麻呂の私邸で養育されていた大炊《おおい》王を新しい皇太子とするなど、強引さも目立っていた。このような状況のなか、七五七年（天平宝字元）、奈良麻呂は現状に不満を持つ氏族らと、大規模な挙兵を企図するが、未然に露見し捕らえられてしまう。これを橘奈良麻呂の変という（本シリーズ【戦乱篇】第8講も参照）。

この変の原因には、藤原仲麻呂の専横に対する不満だけでなく、皇位継承問題もあると考えられている。変後の取り調べにおいて発覚することであるが、変に先立つこと約十年の七四五年に、奈良麻呂は皇位継承に不安があるとしてクーデターを計画したことがあったという。当時は皇太子に阿倍《あべ》内親王（孝謙天皇）が立てられていたが、すでにこの頃には、女性である安倍内親王に皇位が継承されることに対して、安定的な継承が見込めないとの不満を持つ勢力が朝廷内にあったことを示している。

奈良時代の政治史を考えるとき、藤原氏対反藤原氏勢力という図式で説明されることがあるが、このような単純な捉え方には疑問が呈されている。とくに橘氏は血縁的にも藤原氏と近い関係にあり、はじめから利害が対立する存在であったとは考えにくい。奈良時代は安定的な皇位継承の新たなルールが模索された時期であり、右に一例を挙げたように、常に皇位継承候補者をめぐる問題が存在していた。諸氏族は状況を見ながら天皇家と結びつくことを狙っていたのであり、立場は変わり得るものと考えるべきであろう。

†皇后橘嘉智子

橘奈良麻呂の変ののち橘氏は政治の表舞台から姿を消し、その勢いは一時衰えたが、平安時代初期に至り、奈良麻呂の息子清友《きよとも》の娘嘉智子《かちこ》が嵯峨天皇の夫人となって、皇女正子《まさこ》内親王（淳和天皇の皇后）・皇子正良《まさら》親王（仁明天皇）を産み、ついで八一五年（弘仁六）に皇后となったことにより、状況は変化する。嘉智子には弟に橘氏公《うじきみ》があり、氏公は八三三年

（天長十）に参議となったのち、累進して八四四年（承和十一）には右大臣にまで進む。橘諸兄以来、約九十年ぶりの橘氏からの大臣就任である。しかしながら、氏公は病気がちで政務に熱心ではなかったとの所伝もあり、昇進には皇后の弟という立場が有利に働いたものと考えられる。なお橘氏全体で見ても、この頃に五位以上に進む者の数が大きく増加している。やはり嘉智子の存在が大きかったのであろう。

本講の冒頭に『玉勝間』の一節を引用したが、本居宣長は引用した箇所に続けて、橘氏が四姓に入る理由として皇后嘉智子の存在があるのではないかと推定している。嘉智子以

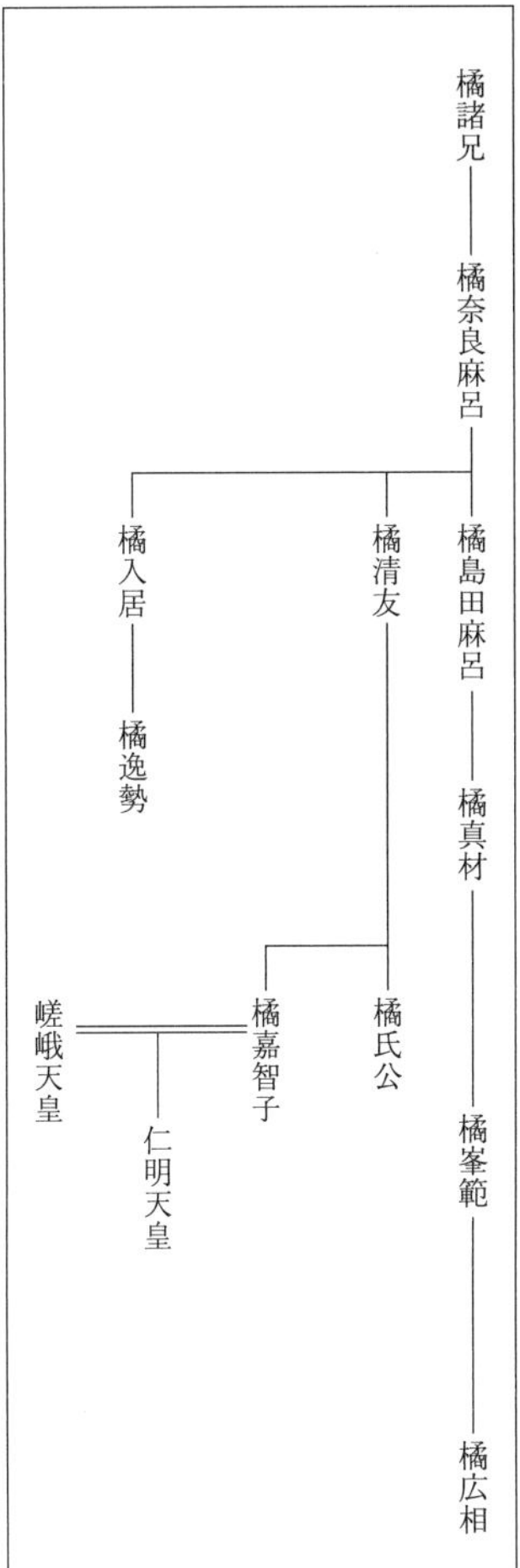

橘氏略系図２

前に皇親および藤原氏以外から皇后になった例はなく、橘氏が一族の女性を後宮に入れることを梃子として、勢力の回復に成功したといえるだろう。ちなみにこれ以降も、皇后になる者こそなかったものの、橘氏は継続して淳和天皇・文徳天皇・清和天皇・宇多天皇の女御や更衣などに氏の女性を入れている。

嘉智子は氏公と議して、橘氏の子弟のための修学施設である「学館院《がくかんいん》」を創設したことでも知られる。このことは、のちに橘氏が学問の家となっていくことに大きな影響を及ぼした。また嵯峨野の地に唐僧を招き檀林寺《だんりんじ》を建立したことも嘉智子の大きな事蹟であり、そのため檀林皇后とも称される（その後、平安時代中期に檀林寺は廃絶する）。さらに、県犬養橘三千代とその娘光明皇后・牟漏女王らが祀ってきた神を自らも祀り、それを京都盆地の西部、葛野川の辺に移して（現在の梅宮大社）橘氏の氏神としたとされる。

†橘逸勢と承和の変

橘逸勢《はやなり》は、橘奈良麻呂の息子入居《いりい》の子で、若くして遣唐使と共に留学生として唐に渡り、八〇六年（大同元）に帰朝する。その後は官人として出仕するが、八四二年（承和九）、承和の変の首謀者とされ捕らえられた。承和の変とは、逸勢が伴健岑《とものこわみね》らと謀り、皇子（通説では皇太子恒貞《つねさだ》親王（仁明天皇の弟）とされる）を奉じて謀反を企てた疑いをかけられ、配流となった事件である。なお逸勢は配流の途上で没してしまう。時に従五位下但馬権守、年齢は六十余歳であった。この事件は、藤原氏による他氏排斥の嚆矢とされるものであり、これ以降、藤原氏は天皇の外戚の立場を背景に圧倒的な権力基盤を確立する（本書第11講も参照）。

このように逸勢は、晩年に不幸な事件に遭い、本意ならざる死を遂げたのであるが、それでもその名を高からしめているのは、書に巧みであったことによる。嵯峨天皇・空海とともに三筆と称されることは、あまりにも有名であろう。逸勢は隷書を能くし、平安宮の門号を記した扁額を揮毫したと伝わるが、残念なことに確実な真跡は伝存していない。

†橘広相と阿衡事件

政治史上の事件と関わる橘氏の人物として、もうひとり橘広相《ひろみ》にも触れておかねばならない。広相は橘峯範《みねのり》の息子で、橘奈良麻呂の玄孫に当たる。菅原是善《すがわらのこれよし》に師事して経史を学び、八六〇年（貞観二）に文章生となる。その後、八六四年には対策《たいさく》（儒家の官吏登用試験）に及第、まもなく官途に就き、文章博士、東宮学士、弁官、蔵人頭などを歴任、八八四年（元慶八）には参議となる。広相は学問に秀で、かつ実務にも長けており、陽成天皇・光孝天皇・宇多天皇の侍読（教授役）を務めるなど歴代からの信頼も篤く、時には政務の顧問的役割も果たしたらしい。

阿衡《あこう》事件は、八八七年（仁和三）の宇多天皇の即位直後に、藤原基経《もとつね》の関白任命をめぐって起こったもので、関白に任命する詔に「阿衡」（修辞的に関白を言い換えたもの）とあったことから、その権能に疑義ありとして基経が政務を忌避するに至った事件である。広相は事の発端となった詔の起草者であり、その責任が問われたが、最終的には基経が怒りを解き事件は終息する。成人した天皇を補佐する関白の職掌が、いまだ定まらない時期のことであり、基経はこの事件によって関白の権能を確定させることに成功したといえる（本シリーズ【戦乱篇】第13講も参照）。

八九〇年（寛平二）に広相が、翌年に関白藤原基経が没すると、宇多天皇は菅原道真《すがわらのみちざね》を蔵人頭に任じた。道真もまた文章生から対策を経て出身しており、広相と類似の経歴を持つ。道真の登用は、儒家の官僚として顧問役を務めることで、天皇の主導権を発揮しやすくすることが期待されたものと考えられるが、このあり方は広相が先鞭をつけたものといえ、広相が宇多天皇に高く評価されていたことを示しているだろう。なお宇多天皇の治政はのちに「寛平の治」と称され、聖代視されることになる。

†橘氏のその後

九世紀の後半以降、橘氏の勢力は衰退してゆき、一族から朝政に関与する高位者を輩出することがほとんどなくなる。代わって橘氏は、大学寮に学んで経史に通じ、儒者や実務型の官人を輩出する中流貴族の家として、辛うじてその命脈を保つことになる。実際にその後も橘氏は儒者を輩出しており、鎌倉時代初期に編まれた事典である『二中歴《にちゆうれき》』には、儒家に七つの家があるとし、その一つに橘氏が挙げられている。

ところで橘氏には、王氏・藤原氏・源氏とならんで氏爵《うじのしゃく》が認められている。氏爵とは、恒例の正月叙位において、氏人のうちから五位に叙されるものを推挙できる権利のことであり、この点からも、橘氏が特別な氏族と考えられていたことが知られる。

しかし平安時代中期以降に橘氏の勢力が衰微すると、正月叙位に際して被叙位者を定める儀式に参加する公卿を一族から輩出することがなくなり、その役割を血縁関係にある藤原氏の公卿などに委ね代行させるようになる。これを是定《ぜじよう》という。橘氏の公卿は十世紀には絶え、是定も同じ頃には存在したと考えられている。そしてこの橘氏是定は、実質を伴わなくなった後も、形式的には江戸時代末期まで存続するのである。本講の冒頭に四姓について触れたが、橘氏が四姓のうちとして変わることなく貴種扱いされ続けた理由の一端は、このあたりにもあるように思われる。

さらに詳しく知るための参考文献

義江明子『県犬養橘三千代』(吉川弘文館、二〇〇九)……著者の義江明子氏は、日本古代の家族史・女性史の分野を牽引してきた研究者。堅実な考証に加え、新たな三千代像を提示する。

中村順昭『橘諸兄』(新装版、吉川弘文館〔人物叢書〕、二〇一九)……橘諸兄の本格的な伝記。確実な史料に基づいており、考古学の成果なども含め多くの視点からバランス良く記述されている。

土橋寛『持統天皇と藤原不比等』(中公新書、一九九四)……著者は万葉集など古代歌謡の研究者。橘氏を主とする書ではないが、県犬養橘三千代、持統天皇、藤原不比等の三者の繫がりについて詳しい考証がある。

第7講　佐伯氏

桑田訓也

佐伯氏は、古代日本において、主として宮城の警護や衛府の統括にあたった氏族である。その活動は六世紀頃から見え、飛鳥・奈良時代を通じて活躍し、平安時代に入ると徐々に衰退すると言われている。有力な氏族ではあるが、天皇家と姻戚関係を結んだという記録はほとんどなく、議政官にのぼった者もわずかである。佐伯氏と聞いて、具体的な人物やエピソードをパッと思い浮かべられる人が、どれほどいるだろうか。

本講では、ともすれば漠然としたイメージの佐伯氏について、その活動をできるだけ具体的に描き出すことを目標としたい。

†佐伯の語源とウジ名の表記

そもそも「さえき」とは、何だろうか。この問いに対しては、江戸時代以来、いくつかの解釈が試みられてきた。蝦夷の「さけび」「さばめき」に由来するという説、蝦夷とは

図1　讃岐国多土評の荷札木簡
（奈良文化財研究所保管）

関係なく「さえぎる」に由来するという説、大声を発する呪術的儀礼に由来するという説などがある。辞典類には「さえぎる」を有力視する説明が多いが、推測の域を出ない。

ウジ名の表記は「佐伯」で基本的に揺れはない。読みについては、現代仮名遣いで「さえき」、歴史的仮名遣いで「さへき」とルビを振ることが一般的だが、「サヒキ」に近い音であったとされる。『日本書紀』敏達天皇十四年（五八五）三月丙戌条に見える「佐伯造御室」が、『元興寺伽藍縁起并流記資財帳』では、一字一音の万葉仮名で「佐俾岐弥牟留古造」と表記されている点が参考になる。また、奈良県明日香村の石神《いしがみ》遺跡から「佐匹部」と記された荷札木簡が二点出土しており、「佐匹」は「佐伯」の別表記と考えられている。一点は、尾張国の尓破評から送られた佐匹部某の俵の荷札、もう一点は讃岐国の多土評から送られた物品不明の荷札で、貢納者が海部刀良《とら》と佐匹部足奈《あしな》である（図1）。木簡の年代は、尾張の荷札が七世紀末頃、讃岐の荷札が七世紀中葉〜七世紀後半である。これらは、佐伯氏のウジ名が記された一次資料としては、現時点で最も古い。

同じ石神遺跡からは「佐伯部」と書かれた国評不明の荷札も見つかっており（年代は七世紀後半）、「佐匹」「佐伯」は同時代に併存した表記とみて差し支えないと思われる。「佐匹」は管見の限り後世には見えず、大宝令の施行とともに消滅していった異表記と位置付けることができよう。

佐伯氏のカバネ

ひとくちに佐伯氏と言っても、カバネはいろいろある。宿禰《すくね》・連《むらじ》・直《あたい》・造《みやつこ》・首《おびと》などである。宿禰姓は氏の中枢で、最も地位が高い。その次が連である。中央における佐伯氏のカバネは、もともと連であったが、天武朝のいわゆる「八色の姓」制定にともない、六八四年（天武十三）十二月に佐伯連は宿禰のカバネを賜った。直姓は、諸国において佐伯部を統括した地方豪族である。讃岐の佐伯直は讃岐国造の系譜を引き、多度郡の郡領氏族であり、空海らを輩出したとして著名である。部民制下においては、諸国の佐伯直が佐伯部を統率して中央に上番し、佐伯直を中央で管掌したのが佐伯連だと考えられている。

†佐伯氏と大伴氏――「御門の守り」「内の兵」

中央における佐伯氏の動きは、大伴氏とセットになって現れることが多い。具体的には、門の警備や開閉の場面である。

佐伯氏が大伴氏とともに門の開閉にあたるようになった起源について、『新撰姓氏録』に以下のような伝承がある。雄略天皇の御世、靫負《ゆげい》を賜った大伴室屋《むろや》が、「衛門開闔之務」（門を守り、開け閉めすること）は職務が重大で一人では堪え難いから、息子の大伴語《かたり》（談）とともに左右に分かれて警護にあたりたいと願って許可された、これが大伴氏と佐伯氏が門の開閉にあたるようになった由来である、と（左京神別大伴宿禰条）。この説話の理屈に従えば、佐伯氏は大伴氏と同族ということになるが、『新撰姓氏録』には、確かに佐伯宿禰は大伴宿禰と同祖で、室屋大連公の後とある（左京神別・佐伯宿禰条）。

また、八一一年（弘仁二）十一月廿八日官符に引用されている大伴宿禰真木麿《まきまろ》・佐伯宿禰金山《かなやま》らの解にも、室屋のときに靫負を賜り、左右に分衛して以来、代々それを家業としてきたとの認識が見える（『令集解』職員令左衛士府条）。大伴家持も、七四九年（天平感宝元）五月、越中守赴任中に詠んだ陸奥産金を言祝《ことほ》ぐ歌の中で「大伴と佐伯の氏は人の祖の立つることだて」「朝守り夕の守りに大君の御門の守り」という表現を用いている（『万葉集』巻

十八、四〇九四番歌)。

七四九年(天平二十一)四月、東大寺大仏の前で宣布された聖武天皇の詔には、大伴・佐伯宿禰らは「遠天皇御世」より「内兵《うちのつわもの》」として仕えてきたとあり(『続日本紀』同年同月甲午朔条)、七五七年(天平勝宝九)七月、橘奈良麻呂の変を受けて、光明皇太后が右大臣藤原豊成以下に下した宣命にも、同様の表現が見える(『続日本紀』同年同月戊申条)。

少なくとも八世紀から九世紀初頭にかけて、大伴・佐伯両氏の人びとには、確かに同祖意識があった。そして、大伴と佐伯が代々天皇を守護する軍事力として奉仕してきた氏であるという認識は、天皇家や官人たちと共有されていたと考えられる。

では、「御門の守り」とは、具体的にはなんだろうか。佐伯氏は、宮城十二門にその名が残る、いわゆる門号氏族である。佐伯門《さえきもん》は、宮城の西面中門にあたり、平安京の八一八年(弘仁九)に藻壁門《そうへきもん》と改称された。大伴氏も門号氏族であり、大伴門は南面中門(朱雀門)にあたる。佐伯門の門号は、藤原宮までは確実に遡る。藤原京左京七条一坊西南坪から出土した大宝令施行前後の木簡群の中に、佐伯門の門牓《もんぼう》木簡が含まれている(飛鳥藤原京木簡二、一四七九・一四八〇号)。浄御原宮以前の門号は、現在のところ未確認である。六四五年(皇極四)に飛鳥板蓋宮《あすかいたぶきのみや》で起こった乙巳のクーデターの際に、中大兄皇子が「衛門府」に命じて「十二通門」を閉じさせたとあるが(『日本書紀』同年六月戊申条、『家伝』上)、文飾の可能性が高い。

大伴氏が、最も重要な門である南面中門（朱雀門）を守るのは理解できる。ではなぜ、大伴氏と並び称される佐伯氏が、ほかならぬ西面中門を守るのだろうか。浄御原宮以前の宮での内裏と佐伯門の位置関係を反映したものでなければ、藤原宮において南面の次に西面が重視されていたことを示唆すると理解できるかもしれない。

なお、藤原京左京七条一坊西南坪からは、佐伯造正月《むつき》が山部《やまべ》門（藤原宮東面北門）で勤務したことを示すとみられる木簡が出土している（飛鳥藤原京木簡二、一五〇九号）。木簡の年代は、七〇一年（大宝元）・七〇二年を中心とするその前後とみられる。宮城門とそれを警備する門号氏族が完全には対応していなかったことを示す例として重要である。

†儀式における佐伯氏

元日朝賀において、佐伯氏は大伴氏とともに、門部を率いて朝堂院南門（平安宮では会昌門）の開閉を担当する。このとき大伴氏は門の左（東）、佐伯氏は右（西）に分かれて配置につく。「不レ帯レ剣者権帯（剣を帯びざれば権に帯ぶ）」との註があることから（『内裏儀式』ほか）、大伴・佐伯の担当者は武官であることが前提とされていたことがわかる。

七一〇年（和銅三）の元日朝賀には、蝦夷と隼人も参列したが、左将軍大伴旅人《たびと》と右将軍佐伯石湯《いわゆ》らが、「皇城門外朱雀路」の東西に分かれて騎兵を陳列し、隼人・蝦夷らを引いて進んだ（『続日本紀』同年正月壬子朔条）。

即位式や、外国使節から国書を受け取る儀式においても、佐伯氏は元日朝賀と同様の役割を担った（『延喜式』左右衛門府）。

大嘗祭においては、佐伯氏は大伴氏とともに、大嘗宮南門の開閉をつかさどった（『儀式』ほか）。七七一年（宝亀二）十一月に行われた光仁天皇の大嘗祭では、大伴古慈斐《こしび》と佐伯今毛人《いまえみし》が「開門」した（『続日本紀』同年同月癸卯条）。

また、佐伯宿禰一人は大伴宿禰一人とともに、語部を率いて古詞《ふることと》を奏する。午日の豊明節会では、大伴・佐伯の両氏が久米舞《くめまい》を奏する。『令集解』職員令雅楽寮条の古記に引く大属尾張浄足説によると、大伴が琴を弾き、佐伯が刀を持って舞い蜘蛛を斬る所作をおこなった。一方で当時（七三八年〈天平十〉頃）は琴取二人・儛人八人の計十人に教習させていたが、大伴と佐伯の区別はしていなかったという。

八五九年（貞観元）十一月の清和天皇の大嘗祭や、八八四年（元慶八）の陽成天皇の大嘗祭では、豊楽院での午日節会において、「旧儀の如く」多治《たじ》氏が田舞を、伴・佐伯両氏が久米舞を、安倍氏が吉志舞《きしまい》を、内舎人が倭舞《やまとまい》を、入夜に宮人が五節舞を舞ったとある（『日本三代実録』貞観元年十一月庚午条、元慶八年十一月壬午条）。

大嘗祭ではないが、七五二年（天平勝宝四）四月九日の大仏開眼供養にあたっては、大伴伯麻呂《おじまろ》と佐伯全成《またなり》に率いられた大伴・佐伯氏各二〇人が、久米舞を奉納した（『東大寺要録』供養章）。史料には明記されないが、七四九年（天平勝宝元）十二月に八幡大神の禰宜尼が東大寺を参拝した際に披露された久米舞も、大伴・佐伯両氏が率いたのであろう。

このように、毎年の元日朝賀や臨時の儀式に見られる佐伯氏の姿は、彼らが天皇守護の中心をなす氏族であることを役人たちが認識する重要な機会であったと思われる。

†佐伯部と地方の佐伯氏

佐伯部については、『日本書紀』に次のような伝承がある（景行天皇五一年八月壬子条）。すなわち、熱田神宮に献上した蝦夷が騒がしいので、御諸山（ヤマトの三輪山）ついでさらに西の畿外へ移配したのが、播磨・讃岐・伊予・安芸・阿波の五カ国の佐伯部の祖であると。これは、佐伯部が軍事的な部民として優秀であることを主張するために、蝦夷の勇猛さにあやかって、七世紀の後半につくられた伝承だと考えられている。伝承の信憑性とは別に、佐伯部の設置時期と目的、そして分布は、追求すべき課題である。

文献資料や荷札木簡をはじめとする出土文字資料にみえる佐伯部の分布は、この伝承とほぼ一致する。

播磨については、七三七年（天平九）頃、賀茂郡川合郷坂本里から納められた白米一俵の荷札に、貢進者として佐伯部豊嶋《とよしま》の名が見える（二条大路木簡）。『播磨国風土記』には、神前郡に「大御伴人佐伯部等始祖阿我乃古」が見える。

讃岐については、七世紀中葉～後半の多土評（後の多度郡）に佐匹部足奈（前掲の石神遺跡出土木簡）、奈良時代前半（七二八～七三九年頃）の三野郡高野郷に佐伯部某（二条大路木簡）が見え、七四七年（天平十九）頃の某郡から佐伯部稲奈知《いななち》が塩を進上している（平城宮内裏北外郭官衙出土木簡）。

伊予については、佐伯部の分布は確認できない。奈良時代初頭の桑村郡林里からの荷札木簡に佐伯某の名が見える（平城宮東院地区出土木簡）が、残念ながら「伯」字より下が折損している。

安芸については、七五〇年（天平勝宝二）に佐伯部足嶋《たるしま》という人物が見え、某郡の主帳と推定される（広島県安芸国分寺跡出土木簡）。また、七八三年（延暦二）六月に佐伯沼田《ぬた》連の氏姓を賜った佐伯部三国《みくに》は（『続日本紀』同年同月乙丑条）、右京の人とあるが、安芸国沼田郡の佐伯部（『日本書紀』仁徳三八年に見える摂津の猪名県より安芸の渟田に移された佐伯部）の流れを汲む人物とみられる。

阿波については、佐伯部と直接書かれた史料は確認できないものの、佐伯直の分布が確認できる。七三七年（天平九）頃、三好郡三野郷から納められた米の荷札に佐伯直国分《くにわけ》、佐伯直国麻呂《くにまろ》の名が見え（二条大路木簡）、八世紀末～九世紀初頭の、文書の下書きとみられる木簡に、佐伯費大長《おおなが》の名が見える（徳島県観音寺遺跡出土木簡）。費は直の古い表記である。佐伯直に統括された佐伯部が存在した可能性は十分に考えられる。

また、平城宮跡からは、和銅年間（七〇八～七一五年）頃に、三野里の人佐伯部禰万呂《ねまろ》が貢進した「俵」の荷札が見つかっている（平城宮木簡七、一一三二七号）。『和名類聚抄』によると、三野郷が摂津国西成郡、越中国砺波郡、播磨国飾磨郡、阿波国三好郡に見えるが、俵は米俵をさすと推定されることから、摂津国、播磨国、阿波国のいずれかの荷札である可能性が高い。いずれの場合も、他の史料から知られる佐伯部の分布国と重なる。

尾張にも、熱田《あつた》神宮の所在する愛智《あいち》郡ではないものの、七世紀末頃の尓破評（後の丹羽郡）に佐伯部（佐匹部）がいたことが確認できる（石神遺跡出土木簡）。

ほかに、周防にも佐伯部の分布が確認できる。佐伯部波都支《はつき》は大嶋郡務理里の人で、奈良時代初頭（七一〇～七一七年頃）に御調として塩三斗を貢進した（長屋王家木簡）。

以上の点から、蝦夷が移配された国々は、少なくとも『日本書紀』が編纂された時点、おそらくは説話が形成された時点での佐伯部の主な分布を反映していると考えることができる。説話に登場する国に佐伯部の分布が確認できるのみならず、そこから大きく広がることがない点も注目される。佐伯部は、瀬戸内海沿岸を中心に分布するとの指摘は、出土文字資料の増加によって、さらに強固になったと言えよう。

さらに注目されるのは、このような史料の増加にもかかわらず、備前・備中・備後には佐伯部および佐伯直の分布がなお確認できず、空白地帯となっていることである。その理由については、吉備に国造が設置された六世紀初頭以前に佐伯部が置かれたからではないかという理解がある。

†佐伯氏と政変

古代の内乱や政変のキーパーソンには、しばしば佐伯氏の名が見える。事件によって関わり方はさまざまだが、佐伯氏の軍事氏族としての性格をよく示している。八世紀以前の主なものを紹介してみよう。

古くは、五八七年（用明二）六月、蘇我馬子らが奉じる炊屋姫尊《かしきやひめのみこと》（後の推古天皇）の詔を受けて、佐伯丹経手《にふて》・土師磐村・的真嚙《いくは》らの「厳兵」が穴穂部皇子宮に夜襲をかけ、彼らの率いる「衛士」たちによって穴穂部皇子が殺されている（『日本書紀』同年同月庚戌条）。

六四五年（皇極四）六月の乙巳の変では、中大兄皇子・中臣鎌足の指示を受けた佐伯子麻呂が、中大兄皇子・葛城稚犬養網田とともに蘇我入鹿を斬った（『日本書紀』同年同月戊申条）。子麻呂は、その後も同年十一月に、中大兄皇子の命で阿倍渠曾倍臣《あべのこそべのおみ》とともに兵を率い、古人大兄皇子とその子を斬っている（『日本書紀』同年九月丁丑条所引或本）。

六七二年（天武元）の壬申の乱においては、佐伯男《おのこ》が大友皇子方の使者として筑紫へ向い、栗隈王に近江朝からの出兵要請をしたが拒否されている（『日本書紀』同年六月丙戌条）。このとき男は相手が従わない様子であれば殺せと命ぜられていたが、実行できなかった。

七四〇年（天平十二）九月〜十月の藤原広嗣の乱に際しては、衛門督佐伯常人《つねひと》が聖武天皇の勅命を受け、安倍虫麻呂とともに隼人二四人と軍士四千人を率いて板櫃営を鎮めた（『続日本紀』同年九月乙丑・戊申条）。板櫃河で広嗣軍と対峙した常人らは、広嗣と問答し、これを論破している（『続日本紀』同年十月壬戌条）。

七四五年（天平十七）九月、聖武天皇が難波で重病に陥ったとき、橘奈良麻呂は佐伯全《また》成《なり》に黄《き》文《ぶみ》王を皇嗣に立てる計画を持ちかけ、「大伴・佐伯之族随㆓此挙㆒、前将㆑無㆑敵」（大伴と佐伯の一族がこの計画に随うならば、向かうところ敵なしだろう）と発言したという。これは、七五七年（天平宝字元）七月に起こった橘奈良麻呂の変後の取り調べにおいて、当時国司（守）として陸奥国に赴任していた佐伯全成《またなり》が供述したものである（『続日本紀』同年同月庚戌条）。佐伯氏が大伴氏と並んで、軍を動かす力を持っているという奈良麻呂の認識が読み取れる。

七六三年（天平宝字七）の初め頃、藤原宿奈麻呂（後の良継）は、佐伯今毛人・石上宅嗣・大伴家持らと大師（太政大臣）藤原仲麻呂の殺害を企てたが、計画が漏れて四人はみな捕らえられた（『続日本紀』宝亀八年（七七七）九月丙寅条）。

七六四年（天平宝字八）九月の藤原仲麻呂の乱においては、衛門少尉佐伯伊多智《いたち》が仲麻呂の先回りをして勢多橋を焼き、越前守藤原辛加知《からかち》を斬り、愛発関への仲麻呂軍の進攻を防ぐなどの活躍を見せ、佐伯三野《みの》が高嶋郡三尾埼で仲麻呂軍と交戦した（『続日本紀』同年同月壬子条）。

七六五年（天平神護元）十月、仲麻呂の乱後に皇位を剝奪され淡路国の一院に幽閉されていた大炊親王が逃走を企てた際には、淡路守佐伯助《たすく》らが兵を率いてそれを阻止し、翌日に大炊親王は院中で薨じている（『続日本紀』同年同月庚辰条）。

七八五年（延暦四）九月の藤原種継暗殺事件では、春宮少進佐伯高成《たかなり》が首謀者の一人として斬刑に処せられた。高成と大伴継人の供述によれば、故中納言大伴家持が謀をめぐらせ、「大伴・佐伯両氏に声をかけて、種継を排除せよ」と命じたという（『日本紀略』同年同月丙辰条）。種継暗殺事件を境に、軍事氏族としての大伴氏と佐伯氏は没落していくと考えられている。

なお、内乱や政変ではないが、七二一年（養老五）正月、さまざまな分野の「師範たるに堪える者」を褒賞した際、武芸に優れた者の中に佐伯式麻呂《のりまろ》の名が見える（『続日本紀』同年同月甲戌条）。また、佐伯氏は対蝦夷政策とも関わりが深く、陸奥・出羽の国司や鎮守府将軍、征夷将軍には、佐伯氏の名が散見する。

†氏寺・佐伯院（香積寺）

佐伯氏の氏寺として、佐伯院（香積寺《こうしやくじ》）が知られる。佐伯院は、七七六年（宝亀七）に、造東大寺長官佐伯今毛人らによって建立された。佐伯院は平城京の左京五条六坊に所在した（図2）。その土地は、佐伯真守《まもり》と今毛人の兄弟が、七七六年に東大寺と大安寺から買い取ったものである（『随心院文書』）。寺の金堂には、薬師三尊像と十一面観音像が安置されていた。佐伯院の完成は、都が平城京から長岡京に移る前後だったらしい。都が平安京へ移った後も存続したが、次第に退転し、九〇四年（延喜四）七月に東大寺の東南部に移建された（東大寺東南院）。

†佐伯氏の衰退

佐伯氏は、平安時代になると衰えていったと言われる。ウジの盛衰といった漠然とした事柄を、どのような指標をもって評価するかは難しい。佐伯氏の場合は、内乱や政変にあ

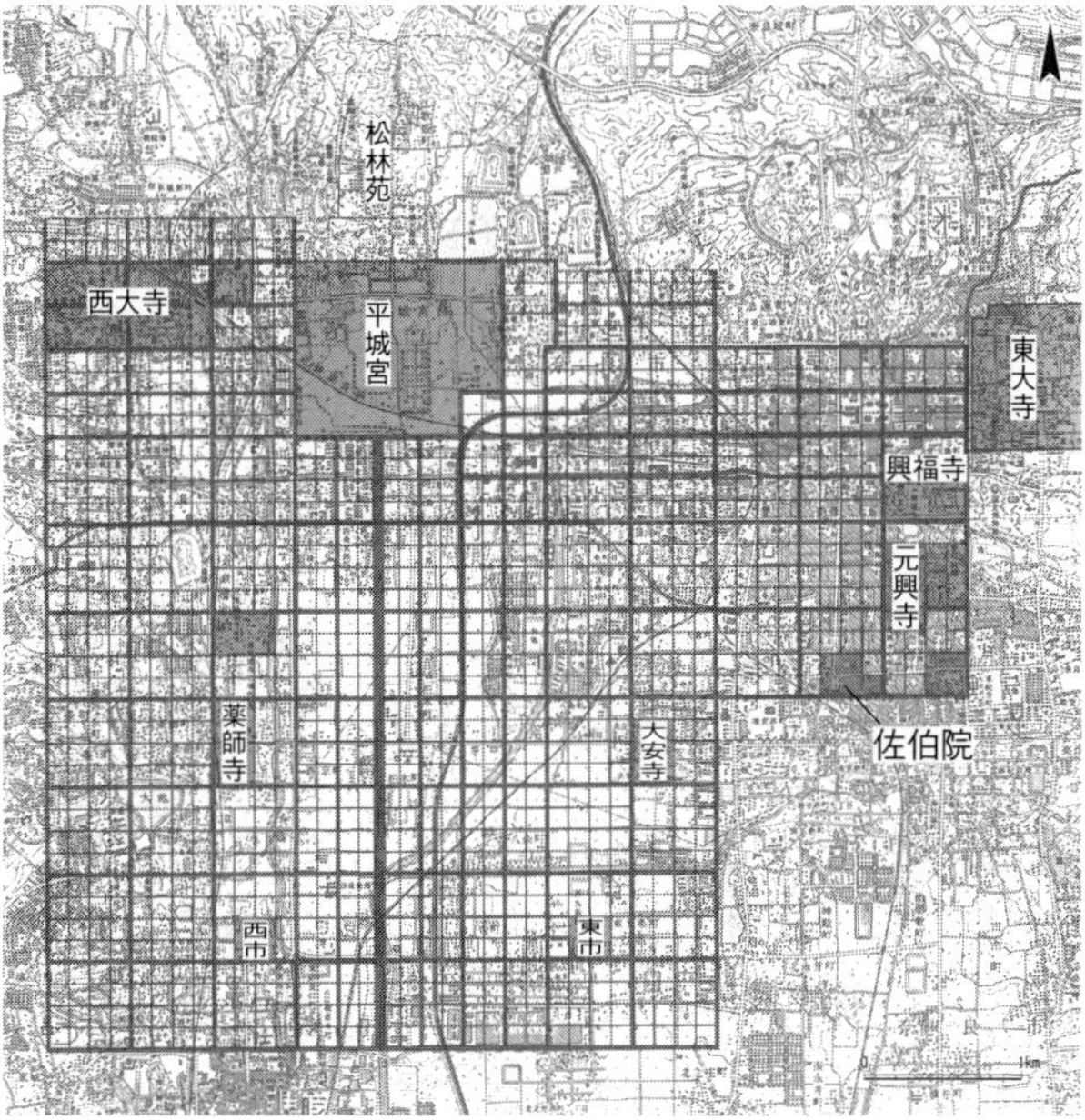

図２　平城京における佐伯院の位置

たってその軍事力、統率力が期待されていた。したがって、政変などに佐伯氏の関与が見られなくなること、衛府の長官や次官に佐伯氏が任じられなくなることなどが指標として考えられる。これらを目安にすると、確かに頻度は下がっていくものの、九世紀の中頃までは、なお佐伯氏の活躍する姿を辿ることができる。

　政変については、八一〇年（弘仁元）九月の平城太上天皇の変に際し、巨勢《こせの》野足《のたり》とともに佐伯永継《ながつぐ》が伊勢国への固関使となっている（『日本後紀』

同年同月丁未条)。

八四二年(承和九)七月に起こった承和の変では、右近衛少将藤原富士麻呂とともに、右馬助佐伯宮成《みやなり》が「勇敢近衛等」を率いて伴健岑・橘逸勢の私宅を囲み、彼らを捕えている(『続日本後紀』同年同月己酉条)。その数日後には、佐伯宮成は今度は左衛門権佐藤原岳雄とともに近衛を率い、大納言藤原愛発・中納言藤原吉野・参議文室秋津らを捕え、「院中」に幽閉している(『続日本後紀』同年同月乙卯条)。

衛府の補任状況については、これまでの研究で、奈良時代前半には長官・次官に大伴氏・佐伯氏が多く任じられているが、奈良時代後半以降になると両氏は後退し、藤原氏が進出すること、長官は、称徳朝・光仁朝から議政官との兼任が増えてゆくことなどが指摘されている。

九世紀には、先に平城太上天皇の変で登場した佐伯永継が、その後左兵衛佐、右兵衛佐、左近衛少将、左近衛中将、左衛門督を歴任し、八二八年(天長五)に薨じている。八四〇年(承和七)から八四五年(承和十)までは、佐伯利世《としよ》が左近衛少将の任にあり(『続日本後紀』承和七年五月癸未条、承和十年正月辛丑条)、八五七年(天安元)五月には、佐伯雄勝《おかち》が右近衛少将に任じられた(『文徳実録』同年同月甲辰条)。

対蝦夷政策についても、いわゆる三十八年戦争の終結まで、佐伯氏の関与が確認できる。

八一一年（弘仁二）三月、征夷大将軍文室綿麻呂《ふんやのわたまろ》のもと、佐伯耳麻呂《みみまろ》が副将軍となっており（『日本後紀』同年同月甲寅条）、翌八一二年正月には陸奥守に任じられている（『日本後紀』同年同月辛未条）。

儀式における佐伯氏の役割は維持されたが、最も頻度の高い元日朝賀は九世紀中頃から次第に行われなくなっていく。雨雪を理由に停止されることが増え、九九三年（正暦四）をもって廃絶する。佐伯氏が大伴氏とともに古来担ってきた「御門の守り」「内の兵」としての役割が、実態として消えていくとともに、儀式に残るその役割を官人たちが目にする機会もまた、失われていったのである。

さらに詳しく知るための参考文献

角田文衛『佐伯今毛人』（吉川弘文館、一九六三）／北村優季「佐伯今毛人」『古代の人物　三　平城京の落日』（清文堂出版、二〇〇五）……佐伯氏でもっとも高位高官にのぼり、東大寺の造営にも深く関わった佐伯今毛人の伝記。個人の事績のみならず、佐伯氏全体の性格についても簡潔にまとめられている。

松原弘宣「讃岐国西部地域における地方豪族」（『古代の地方豪族』吉川弘文館、一九八八）……讃岐国に分布する佐伯氏について詳しく知ることができる。他の諸国の佐伯氏についても簡にして要を得た紹介がある。

第8講
紀氏

寺西貞弘

†はじめに

紀氏といえば、『土佐日記』を記した紀朝臣《きのあそん》貫之《つらゆき》を想起する人がいるだろう。しかし、本講で論じるのは、中央豪族紀朝臣氏ではなく、紀伊国紀ノ川河口平野に盤踞《ばんきょ》し、日前《ひのくまの》宮《みや》という神社を祀り続け、現在まで連綿と続く紀直《きのあたい》氏である。紀直氏は、国司制度が行われる以前では、紀伊国北部の支配を命じられた紀《き》伊国造《いのくにのみやつこ》に任命された地方豪族である。

中央氏族ならまだしも、そのような地方豪族を論じる必要などあるのだろうかと思う人もいるかもしれない。しかし、紀直氏が祀る日前宮が、天皇家による国土支配の正当性を語る記紀神話に語られているのである。そして、大化前代の史料に紀直氏が頻出するのである。一介の地方豪族が、国家史の中でこのように扱われる理由とは何なのであろうか。

このように考えたとき、『古代史講義【氏族篇】』の中で、論じるべき価値は十分にあるものと思われる。

なお、『続日本後紀』嘉祥二年（八四九）閏十二月二十一日条によると、第三十二代国造高継《たかつぐ》が宿禰《すくね》の姓《かばね》を得ていたことがわかる。また、天元年間（九七八〜九八三）に紀朝臣氏から行義《ゆきよし》を第三十九代国造に迎えたことにより、朝臣の姓を名乗ることもあった。しかし、本講では煩を避けるため、以下一貫して紀氏と呼称することにしたい。

†天磐戸神話と日前宮

高天原《たかまがはら》で素戔鳴《すさのお》の乱暴に激怒した天照大神《あまてらすおおみかみ》は、天磐戸《あまのいわと》に隠れてしまい、世界は闇となった。神々は相談をして、天照大神を模した宝鏡を作り、工夫を凝らして大神を導き出した。有名な天磐戸神話である。そして、その宝鏡は三種の神器の一つ・八咫鏡《やたのかがみ》となり、伊勢神宮に祀られているといわれている。しかし、記紀の本文には、大神を導き出したことは語られているが、その鏡がどこに祀られているかは記されていない。すなわち、記紀が成立した八世紀初め頃には、宝鏡が伊勢神宮に祀られているという考え方が、いまだに定着していなかったのである。

この神話を『日本書紀』で見ると、本文に続いて三つの異伝が記されている。第一の異伝では、大神を導き出すために、この時日矛《ひぼこ》が作られたとし、「造り奉る神は、是即ち紀伊国に坐す所の日前神也」と明記されている。ところが、第二の異伝では、この時本文と同じく宝鏡が作られたという。そして、「此れ即ち伊勢に崇秘《いつきたてまつ》る大神也」としている。

後代、第二の異伝の内容が一般的になるが、大神を導き出すために作られた宝器の祀られている神社は、記紀が成立した時点においても、伊勢神宮と日前宮が候補として挙げられているに過ぎないのである。

もちろん、大神が天磐戸に隠れたために、世界中が暗闇なったなどという歴史的事実はなかったであろう。これはあくまでも荒唐無稽な神話である。しかし、一介の地方豪族である紀氏が祀る日前宮が、このように扱われる背景にはいったいどのような事実があるのであろうか。

†大和王権軍と紀伊湊

日本国土を統一したという神武東征神話を見ると、天皇は大和入りを果たすために紀伊国に迂回している。とくに、紀ノ川河口に位置した港津で、後に紀伊湊《きいみなと》と呼ばれる「雄水門《おのみなと》」を通過し、この地で皇兄五瀬命《いつせのみこと》が薨じている。また、神功皇后《じんぐうこうごう》の新羅《しらぎ》遠征は、紀伊国から出発し、凱旋も紀伊国経由で行われている。神武東征神話も神功皇后の半島遠征神話も、決して歴史的事実とは言えないだろう。しかし、大和王権軍が、国土統一や外征に際して、紀ノ川河口に位置する紀伊湊を拠点にしていた歴史的事実が、このような荒唐無稽な神話のモチーフとして語られたということは言えるだろう。記紀の記述が信憑性を有するようになると評価されている雄略朝になると、朝鮮半島で活躍する大和王権軍の将卒の名前が、具体的に語られている。それらを見ると、紀小弓《きのおゆみ》宿禰・紀大磐《きのおおいわ》宿禰・紀崗前久米《きのおかざきのくめの》連《むらじ》など、紀ノ川河口に盤踞したと思われる豪族たちを見ることができる。すなわち、紀伊湊は大和王権軍の単なる通過点ではなく、作戦拠点であったと思われるのである。

南大和に本拠を有していた大和王権は、国土統一や外征のために、軍隊を派遣するが、兵員だけでなく大量の軍需物資（兵器・兵糧）を輸送する必要があった。動力のなかった古代においては、その輸送に内陸河川交通を利用した。しかも、河口で河川航行用の底の平たい船から、外洋航行用の竜骨《りゅうこつ》のある喫水《きっすい》の深い船舶へと、それら兵員・物資を積み替える必要があった。そして、南大和を流れる吉野川・紀ノ川こそが、その内陸河川交通のルートだったのである。そして、その河口の位置する地域を支配していたのが紀氏であり、その紀る神が日前宮だったのである。すなわち、紀伊湊は大和王権軍の作戦基地であり、その基地を大和王権に提供していた豪族こそが紀氏だったのである。そして、紀氏の祀る日前宮は、まさしく大和王権の運命を握る出征兵士たちを見守る神社だったのである。

和歌山市鳴滝《なるたき》に所在する鳴滝遺跡は、五世紀前半の七棟からなる巨大倉庫群遺跡である。その平面構造から推定すると、奈良時代の紀伊国正税帳から得られる紀伊一国の穫稲量をはるかに超える容量であったことがわかる。すなわち、鳴滝遺跡の倉庫群は、紀氏の支配領域にありながら、大和王権軍の軍事施設であったと思われるのである。

大和王権が国土を統一し、しきりに遠征や外征を繰り返す過程で、それらの軍隊を支える基地を紀氏が掌中に収めていたのである。そして、その紀氏が祀る日前宮は、出征兵士たちを見送る神社として、大和王権に極めて重要視されていたのである。天皇の国土支配の正当性を語る神話の中で、天照大神を復活させた宝器を祀る神社として、日前宮が扱われることは、上述のような状況を考慮するならば、むしろ当然のことであっただろう。

写真1　鳴滝遺跡（倉庫群跡）
和歌山県教育委員会所蔵

†大和王権と紀氏

大和王権の国土統一過程で、紀氏が

果たした役割は、非常に大きなものであった。紀氏が支配する紀伊国北部地域は、大和王権を支える重要な地域であった。そのことを端的に示す史料が、『令集解《りょうのしゅうげ》』神祇令仲冬条にみえる相嘗祭《あいなめさい》の奉幣社の分布である。相嘗祭は、大和王権が全国支配を完成させる以前、いまだに大和周辺だけを治めていた時代に、後代の新嘗祭《にいなめさい》として行われていたものだといわれている。その奉幣社が、十五社列記されているが、大和国十社・摂津国一社・紀伊国四社（この四社はいずれも名草郡《なぐさぐん》内）となっている。大和王権が、いまだに大和国周辺だけを支配していた時代に、紀氏が支配する紀伊国北部地方は、大和国・摂津国と並んで、それを支える重要地域だったのである。

　それゆえ、その頃紀氏は蘇我氏や物部氏と肩を並べて、大和王権を支える重要氏族と目されていた。そのことを端的に示す伝承が、武内宿禰《たけしうちのすくね》伝承である。『古事記』では孝元朝のこととし、『日本書紀』では景行朝のこととしているが、ともに皇族が紀伊国にやってきて祭祀を執り行った際、紀氏の祖先である菟道彦《うじひこ》の娘である影媛《かげひめ》を娶って生まれた男子が武内宿禰であるとしている。そして、その子孫が蘇我《そが》臣・平群《へぐり》臣・紀臣（後に朝臣と改姓）など歴々たる中央豪族になったというのである。このような伝承は、紀氏が一介の地方豪族に成り下がってしまってからでは、成り立つはずがないであろう。紀氏が大和の大豪族と肩を並べて大和王権を支えていた時代に、大和の大豪族たちが、紀氏と姻戚関係を持ちたいと願っていた背景があってこそ、成立する伝承であるといえるだろう。

ところで、先に紹介した鳴滝遺跡倉庫群の柱穴には、柱の材木が全く残されてはいなかった。おそらく、人為的に柱は引っこ抜かれて持ち去られたのであろう。それでは、その柱はどこへと持ち去られたのであろうか。大阪市中央区大手前で、法円坂《ほうえんざか》遺跡が発見されている。十六棟もの大倉庫群である。しかも、どうやら鳴滝遺跡よりも少し後に営まれた遺跡であると思われるのである。このことから、当初紀ノ川河口に置かれていた大和王権の軍事基地は、大坂難波《なにわ》へと移転してしまったものと思われるのである。

おそらく、大和王権の国土統一が進むにつれ、政府機構が巨大化し、宮都が大和盆地南部から北へと移転したのであろう。そのため、大和川水系を用いて、大阪湾に出る内陸河川交通経路を用いるようになり、軍事基地は難波へと移転することになったものと思われる。こうなると、大和王権における紀ノ川河口の重要性は低下したであろう。また、紀氏の影響力も、当然のことながら低下したものと思われる。

†紀直氏と紀朝臣氏

それでは、紀直氏と紀朝臣氏（当初は紀臣）はどのような関係なのだろうか。武内宿禰伝承で見た通り、紀朝臣氏の母系は間違いなく紀氏であるから、紀朝臣を名乗ることも当然だと思う人もいるだろう。すると、武内宿禰の後裔氏族はすべて紀朝臣を名乗ることになる。武内宿禰の子孫でありながら、蘇我や平群《へぐり》を名乗る氏族がいるのである。紀朝臣だけが名乗っているのだから、そこには、紀氏あるいは紀伊国と何か特別な関係があったとみるべきであろう。このような考えのもとに、紀朝臣氏は当初紀伊国に住んでいたが、紀氏が地方豪族に位置づけられた後に、平群郡の紀氏神社付近に移住したものと考える人もいる。しかし、平群郡には平群氏が盤踞しており、かりに紀朝臣氏が同郡に移住したとしたら、平群氏はそれを黙認したであろうか。しかも、紀朝臣氏は地方豪族に位置づけられた紀氏の同族なのである。このように考えると、別の要因を考える必要があるだろう。

難波の軍事基地が重要視されると、紀氏とその支配地域の重要性も低下した。『日本書紀』敏達十二年（五八三）七月朔日条によると、任那（加耶）復興のために百済《くだら》にいる日羅《にちら》を召喚する使者として、紀伊国造押勝《おしかつ》が彼の地へと派遣されている。初期の朝鮮半島経営に活躍した紀氏の面目躍如というべきかもしれない。しかし、この時は吉備海部直羽嶋《きびのあまのあたいはしま》とともに派遣されているのである。もはや、中央豪族としての紀氏ではなく、吉備国の地方豪族と並び称される一介の地方豪族になり果てていたことを、確認することができるのである。

軍事基地が紀伊鳴滝から難波へと移転したことによって、大和王権を支える地域も、かつての大和・摂津・紀伊を中心とした地域から、大和・摂津を中心とした地域へと再編されることになる。そして、その新たな地域から紀氏の支配領域が除外されたことは想像に難くないだろう。かつて、紀氏が中央豪族と肩を並べていた時代には、彼らは武内宿禰伝承にみられるように、紀氏との密接な関係を歓迎していた。そのため、紀氏は、紀ノ川を上流に溯り大和へと、和泉山脈を北へ超えて、河内・和泉へと居住地域を広げていった。この頃であれば、平群谷に紀氏が進出したとしても、平群氏はそれをむしろ歓迎したことであろう。その後、紀氏が中央氏族ではなくなり、その支配地域も重要度が低下した。

そして、紀氏は地方豪族となり、その支配領域も中央から地方へと変貌した。ところが、かつて、紀氏がその居住地を拡大させ、新たな大和王権の中心地域に住むようになった紀氏は、まぎれもない中央氏族として位置づける必要があった。すなわち、新たな中心地域が再編成されたことにより、その外周部に位置した紀氏は地方豪族に位置づけられた。しかし、新たな中心地域に居住する紀氏の同族は、中央氏族として、紀朝臣を称するようになったものと思われるのである。

†紀伊国造の任命

『先代旧事本紀《せんだいくじほんぎ》』国造本紀によると、神武天皇の時代に紀氏の祖先神である天道根命《あめのみちねのみこと》が紀伊国造に任命されたと記されている。神武天皇の存在が疑わしい以上、これを事実とは認められない。ところで、紀伊国造末裔家には「国造次第」という系譜史料が伝来している。その最終的な成立は、戦国時代であるが、内容的には平安時代から書き継がれたものである。それによると、第十代豊布流《とよふる》には、「初めて大直を賜う」と注記が施されている。

その父等与美々《とよみみ》は、『日本書紀』神功皇后伝承で「豊耳」と記され、紀伊国での神功皇后の道案内役を任じられている。この「大直」の大を美称とすれば、紀氏は豊布流の代に至って、初めて直の姓を賜ったことを意味しているものと思われる。また、先に指摘した武内宿禰伝承によると、『日本書紀』は「紀直遠祖兎道彦」と記されているが、『古事記』では「木国造之祖宇豆比古」と記している。このことから、木《き》国造（紀伊国造）＝紀直の等号関係を知ることができる。すなわち、紀氏は第十代豊布流の時代に至って、地方を支配する紀伊国造に任命されたとみることができるだろう。

それでは、それはいつ頃のことであろうか。紀氏が地方氏族として位置づけられるのは、難波に軍事基地が移動した五世紀中ごろ以後のことと思われる。「国造次第」で時代的に信憑性が認められるのは、先に指摘した『日本書紀』敏達十二年の押勝である。その彼は「国造次第」では第十七代に位置づけられている。世代交代を二十年程度と考えた場合、やはり十代豊布流が直の姓を授かり、紀伊国造に任じられたのは、五世紀中後期のことで

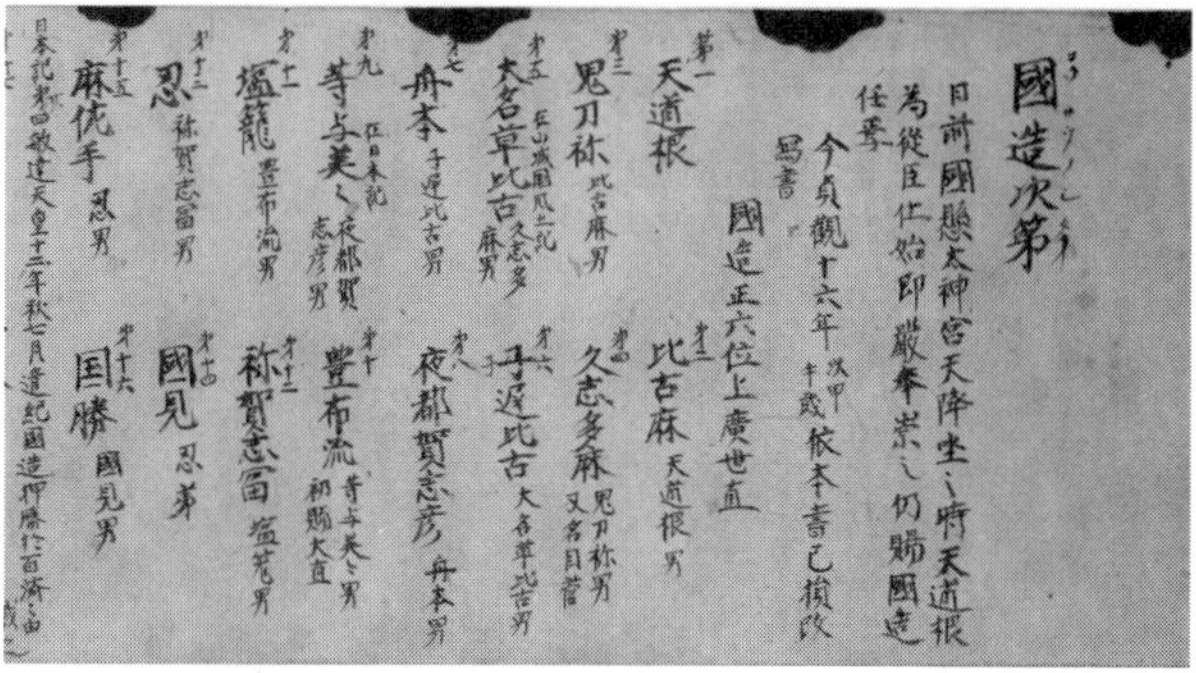

写真２　紀伊国造次第（冒頭部分、個人蔵）

あったと考えることができるであろう。すなわち、この頃に、紀氏は地方豪族として位置づけられ、令制紀伊国北部を支配する紀伊国造に位置づけられたのであろう。

ところで、養老四年（七二〇）南九州で隼人《はやと》が反乱を起こした。一年半に及ぶ攻防戦の末に隼人は平定された。これによって、西日本に対する軍事発動の必要性はなくなった。しかも白村江《はくそんこう》〔はくすきのえ〕の大敗によって、大和王権は半島への外征軍の出動を断念した。奈良朝後期以後、政府はもっぱら東北経営のため、蝦夷《えみし》への軍事発動に集中することになる。南大和を水源として西に吉野川・紀ノ川が流れ、東へは櫛田川《くしだがわ》が流れている。そして、櫛田川は、伊勢平野から伊勢湾へと流れ、その河口に伊勢神宮は所在した。すなわ、奈良朝後期以降東日本への軍事発動が、国家の軍事的重要課題となったのである。かつて、日前宮が担っていた国家の命運をかけた将卒を見送る責務は、この頃に伊勢神宮へと移動したのである。『日本書紀』の皇祖神を復活させた宝器を祀る神社は、第一の異伝で日前宮とされ、第二の異伝で伊勢神宮とされていた。しかし、このような情勢の中で奈良末平安初期に、それが伊勢神宮であるという第二の異伝が、しきりに流布されたのであろう。

†律令制度と紀伊国造

「国造次第」によると、第十九代国造として、「大山上忍穂、忍勝の男、名草郡を立て大領を兼ぬ」と記されている。すなわち、忍穂《おしほ》は敏達朝に百済に遣わされた押勝の息子で、名草郡の長官を兼務したというのである。ただ、周知のように大宝令制以前では、郡(評)の長官は評督《こおりのかみ》と表記されていた。したがって、この記述は明らかに後代の令文による潤色が見られるのである。それでは、この記述は全く信用できないのであろうか。敏達朝の押勝と大化年代の忍穂の親子関係は、それほど無理はないようである。また、忍穂の大山上という冠位を大化五年制のものと考え、しかもそれが彼の極冠であるとすれば整合性はあるだろう。確かに後代の潤色はあるかもしれない。しかし、『日本書紀』で忍勝と表記されている人物が、「国造次第」では押勝と表記されているのである。少なくとも、「国造次第」が『日本書紀』を見て潤色したのでないことはたしかだろう。すなわち、「国造次第」は『日本書紀』とは別系統の大化郡制施行を伝える史料ということになるのである。

すなわち、大化改新後第十九代国造忍穂は、紀伊国造で名草郡司を兼務していたのである。郡司には国造が任命されたといわれるが、『先代旧事本紀』国造本紀に列記されている国造は全国で百三十五ある。一方、令制下の郡は約六百存在した。すなわち、ほとんどの郡司が国造の家柄以外から任命されていたのである。なお、律令が施行されたのちは、一国一国造が実質を伴わず名誉職的に配置されたという説がある。また、出雲・紀伊の二国造が象徴的に置かれただけで、他の国造は停止されたという説もある。しかし、神祇令《じんぎりょう》諸国条には、大祓《おおはらえ》に際して「其れ国造は馬一疋を出だせ」と明記し、諸国に実質を伴った国造が存在していることを前提とした条文が見られる。このことから、国造は律令制度の下で国土支配を完遂する目的で、令制下にも設置されていたことは間違いないだろう。

それでは、かつて中央豪族に伍して高い権威を誇っていた紀氏が、律令制下で紀伊国造と名草郡司を兼ねることにどのような意味があるのだろうか。令制下、地方には国司が派遣された。国司の職掌は職員令《しきいんりょう》大国条によると、神祇・民生・司法警察・人事・財政・軍事・仏事等と規定されている。このうち、郡司は国司の下にあって、郡内の民生・司法警察・財政を分任し、国師が仏事を分任した。軍事は軍団の軍毅《ぐんき》が分任した。そして、国造は国司の筆頭職務である神祇を分任した。しかも、紀伊国には紀伊・熊野の二国造がいたので、紀伊国造は名草郡司を、熊野国造が牟婁《むろ》郡司を兼任したことであろう。

紀伊七郡の他の五郡は、国造以外の有力土豪が郡司となった。その一方で、紀伊国造としては、旧国造国である伊都《いと》・那賀・名草《なぐさ》・海人《あま》・在田《ありた》・日高《ひだか》の六郡の神祇を担当したのである。すなわち、紀氏が令制下において名草郡司と紀伊国造を兼任するということは、紀伊国において、他の郡司とは比べ物にならない大きな権力を掌中に収めることになるのである。それは紀伊国司の生死をも決するほどの権力であったといえたであろう。

†律令制の崩壊と紀氏

紀氏は、律令制の成立とともに、紀伊国造で名草郡司を兼任した。ところが、奈良時代後期になると、紀氏は国造を継続して勤めるが、郡司を兼任しなくなる。これは、新興勢力が紀氏から郡司の職を奪ったのではない。この頃全国的に国衙正倉神火《こくがしょうそうしんか》が頻発している。国衙正倉の稲穀を横領した国司が、その証拠隠滅をもくろんで、神火と称して空になってしまった正倉を焼却していたのである。しかも、その責任を国司は下僚である郡司に押し付けていたのである。律令制が順調に機能しているならば、郡司を兼務する役得はたしかにあっただろう。しかし、律令制が機能しなくなった場合、郡司は国司の下僚として責任を追及されるのである。このため、紀氏は郡司の兼任を拒否したのである。一方、その後も紀氏は紀伊国造であり続けた。『続日本後紀《しょくにほんこうき》』嘉祥二年（八四九）閏十月二十一日条によると、紀伊国守伴龍男《とものたつお》と紀伊国造紀高継が抗争事件を起こした。激怒した龍男は、高継の国造職を解任した。しかし、中央政府は、「国造は国司の解却《げきやく》の色に非らず」、すなわち、国司に国造の任免権はないのだ、と判断したのである。そればかりか、龍男の国司としての職務を停止してしまったのである。すなわち、大化前代から続く国造職は国司の下僚としては位置づけられていなかったのである。

もちろんこの頃、中央政府の威令は、充分に地方に届かなかったであろう。それでも、国司の下僚に位置づけられていない国造職にとどまることは、紀氏にとって中央から派遣される国司に対抗する格好の地位であったことだろう。しかし、紀氏は古代国家が望むような従順な国造ではなかったようである。『類聚三代格《るいじゅうさんだいきゃく》』寛平六年（八九四）六月一日付官符によると、紀伊国司が朝廷に、紀伊国の人民を日前宮が神戸の民として囲い込んでいるため、納税義務を負う公民が少なくて困ると訴えている。日前宮を祀る紀氏は、中央政府の根幹たる公地公民制に明らかに盾をついていたのである。

さらに、平安末の大治二年（一一二七）八月十七日付紀伊国在庁官人解案《ざいちょうかんじん》（『和歌山市史』第四巻）によると、古代国家から付与されていた大量の神戸を、日前宮はすべて国家に返納することを申し出ている。その代替として、日前宮周辺の未開墾地を開発し、全くの私有地にすることを願い出ている。その開発のために「四十余町（約四㎞）もの長大な堤防を築くのだと述べている。おそらく、その工事には、先に指摘した寛平六年官符に言及されたような、囲い込まれた多くの人民が充てられたのであろう。

古代国家が機能しなくなったことを見据えて、私領形成に乗り出したのである。やがて日前宮とそれを祀る紀氏は、紀ノ川平野最大の中世的荘園領主に逸早く変貌を遂げるのである。このように見てみると、確かに律令制崩壊後も、紀氏は紀伊国造であり続けてはいる。しかし、古代国家の望むような国造ではなく、第十代豊布流が国造に任命される以前の、中央政府にも伍するほどの在地土豪へと回帰していったとみることができるだろう。

†おわりに

本講では、神話伝承の時代から古代を終えるまでの紀氏の動向を見てきた。まず、『日本書紀』の天磐戸神話の異伝に、紀氏の祀る日前宮が語られていることを指摘した。そしてその背景には、国土統一や半島遠征に際して、大和王権は紀氏の支配領域である紀ノ川河口を拠点としていたからであろうと指摘した。それ故、紀氏とその支配地域が、大和王権を支える地域に含まれていたことを、相嘗《あいなめ》祭奉幣社の分布と武内宿禰伝承から述べた。

しかし、大和王権の軍事基地が五世紀中頃に難波に移転したことによって、紀氏とその支配地域は、その重要度を低下させたことを述べた。このため、新たな大和王権の中心地域から除外された紀氏は地方豪族となり、その新たな中心地域に住んでいた紀氏の同族は中央氏族の紀朝臣氏と称されたと推定した。そして、紀氏が地方豪族として位置づけられ、国造に任命された時期を、「国造次第」の注記から、五世紀中後期頃であろうとした。

律令制度下においては、紀氏は国造でありながら名草郡司を兼務した。しかし、律令制の崩壊とともに、国司の下僚として位置づけられる郡司を兼務することを拒否するようになった。一方で、国造であり続けた背景には、その職が国司の下僚としては位置づけられてはいなかったからであろうとした。国造であり続けた紀氏ではあったが、古代国家に忠実な国造ではなく、人民労働力の囲い込みや私領形成に奔走し、古代末期には早くも中世的荘園領主へと変貌を遂げていったことを指摘した。

さらに詳しく知るための参考文献

岸俊男『日本古代政治史研究』（塙書房、一九六六）……所収論文「紀氏に関する一試考」は、大化前代の紀氏に関する史料を総覧し、大和朝廷と紀氏の関係を論じた先駆的研究。また、同「たまきはる内の朝臣」は武内宿禰伝承の成立を論じている。ただし、その成立は、内臣鎌足の活躍を投影したもので、七世紀の成立と推測する点で、筆者と意見を異にする。

栄原永遠男『紀伊古代史研究』（思文閣、二〇〇四）……第一部「紀氏と紀伊国」において、鳴滝倉庫群の意義・紀朝臣氏と紀伊国の関係・紀氏と大和朝廷との関係・紀氏が泉南地域へと膨張したことなどを論じている。なお、紀朝臣氏が紀伊国を本拠としていたが、後に平群谷に移住したとする点については、筆者と意見を異にする。

篠川賢『日本古代国造制の研究』（吉川弘文館、一九九六）……国造の成立と展開およびその他の問題を論じている。とくに、その成立を西日本では六世紀中頃、東日本では六世紀末としている。また、律令制の導入により、国造制は停止したとするなどの点で筆者と意見を異にする。

薗田香融『日本古代の貴族と地方豪族』（塙書房、一九九二）……所収論文「古代海上交通と紀伊の水軍」は、古代国家の半島外征に果たした紀氏とその水軍のあり方を論じている。また、同「岩橋千塚と紀国造」は、紀氏と大和朝廷との関係を論じるとともに、日前宮がかつて国家的祭祀に預かっていたことを提起し、準皇祖神と位置付ける。

寺西貞弘『紀氏の研究』（雄山閣、二〇一三）……紀氏と大和朝廷との関わり及び律令制度下における紀氏の存在、律令制度崩壊期における紀氏の動向をも扱っている。とくに、本講で扱った紀伊国造末裔家所蔵の「国造次第」については、本書において写真版を掲載するとともに翻刻を施している。

新野直吉『国造と県主』（至文堂、一九六五）……国造の成立・職務の変遷・律令制下での国造などを総合的に論じている。とくに、国造は朝廷から任命されるが、本来はその地の有力土豪であったとする。さらにその成立は四〜五世紀とするが、その存在形態は地方の状況によって大きく異なるとする。

第9講

東漢氏と西文氏

山本　崇

†渡来氏族——はじめに

八一五年（弘仁六）に成立した『新撰姓氏録《しんせんしょうじろく》』は、当時の都である平安京と畿内諸国に住む氏族の系譜を記した書物である。ここでは、氏族は、天皇・皇子より別れた「皇別《こうべつ》」、神々の子孫とする「神別《しんべつ》」と渡来系を指す「諸蕃《しょばん》」に大きく分類され、出自のよく分からない「未定雑姓《みていのぞうしょう》」に含まれ渡来系と称するものも含めると、平安時代初めの中央氏族のうち、渡来系の氏族は三割を超えていたという。この事実をふまえた関晃《せきあきら》は、その著書『帰化人』のなかで、「古代の帰化人はわれわれの祖先」であり、「彼らのした仕事は、日本人のためにした仕事ではなくて、日本人がしたことなのである」と述べ、その古代国家形成における役割を高く評価した。

史料の残り具合に左右されるため、古代史の立場からある程度考察可能な古い時代の渡来氏族は、ここでとりあげる東漢《やまとのあや》氏と西文《かわちのふみ》氏のほかには、秦《はた》氏にほぼ限られている。秦氏はその支配下に多くの秦民を組織し、列島各地に分布したことで知られる。漢《あや》氏には、東漢氏と対をなす西漢《かわちのあや》氏が、また文氏には、西文氏と対をなす東文《やまとのあや》氏が存在した。「山東漢大費直《やまとのあやのおおあたい》」や「山西首」の表記も残ることから（元興寺縁起《がんごうじえんぎ》）、東西は山の東のヤマトと山の西のカハチを呼び分けたものとみられ、それぞれを拠点とした地縁により結びつき、ヤマト王権に奉仕しその支配を支えたとみられる。西漢氏は、東漢氏や東西の文氏とともに、天武天皇の時代には貴族へと出身する地位を保障された氏として認められていたが、史料に登場する者が少なく、具体的な姿はよく分からない。河内を拠点とした物部氏と結んでいたため、いわゆる丁未《ていび》の役の後衰退したともみられている（加藤謙吉『吉士と西漢氏』白水社、二〇〇一）。

ここでは紙幅の関係もあり、東漢氏と西文氏の、とくに成立期の状況を中心に述べてみたい。なお、以下の叙述は、文末に掲げた関晃、井上光貞による先駆的な研究をはじめ、多くの先行研究を参照したものであることをあらかじめ明記しておく。

†始祖伝承——阿知使主と和迩吉師

東漢氏と西文氏の始祖にあたる人物は、ともに『応神紀』に伝説的な始祖として登場する。十四年の秦氏の始祖弓月君《ゆづきのきみ》の渡来を皮切りに（同年是歳条）、十六年に西文氏の祖である和迩吉師《わにきし》（王仁《わに》）、二十年に東漢氏の祖阿知使主《あちのおみ》の渡来が伝えられる。

百済の王、阿直岐《あちき》を遣《つかは》して、良馬二匹を貢《たてまつ》る。即ち軽《かる》の坂上《さかのうえ》の廐《うまや》に養《か》はしむ。因《よ》りて阿直岐を以て掌《つかさど》り飼《か》はしむ。故《かれ》、其の馬を養ひし処を号《なづ》けて、廐坂《うまやさか》と曰《い》ふ。阿直岐、亦能《よ》く経典《ふみ》を読めり。即ち太子菟道稚郎子《うぢのわきいらつこ》、師《し》としたまふ。是に、天皇、阿直岐に問《と》ひて曰《のたま》はく、「如《も》し汝《いまし》に勝《まさ》れる博士、亦有りや」と。対《こた》へて曰はく、「王仁といふ者有り。是秀《すぐ》れたり」と。時に上毛野君《かみつけののきみ》祖、荒田別《あらたわけ》・巫別《かむなきわけ》を百済に遣して、仍りて王仁を徴《め》さしむ。其《そ》れ阿直岐は、阿直岐史《あちきのふひと》の始祖《はじめのおや》なり。（『応神紀』十五年八月丁卯条）

この翌年二月、阿直岐よりさらに優れているという王仁が渡来する。

王仁来り。則ち太子菟道稚郎子、師としたまふ。諸《もろもろ》の典籍を王仁に習《なら》ひたまふ。通《とほ》り達《さと》らずといふこと莫《な》し。所謂《いは》ゆる王仁は、是書首等《これふみのおびとら》の始祖なり。（『応神紀』十六年二月条）

渡来した王仁は、太子（後の仁徳天皇）の師として諸の典籍を教えた。その典籍名は、

『日本書紀』にはみえないが、『古事記』によると「論語《ろんご》十巻・千字文《せんじもん》一巻、幷《あ》わせて十一巻」（応神天皇段）であった。

『応神紀』二十年九月条によると、

倭漢直《やまとのあやのあたひ》の祖阿知使主、其の子都加使主《つかのおみ》、並に己《おの》が党類《ともがら》十七県を率《ゐ》て来帰《まうけ》り。

とみえる。

むろん、『応神紀』の伝承は、そのまま史実と認めることは難しい。いくつもの疑問点が指摘されてきたが、王仁の伝承のうち、『千字文』の将来は、その成立からして時期があわない。『千字文』は、六世紀前半に梁《りょう》の武帝《ぶてい》の勅命により周興嗣《しゅうこうし》が著した漢字・書法の入門書である。『応神記』のそれは、現在伝わるものとは別の書籍とみる理解もあるが、証明は難しい。前漢の時代にはまとめられていたとみられる『論語』はともかくとして、『千字文』の将来は潤色とみなければならない（神田喜一郎「飛鳥奈良時代の中国学」初出一九六〇。『神田喜一郎全集』八、同朋舎、一九八七）。

阿知使主と都加使主にはじまる東漢氏の系譜にも問題を含む。東漢氏の系譜は、枝氏《えだうじ》の一つ坂上氏《さかのうえ》の系譜を記した『坂上系図《さかのうえけいず》』に詳しく、漢皇祖《こうそ》に連なると伝える。阿知使主以降の系譜を簡略に抜き出すと、「阿智王《あちおう》（阿知使主）―都賀使王（主）―志努直《しぬのあたい》―駒子直《こまこのあたい》―弓東直《ゆつかのあたい》―老連《おゆのむらじ》―大国《おおくに》―犬養忌寸《いぬかいのいみき》―苅田麿《かりたまろ》」のごとくなる。老連は壬申の乱で活躍し、『続日本紀《しょくにほんぎ》』文武天皇三年（六九九）五月辛酉条にもみえる実在の人物である。そうであるならば、関晃が古くに指摘するように、都賀使王と老連との間数百年の系譜は疑わねばならない。

『新撰姓氏録』によると、東漢氏の枝氏である畝火宿禰《うねびのすくね》は、都賀直《つがのあたい》（都賀使主）の三世孫大父直《おおちのあたい》の後裔《こうえい》と称しており、都賀使主を直接的な始祖とする認識がうかがわれる。都賀使主は、『雄略紀』二十三年八月条や『清寧紀』即位前紀にみえる、東漢直掬《やまとのあやのあたいつか》と同一人物とみられ、そうであるならば、五世紀末の雄略天皇の時代から実際の活動を開始したのであろう。

†檜前居住――東漢氏の活動

東漢氏が多く居住した古代の檜前《ひのくま》は、高市郡《たけちぐん》の南部、『和名抄《わみょうしょう》』の檜前郷にあたる。その中心は、現在於美阿志《おみあし》神社のある南北に連なる小規模な丘陵にあり、神社の境内には氏寺とおぼしき檜隈《ひのくま》寺の遺跡が残る。北は軽（橿原市大軽町周辺）や見瀬《みせ》（同市見瀬町周辺）、西は高取町西部に接していた。遥かに時代の降る坂上苅田麻呂の上表によると、高市郡内は、

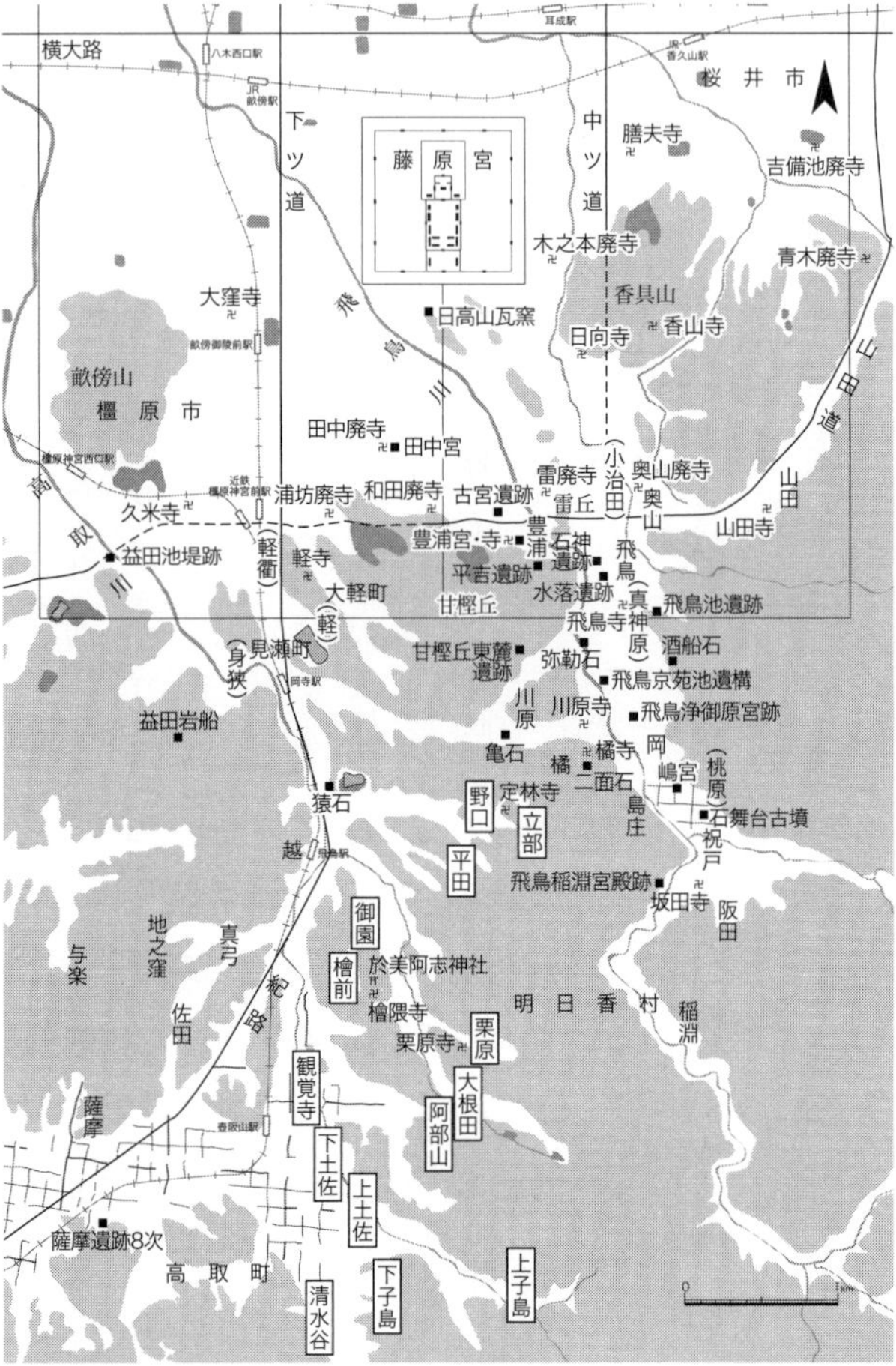

檜前周辺の地図

古代の檜前に含まれる大字は□で囲み示した。

奈良文化財研究所『飛鳥・藤原京展』図録（2002年）180頁掲載図をベースに作図。

偏向条里は『大和国条里復原図』奈良県教育委員会（1980年）をもとに加筆した。

檜前忌寸をはじめとした人々が多く居住し、他の姓の者は十のうち一二であるという（『続日本紀』宝亀三年（七七二）四月庚午条）。高市郡司に檜前忌寸を任じるよう求めたものだが、この言はかならずしも誇張ともいえず、この地に因んだウジナを名乗る檜前忌寸が多く集まっていたらしい。高取町の薩摩《さつま》遺跡から「波多里長檜前主寸《はたのさとをさひのくまのすぐり》」と記す木簡が出土した。この木簡は、「某の御前に申す」形式のいわゆる前白《ぜんぱく》木簡であることから七世紀末頃のものとみられ、この時期の里長の実例が確認できる。

考古学的調査の知見によると、檜前の地に渡来系の人々の痕跡が認められる時期は、五世紀後半以降という。当時の檜前は、「檜前野《ひのくまの》」（『雄略紀』八年是歳条）とみえるように、いまだ開発に着手されない原野であった。阿直岐が軽の坂上で馬を養ったとする伝承は、原野をまず牧《まき》として用益した事実をふまえたものとみられ、馬の飼育は、欽明天皇の時代に、檜隈邑《ひのくまむら》の人川原民直宮《かわはらのたみのあたいみや》が紀伊国から贄《にえ》を運んできた良馬をみ、買い取って養ったとする記事にもみえる（『欽明紀』七年七月条）。その後、隣接する身狭《むさ》（橿原市見瀬町）の地に「韓人大身狭屯倉《からひとのおほむさのみやけ》」「高麗人小身狭《こまひとのこむさ》屯倉」が置かれ（『欽明紀』十七年十月条）、この地が、韓人や高麗人、すなわち渡来人により開発されたことが知られる。檜前には、大和統一条里と呼ばれる正南北の条里地割とは方位を異にする、檜前条、呉原条と呼ばれる縁辺部の特殊条里が推定されており、これらの原形は古い開発を契機として成立した可能性がある。

檜前の開発は、牧から屯倉などの水田へと、東漢氏が主導して進められたのであろう。

『坂上系図』に引く『新撰姓氏録』逸文《いつぶん》によると、応神天皇が「大和国檜隈郡郷の居」を阿智王（阿知使主）に賜うとみえるが、これはむろん史実とは認められない。雄略天皇の時代に、天皇が大伴大連室屋《おおとものおおむらじむろや》に詔して、東漢直掬に命じて新漢陶部高貴《いまきのあやのすえつくりこうき》らを上桃原《かみつももはら》・下桃原《しもつももはら》・真《ま》神原《かみはら》に居住させたとする記事が参考になろう（『雄略紀』七年是歳条）。桃原は、後に蘇我馬子《そがのうまこ》の墓が営まれた地で（『推古紀』三十四年（六二六）五月丁未条）、現在の明日香村島庄《しまのしょう》・祝戸《いわいど》の石舞台古墳がある地の周辺、真神原は、後に飛鳥寺が造営される地で（『崇峻紀』元年是歳条）、現在の明日香村飛鳥の地である。檜前への配置は、「今来《いまきの》郡《こおり》（評）」（『欽明紀』七年七月条）と称された高市郡に、計画的に渡来人を配置した政策の一環であろう。東漢氏は、檜前を拠点としつつ、現地の渡来人や新たに渡来した「今来漢人《いまきのあやひと》」らを村主や漢人として組織し、さらにその下部集団に漢人部《あやひとべ》や漢部《あやべ》を編成して全国へと勢力を拡大することになる。

✝軍事氏族――七つの悪逆

東漢氏の際だった特徴は、軍事氏族としての一面である。天武天皇の詔によると、東漢氏は七つの悪逆を犯してきた。推古天皇から近江朝まで、陰謀は常にこの氏をあやつっておこなわれており、罪にしたがって処分しようと思う。しかしながら、漢直氏を絶やしたくないため、大恩をもって許す、という（『天武紀』六年（六七七）六月是月条）。七つの悪逆が示す内容は記されていないが、蘇我馬子の命により崇峻天皇を暗殺した東漢直駒《やまとのあやのあたいこま》（『崇峻紀』五年十一月癸卯条）、乙巳《いっし》の変において蘇我氏に属した漢直《あやのあたい》（『皇極紀』四年（六四五）六月条）が、その罪状に含まれることは間違いない。

軍事にかかわる活動は、初発の頃からすでにうかがわれる。雄略天皇の時代に、天皇の遺詔にしたがって、大伴大連室屋と東漢直掬が、反乱を起こした星川皇子《ほしかわのみこ》を討ち、白髪皇子《しらかのみこ》（清寧天皇）の即位を実現したという（『清寧紀』即位前紀）。東漢氏は、大伴氏が没落した後には、新たに高市郡に進出してきた蘇我氏との関係を深めていく。

東漢氏の軍事氏族としての性格がもっとも顕著にみられるのが、いわゆる壬申の乱にかかわる記述である。倭京の戦端を開いた大伴連吹負《おおとものむらじふけい》は、近江方に属する留守司《るすし》坂上直《さかのうえのあたい》熊毛《くまげ》や「一二の倭直」を味方につけ、倭京の確保に成功している。『壬申紀』には、このほか、近江方の将として谷直塩手《たにのあたいしおて》がみえるなど、東漢氏は近江方、大海人方の双方に散見するが、その多くは、倭古京をおさえた大伴吹負の軍に参加したとみられる。吹負は、軍中の衆からとくにすぐれた者を選んで、別将・軍監としたという。竜田に進む三百名の軍を率いた民直小鮪《たみのあたいおしび》や谷直根麻呂《たにのあたいねまろ》は、別将もしくは軍監の実例とみられる。古くからの理解によると、坂上氏が東漢氏の宗家的地位を占めるのは八世紀半ば以降のことで、原則的には数個の有力な氏が対等に氏族組織を維持していたといい（関晃「倭漢氏の研究」『史学雑誌』六二－九）、東漢氏は、故国の共通性や地縁により、多くの枝氏が同族組織を維持していたらしい。このような氏族組織の特質からすれば、それぞれ数万とされる伊勢および近江方面へ向かった東国の軍に比して、比較的小規模であった倭京の軍に別将・軍監が置かれた理由は、史料の残存状況もさることながら、大海人方の軍に参加した東漢氏の枝氏の長を、相応の地位に遇するためではなかったかと推測する。

東漢氏の軍事氏族としての特質は、奈良時代から平安時代初頭にかけて、「家は世々弓馬を事《こと》とし」（『続日本紀』延暦五年（七八六）正月戊戌条）、「家は世々武《ぶ》を尚《たつと》び」（『日本後紀』弘仁二年（八一一）五月丙辰条）などと称された坂上氏が東漢氏の族長的立場とともに継承し、犬養、苅田麻呂、田村麻呂《たむらまろ》という武官を輩出することになる。

†フミヒト――文筆と記録

令の編目の一つ、『学令《がくりよう》』2大学生条によると、「凡そ大学《だいがく》の生《しよう》には、五位以上の子孫、及び東西《やまとかはち》の史部《ふひと》の子を取りて為せ。（後略）」と規定されている。『令集解《りようのしゆうげ》』（養老令の注釈書）が引用する「古記《こき》」によると、「東西の史部の子」を、「謂《い》ふこころは、倭《やまと》・川内《かはち》の文忌寸《ふみのいみき》らを本《もと》と為す、東西の史ら皆是なり。」と説明する。倭の文忌寸は東漢氏の枝氏、川内文忌寸は王仁後裔氏族で、彼らが統括する東西の史部の子は、特別に大学寮《だいがくりょう》の学生に登用される可能性があった。「古記」は大宝令の注釈書であり、この規定は大宝令の段階から存在したことが分かる。律令国家の時代にも、渡来氏族はその知識や技術を期待され、実務官人層を形成していた。奈良時代から平安時代前期までの学者、文人、高僧には、フミヒトの出身の者が多数みられるが、実際に大学へ入る学生は、より容易に任官しうる「五位以上の子孫」ではなく、「東西の史部の子」であったとみられている（中村順昭『律令官人制と地域社会』吉川弘文館、二〇〇八）。

ところで、西文氏の古い活動を示す痕跡は、八〇七年（大同二）に斎部広成《いんべのひろなり》が撰上した『古語拾遺《こごしゅうい》』に残されている。これによると、雄略天皇の時代に諸国の貢調を収める大蔵《おおくら》を新たに建て、蘇我宿禰麻智《そがのすくねまち》が斎蔵《いみくら》・内蔵《うちつくら》・大蔵を検校し、秦氏が出納を、東西の文氏が帳簿を管理したと伝える。履中天皇の時代に、もともとあった斎蔵に加えて内蔵を建て官物を収め、蔵部を置き阿知使主と博士王仁に出納を記録させたとする所伝はにわかに信じがたいが、斎蔵を管理する斎部氏の立場から、「今、秦と漢の二氏が、内蔵大蔵の主鎰《かぎつかさ》・蔵部《くらべ》に任ずる由来である」と述べる点はとくに疑う余地はなく、史実の可能性が高い。そうであるならば、東西の文氏は、雄略天皇の時代には、ヤマト王権に出仕して文筆・記録の任についていたとみられる。

文氏の系譜にかかわり検討すべき史料は、七九〇年（延暦九）の津連真道《つのむらじまみち》上奏である。王仁の後裔と称する真道は、自らの系譜を上奏して、菅野朝臣《すがののあそん》への改姓を勅許された（『続日本紀』同年七月辛巳条）。それによると、応神天皇の時代、百済貴須《きす》王の孫である辰孫《しんそん》王を迎え皇太子の師とした。この後の系譜は、「辰孫王（智宗《ちそう》王）―太阿郎《たあら》王―亥陽君《がいようくん》―午定君《じょうくん》」とみえ、午定君の三人の子、味沙《みさ》・辰尓《しんに》（辰爾）・麻呂《まろ》が、それぞれ葛井連《ふじいのむらじ》（白猪《しらいの》史《ふひと》）・船連《ふねのむらじ》・津連《つのむらじ》の祖となったと記されている。改姓を目的とした上奏にいかほどの史実を認めるかは検討が必要で、『日本書紀』の記述とも相違点がある。ところが、辰孫王（智宗王）が応神天皇の時代の人物で、皇太子の師とする点は、王仁の伝承に類似している。また、「是に於いて、始めて書籍を伝え」とする主張も、王仁の伝承を取り込んだものとみられる。

そもそも、『応神紀』は王仁を「書《ふみ》首らの祖」とするが、葛井《ふじい》連・船《ふね》連・津《つ》連との関係は伝えていない。古くからこの系譜には疑問が呈されており、王仁は王辰爾を過去に投影して造形されたとする理解や（山尾幸久「朝鮮からの移住民」『日本と朝鮮の古代史』三省堂、一九七九年）、阿直岐・王仁・王辰爾の伝承に類似する要素を認め、河内のフミヒトが共有する始祖伝承とみる理解など（請田正幸「フミヒト集団の一考察」『古代史論集』上、塙書房、一九八八年）、上表の作為性を指摘する理解が有力である。

†烏羽の表――王辰爾とその一族の事績

つまるところ、西文氏の実質的な祖は、王辰爾とみざるをえないが、実は、彼自身についても、渡来時期に手がかりはなく、その活動はわずか二つの史料しか伝わらない。一つは、欽明天皇の時代、樟勾宮《くずはのまがりのみや》に幸した天皇の命により、蘇我大臣稲目《そがのおおおみいなめ》が王辰爾を派遣して「船賦《ふねのみつき》」を数え記録したという（『欽明紀』十四年七月甲子条）。王辰爾を船長《ふねのつかさ》とし、船《ふねの》史《ふひと》の姓を賜ったこと、今の船連の祖であることが記されており、船氏の家記などにもとづく伝承が採用されたとみられている。和田萃《あつむ》は、樟勾宮を大阪府枚方市楠葉《くずは》付近の淀川左岸の旧流路に面した川津（港）と推測した上で、往来する船から徴収した税を「船賦」と理解した（和田「船氏の人々」『文書と記録』上、岩波書店、二〇〇〇）。これに対して、田中史生《ふみお》は、この十カ月後の翌年五月に、船四〇隻が用意され百済に軍事援助されたことに注目し、その準備行動と理解している（田中「王辰爾」鎌田元一編『日出づる国の誕生』清文堂、二〇〇九）。

もう一つは、いわゆる烏羽《からすば》の表《ひょう》と呼ばれる、敏達天皇の時代の説話である。欽明天皇の時に高麗《こま》（高句麗）からの使者が到着したが（『欽明紀』三十一年四月乙酉条）、天皇は会うことなく亡くなってしまう。後を継いで即位した敏達天皇が使者に接見する時の話である。天皇は、受け取った上表文を蘇我馬子に授け、史たちを集めて読み解かせた。ところが、史たちは三日かかっても読み解くことができなかったが、王辰爾だけが解読に成功したという、東西の諸史らは数は多くとも辰爾にはかなわないと怠慢を責められたという。この国書は、烏の黒い羽に書かれていたため文字を読むことができず、辰爾は、羽を飯の湯気で蒸し、絹布に文字を写し取ったと記されている（『敏達紀』元年五月壬寅朔条）。烏羽の表はむろん史実ではない。かつて古くからの渡来人である史らの知識がもはや旧式のものであったと理解されたが（関一九六六）、辰爾自身も東西の諸史の一人で、彼がもっとも優れていることを強調しようとしたとみる理解もあり、ここにも船氏の家記が採用されたらしい（加藤二〇一七）。

同じ欽明天皇の時代に、王辰爾の甥という胆津《いつ》は、吉備白猪《しらい》屯倉の経営にかかわり、田部《たべ》の丁《よぼろ》を数え「籍」を定め、その功により白猪史の姓を賜り、田令に任命されたという（『欽明紀』三十年四月条）。屯倉は、大和王権による最新技術を用いた地方制度であったが、その整備と支配には、フミヒトによる文筆の技術が用いられていたのである。胆津が用いた「籍」は、その古訓のフミタから木簡とみる理解がある（岸俊男「宣命簡」初出一九七六。『日本古代文物の研究』塙書房、一九八八）。史料から推測可能な、列島における木簡使用の最初期の状況を示すのであろう。

†難波津歌――王仁と学問の興隆

最後に、王仁が将来したと伝える典籍の受容について、付言しておきたい。『応神記』にみえる『論語』と『千字文』の将来に加えて、王仁にかかわるもう一つの伝承が残されている。難波津歌《なにわづのうた》である（犬飼二〇〇八）。「難波津に咲くやこの花、冬ごもり今は春べと、咲くやこの花」。紀貫之らが編んだ『古今和歌集《こきんわかしゅう》』仮名序《かなのじょ》にその由来が記されており、仁徳天皇が皇子であった時、弟と皇太子の地位を三年ゆずりあわれたため、王仁がこの歌を奉り、冬を越えて梅の花が咲くように、今が太子につくその時ですと、謙譲の徳を讃え進めたものという。

興味深い点は、王仁が将来したという『論語』と『千字文』、さらに難波津歌は、いずれもその書名そのものや字句の一部が記され、地中から木簡、墨書土器、刻書瓦などとして出土していることである。『論語』は役人にとって必修の典籍であり、『千字文』が文字の習得に際しての初学者の入門書であることからすれば、これらの習書は理解しやすい。ところが、難波津の歌は、手習いの始めに用いる歌とされるものの『万葉集』にもみえず、平安時代中頃まで歌集に縁はなかった。にもかかわらず、万葉仮名で記された木簡のかなりの部分は難波津歌であるとしても過言でないし、法隆寺五重塔の天井板にも落書きされ、出土する範囲は都の周辺にとどまらず、阿波、越中、播磨におよぶなど、古代においてまことによく知られた歌であった。さらに際立った特徴は、難波津歌の出土例が「奈尓皮《なには》」「奈尓」などその数文字のみを記した木簡の削屑や墨書土器なども含めれば、すでに三十点を超えると思われるに対し、他の歌で複数出土するものが現在のところ一例も知られて

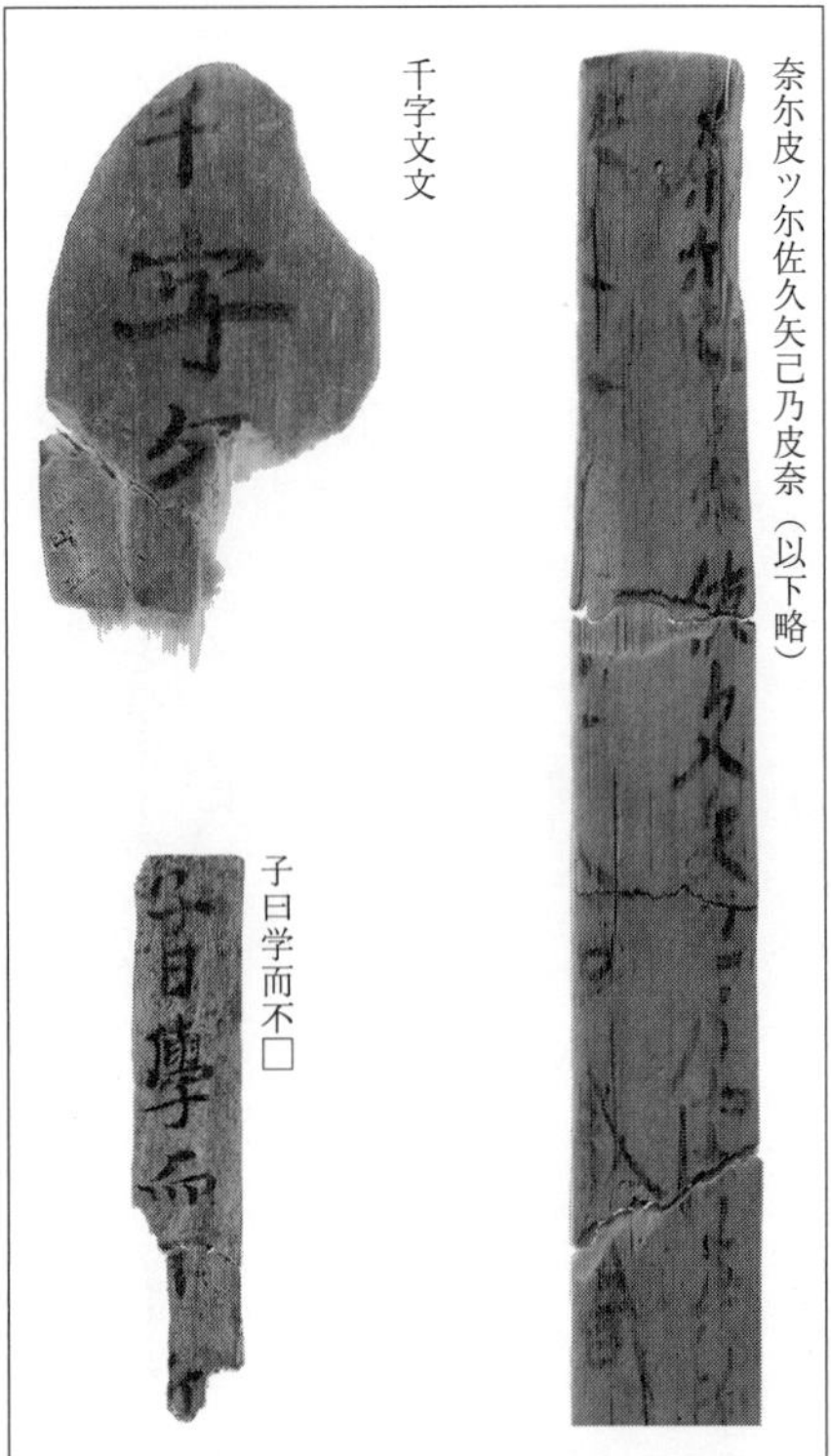

藤原宮・京跡から出土した木簡（奈良文化財研究所提供）
左上　『千字文』と記した木簡（『藤原宮木簡四』1810号）
左下　『論語』の一節を記した木簡（『藤原宮木簡二』662号）
右　『難波津歌』を記した木簡（『飛鳥藤原京木簡二』1613号、部分、赤外線画像）
いずれも表面のみ。

いないことである。

では、難波津歌は、なぜこれほど古代社会に広まったのか。筆者は歌には疎く、充分な理解はおぼつかない。ただ、「王仁始《はじ》めて蒙を軽島《かるのしま》に導き、辰爾終《つい》に教えを訳田《おさだ》に敷《し》く。」(『懐風藻《かいふうそう》』序)という奈良時代貴族の言を参照するならば、その背景に、日本古代の文芸や学問の興隆をもたらした伝説上の人物王仁を称賛する、古代人の意識をみてとることができるように思う。

(本講のルビは編集部の責任で振ったものである)

さらに詳しく知るための参考文献

関晃『帰化人――古代の政治・経済・文化を語る』(初出一九六六。講談社学術文庫、二〇〇九)……帰化人研究の古典的名著。「彼らのした仕事は、日本人のためにした仕事ではなくて、日本人がしたことなのである」は、いまなお新鮮な提言である。

井上光貞「王仁の後裔氏族と其の仏教」(初出一九四三。『日本古代思想史の研究』井上光貞著作集第二巻、岩波書店、一九八六)……日本の仏教史や思想史を牽引した著者が最初に公表した論文。王仁とその後裔氏族にかかわる基本的な論点がすでに指摘されている。旧仮名遣いで読み慣れないかもしれないが、必読の先行研究。

加藤謙吉『渡来氏族の謎』(祥伝社新書、二〇一七)……渡来氏族がいかなる外交分野で活動したのか、氏族ごとに明らかにした一般向けの新書。渡来人研究の碩学が、東漢氏・西文氏のほか、西漢氏、秦氏、難波吉士をとりあげ解説している。

吉村武彦・吉川真司・川尻秋生編『渡来系移住民――半島・大陸との往来』（岩波書店、二〇二〇）……もっとも最近刊行された渡来人（帰化人）の啓蒙書。最新の成果を平易に記すとともに、編集者と執筆者との対談が非常に興味深い。

犬飼隆『木簡から探る和歌の起源――「難波津の歌」がうたわれ書かれた時代』（笠間書院、二〇〇八）……難波津の歌は、有名な歌にもかかわらず歌集に縁はない。けれども地中からは盛んに出土している。出土文字資料から和歌の起源に及ぶ。

第10講

菅原氏（土師氏）

溝口優樹

†土師氏の改姓

平安時代の幕を開けた桓武《かんむ》天皇の治世には、多くの新しい氏族が登場した。その一つである菅原《すがわら》氏は、土師《はじ》氏が改姓することによって誕生した氏族である。桓武天皇が即位してまもない七八一年（天応《てんおう》元）六月二十五日、土師宿禰古人《はじのすくねふるひと》・道長《みちなが》ら十五人は、桓武天皇に対して次のように願い出た（『続日本紀《しょくにほんぎ》』）。

土師氏の先祖は天穂日命《あめのほひのみこと》より出ています。その十四世の孫は野見宿禰《のみのすくね》といいます。昔、垂仁《すいにん》天皇の時代には古い風習があって、葬礼をおこなうにあたって節義がありませんでした。凶事があるごとに、殉死者を埋めるのが多くの例でした。皇后が亡くなり殯《もがり》をおこなっている時、垂仁天皇は群臣に問うて「後宮《こうきゅう》の葬礼はどのようにすればよいだろうか」とおっしゃいました。群臣は答えて、「ただただ倭彦王子《やまとひこのみこ》の故事にしたがうべき（殉死者を埋めるべき）です」と申しました。この時、私どもの遠祖である野見宿禰が進み出て、「殉死者を埋める儀礼は特に仁政《じんせい》に背きます。国をさかんにして人をたすける道ではありません」と申しました。そして土部《はじべ》三百余人を率いて、埴を取り、さまざまな物の形を造って進上しました。天皇はそれをご覧になって喜ばれ、殉死者に代えられました。名づけて「埴輪《はにわ》」といいます。いわゆる立物《たてもの》とは、このことです。これは垂仁天皇の仁徳《じんとく》・野見宿禰の遺愛《いあい》であり、めぐみを子孫に垂れ、人民はそれを頼りとしました。そこで「祖業《そぎよう》」をみると、吉凶が相半ばしており、忌日には凶礼をつかさどり、祭日には吉礼にあずかっています。このように供奉《ぐぶ》してきましたことは、まことに通例に合致しています。しかし今はそうではなく、専ら凶儀のみにあずかっています。「祖業」を考慮しますと、本意はここにはありません。どうか居地の名によって土師を改めて菅原の姓とするようお願い致します。（一部意訳）

古人らの願い出は認められ、ここに菅原氏が誕生した。ただし姓《かばね》は宿禰のままであり、後に多くの儒者を輩出する菅原朝臣という氏族が成立するには、さらにワンステップが必要であった。また、これ以降も土師氏の改姓は続く。

翌七八二年（延暦《えんりやく》元）五月には、土師宿禰安人《やすひと》ら兄弟男女八人が秋篠への改姓を認められている。さらに七九〇年（延暦九）十二月、桓武天皇の母方の祖母にあたる土師真妹《まいも》に大枝《おおえ》朝臣《あそん》の姓が追贈され、菅原真仲《まなか》・土師菅麿《すがまろ》にも大枝朝臣が賜姓された。同月には菅原氏と秋篠氏に朝臣が賜姓され、「毛受腹《もずはら》」の土師氏には改めて大枝朝臣が賜姓された。それを伝える『続日本紀』の記事によると、土師氏には「四腹」があり、真妹の属する家は「毛受腹」であった。そして、「毛受腹」には大枝朝臣を賜い、そのほかの「三腹」は菅原朝臣あるいは秋篠朝臣になったという。土師氏は「腹」と呼ばれるような、系統を異にする複数のグループから構成される氏族であった。

こうして、菅原朝臣・秋篠朝臣・大枝朝臣の三氏が成立することとなった。このうち本講が主にとりあげるのは、菅原氏と改姓前の土師氏である。土師氏や菅原氏とはどのような氏族であり、また菅原氏の誕生にはいかなる事情があったのだろうか。

†埴輪の起源伝承

古人らは菅原への改姓を願い出た際、野見宿禰の功績をあげたうえで、専ら凶儀にあずかっている現状が不本意であると主張した。そこには誇張も含まれているが、確かに土師氏は凶儀との関係が深い氏族であった。野見宿禰が埴輪を造ったという伝承も、まさに土師氏と凶儀とされる喪葬の関係を示すものである。

古人らが取り上げた野見宿禰の事績は、『日本書紀《にほんしょき》』垂仁天皇三十二年七月己卯《つちのとう》（六日）条の伝承を下敷きとしている。その内容は、垂仁天皇の皇后である日葉酢《ひばす》媛命《ひめのみこと》が亡くなった際、野見宿禰が土部百人を率いて人や馬などの埴輪を造り殉死者の代わりに墓に立て、喜んだ垂仁天皇が褒賞として野見宿禰を「土部職《はじのつかさ》」に任じ、それによって本姓を「土部《はじの》臣《おみ》」といったというものであり、古人らが語った伝承の内容と細部に相違点もあるが、大筋では一致する。

この伝承は、埴輪の起源伝承として著名である。しかし考古学の研究によると、さまざまなモノや動物、人などをかたどった形象埴輪《けいしょうはにわ》は、土管のような形をした円筒埴輪《えんとうはにわ》から発展して成立したものであり、なかでも人物埴輪の出現は相対的に新しい。そして円筒埴輪のルーツは、弥生時代の吉備《きび》地方で墳墓に用いられた供献用の壺とそれをのせる器台にある。また、伝承にみえるような形で古墳時代に殉死の風習があったことは明らかでなく、人物埴輪には殉死者を表現したものとは考えがたいものも多い。つまり埴輪の起源伝承には、フィクションの要素が多分に含まれているのである。ただしこの伝承の狙いは、埴輪が誕生した経緯を説くことではない。『日本書紀』は野見宿禰の功績に続けて、野見宿禰が土師氏の「始祖」であること、そしてこの出来事が「土師氏が天皇の喪葬をつかさどる由来」であることを記している。要するに、野見宿禰の子孫である土師氏が「天皇の喪葬」をつかさどることになった事情を説明することこそが、この伝承の狙いなのである。

では、実際に土師氏が「天皇の喪葬」をつかさどったのはいつか。『日本書紀』によると、六五四年（白雉五）に孝徳天皇が崩じた際、百舌鳥《もずの》土師《はじの》連《むらじ》土徳《つちとこ》が殯宮《もがりのみや》のことをつかさどったという。当時、人が亡くなると、埋葬するまでに亡骸《なきがら》を棺に納めて建物に安置する殯という儀礼がおこなわれた。土徳はそれを差配したのである。実は、土師氏が「天皇の喪葬」をつかさどったことを具体的に確認できるのは、この一例しかない。こうした背景のもと、土師氏が「天皇の喪葬」をつかさどることの正当性を主張するため、埴輪の起源伝承は作り上げられ、そして『日本書紀』に掲載されたのである。

†造墓から喪葬へ

土師氏が「天皇の喪葬」をつかさどったのが七世紀半ばであるならば、それ以前はどのような活動に従事していたのであろうか。前述のように、古人らは、居地の名にもとづいて「菅原」に改姓したいと願い出た。また、その翌年には安人らが「秋篠」に改姓している。これら「菅原」や「秋篠」は、現在の奈良県北部に位置する地名である。この一帯には、宝来山《ほうらいさん》古墳（「垂仁天皇陵」）や佐紀《さき》陵山《みささぎやま》古墳（「日葉酢媛陵」）など四〜五世紀代に造営

菅原東遺跡埴輪窯跡群出土円筒埴輪・形象埴輪（奈良市教育委員会提供）
菅原東遺跡（奈良市）の埴輪窯跡群は、佐紀古墳群の造営が停止された後の5世紀後半から6世紀に操業したと考えられている。ここで生産された埴輪は、奈良盆地の中部・南部に供給された。埴輪の起源伝承の形成過程を考えるうえでも注目される遺跡である。

土師遺跡出土円筒埴輪（堺市文化財課提供）
土師遺跡（堺市）は百舌鳥古墳群が造営される最中の５世紀中頃に出現した集落遺跡で、鉄滓や子持勾玉といった特徴的な遺物が出土している。集落を区画する大溝からは、棺として使用されたとみられる６世紀前半の円筒埴輪が出土した。「毛受腹」の土師氏に繋がっていく集団との関係が想定される遺跡である。

された佐紀古墳群が広がっており、六世紀に埴輪を各地に供給した菅原東《すがはらひがし》遺跡も営まれた。また、「毛受腹」の「毛受」や百舌鳥土師連土徳の「百舌鳥」は、現在の大阪府堺市に位置し、大山《だいせん》古墳（現「仁徳《にんとく》天皇陵」）など五世紀を中心とする百舌鳥古墳群が所在する地域の名称である。さらに、現在の大阪府羽曳野《はびきの》市・藤井寺《ふじいでら》市に位置し、五世紀前後に営まれた古市古墳群の周辺にも土師氏の拠点があった。例えば誉田御廟山《こんだごびょうやま》古墳（「応神《おうじん》天皇陵」）の北東に位置する道明寺《どうみょうじ》はもともと土師寺《はじでら》（土寺）といい、土師氏によって建立された寺院である。このように土師氏は、佐紀や百舌鳥、古市といった、超大型前方後円墳を擁する古墳群の所在地周辺に拠点を構えていたのである。

　具体的な被葬者をめぐる問題には未解決の部分が少なくないものの、これらの古墳群に倭王をはじめ王権中枢を構成する人びとが葬られていることは間違いないだろう。土師氏はもとも

土師の里８号墳の埋葬施設（藤井寺市教育委員会提供）
土師の里８号墳（藤井寺市）は、古市古墳群に含まれる一辺約12メートルの方墳で、５世紀後半に築造されたとみられている。検出された３基の埋葬施設はいずれも埴輪棺が使用されており、なかでも中心的な埋葬施設である中央の第１主体部の被葬者は、土師氏へと繫がっていく集団の有力者かと目される。

と、こうした倭王権中枢の古墳造営を担った集団を前身とする氏族であったと考えられる。関連する遺跡や氏族伝承の分析を総合すると、土師氏の前身集団は、埴輪生産のみならず、鍛冶生産なども含めた造墓に関わる事業にひろく関与していた可能性が浮かんでくる。

　このように、土師氏の前身集団は倭王権中枢の造墓を管掌していたとみられる。ところが六世紀から七世紀にかけて、近畿地方における造墓活動は次第に縮小していく。そうしたなかで彼らが新たに活路を見いだしたのは、造墓と関係の深い喪葬であった。七世紀に入ると、土師娑婆連猪手《はじのさばのむらじいて》が王族の喪葬に従事したことが確認される。そして七世紀半ばには、土徳が孝徳天皇の殯宮のことをつかさどることとなる。このように、造墓を担った集団がその主たる職掌を喪葬へと変化させていくなかで、土師氏という氏《うじ》の組織や系譜・祖先伝承も整えられていったと考えられる。

†律令制下の土師氏

七世紀後半には、律令制の整備が進められた。律令にもとづく官僚制において、官人たちは位階に応じてさまざまな官職に任じられた。ただし一部の官司では、特定氏族の出身者が特定の官職に任じられた。土師氏の人びとが多く諸陵司《しょりょうし》（後に諸陵寮《しょりょうりょう》）の官人となっているのは、その代表的な例である。

七〇一年（大宝元）に制定された大宝令制下では、国家的な喪葬を担う官司として諸陵司が置かれた。諸陵司には、喪葬の実務を担当する下級の官職として土部《はじべ》が所属しており、土師氏の氏人から任命された。また、諸陵司はその職掌の重要性から七二九年（天平元）に寮へと格上げになったのだが、諸陵寮の頭《かみ》（長官）や助《すけ》（次官）には土師氏の有力者が多く任じられている。

土師氏と諸陵寮の特別な関係は、八世紀末頃まで続いた。ところが桓武天皇が即位すると、土師氏は次々と改姓し、諸陵寮との特別な関係を絶っていく。そして七九七年（延暦十六）には、改姓しなかった土師氏も凶儀にあずかることが停止された。なお、それまでも土師氏の人々は諸陵司（諸陵寮）の官職にのみ任じられたわけではない。しかし八世紀末頃まで、土師氏の人びとはその出自ゆえに喪葬の職務から逃れられなかったのである。

次に位階の面から律令制下の土師氏についてみてみよう。律令官人としての土師氏にとって大きな転機となったのは、七二八年（神亀五）に成立した内《ない》・外《げ》階制《かいせい》である。内・外階制が成立したことによって、諸氏族は五位に昇叙する際、はじめから内階に叙される内階コースの氏族と、まずは外階に叙される外階コースの氏族とに分けられた。その区分基準には変遷があるが、土師氏のように宿禰姓を有する氏族の大半は外階コースとされた（八色《やくさ》の姓が制定された際、土師氏は連姓から宿禰姓となっている）。外階コースとされた氏族の官人は、内五位を得るまでに外五位を経由せねばならず、昇進が遅れることになる。

実際のところ、土師氏の有力な官人のほとんどが外従五位下で官歴を終えている。なかには牛勝《うしかつ》のように、外五位を経て内五位を獲得した人物もいた。しかし、子孫はまた外階コースをたどらねばならず、内五位に至る官人を再生産するのは難しかった。

以上、官職や位階の面から律令制下の土師氏をみてきた。土師氏の人びとは律令官人として活躍するにあたり、官職・位階の両面において大きな制約があったといえよう。

こうした状況を打開したのが、桓武天皇の時代に相次いだ改賜姓《かいしせい》であった。土師氏は菅原・秋篠・大枝などに改姓したが、土師姓を棄てることによって諸陵寮との特別な関係から解放され、喪葬の職務から離脱することができた。また、朝臣姓を得ることによって、内階コースの氏族となった。朝臣賜姓の直後にあたる七九一年（延暦十）正月、菅原道長と秋篠安人が揃って外従五位下から従五位下となっているのは、そのことを端的に示している。なお、古人は菅原への改姓後、まもなく亡くなっている。ちなみに、一一〇六年（嘉承元《かしょう》）に菅原陳経《のぶつね》が編纂した『菅家御伝記《かんけごでんき》』は道長を古人の長男とするが、官歴からすると道長はむしろ古人の世代に近いようだ。

†菅原氏三代

　菅原氏は古人の後、その第四子で嵯峨《さが》天皇の時代に朝廷の儀式や衣服などの唐風化を推進した清公《きよとも・きよきみ》（七七〇〜八四二）、その第四子で八四五（承和《じょうわ》十二）から約二十二年間にわたって文章博士《もんじょうはかせ》を務め、参議《さんぎ》となった是善《これよし》（八一二〜八八〇）、そしてその第三子で宇多《うだ》天皇の側近として活躍し、醍醐《だいご》天皇の時代には右大臣《うだいじん》にまでのぼりつめた道真《みちざね》（八四五〜九〇三）と続いていく。そこで、主に九世紀に活躍した清公・是善・道真の三代を中心に、菅原氏とはどのような氏族だったのかみていきたい。

　菅原氏三代に共通する点として重要なのは、いずれも紀伝道《きでんどう》出身の儒者だったことである。律令制下において、官途につくにはいくつかの方式があった。官吏養成機関である大《だい》学寮《がくりょう》で学んで国家試験を受けるというのも、その一つである。大学寮における学科の一つで、中国の史書や詩文などを学ぶのが紀伝道である。紀伝道の学生を文章生《もんじょうしょう》といい、そのなかから成績の優秀な者が二名選ばれ、官吏登用試験である対策《たいさく》の受験候補者とされたのが文章得業生《もんじょうとくごうしょう》である。清公・是善・道真はいずれも文章生、さらに文章得業生を経て官人となっている。菅原氏三代による官人としての活躍の基盤には、紀伝道で身につけた学問があった。また、家集として清公は『菅家集《かんけしゅう》』、是善は『菅相公集《かんしょうこうしゅう》』、道真は『菅家《かんけ》文《ぶん》草《そう》』および『菅家後集《かんけこうしゅう》』をそれぞれ遺しており、是善は『日本文徳天皇実録《にほんもんとくてんのうじつろく》』、道真は『日本三代実録《にほんさんだいじつろく》』といった史書の編纂にも参画している。こうした活躍も、紀伝道出身者

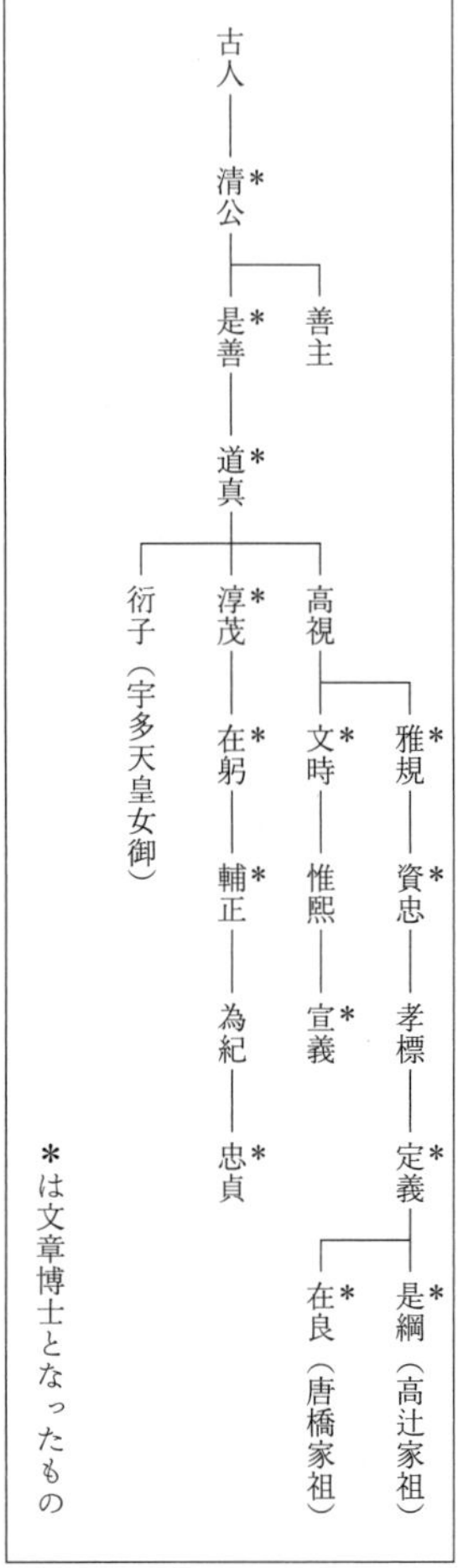

菅原氏略系図

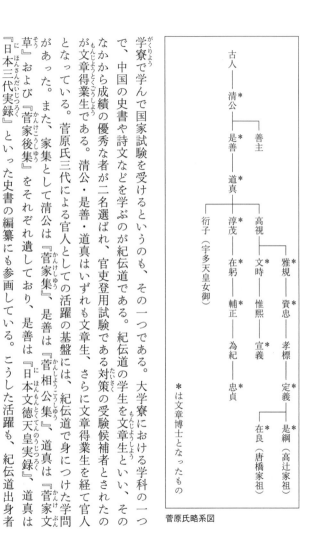

ならではといえよう。

紀伝道の頂点に立つのが、その教官である文章博士《もんじようはかせ》である。清公・是善・道真はいずれも、文章博士に任じられている。文章博士となった道真が詠んだ漢詩「講書の後に、戯《たわむれ》に諸進士《しんし》に寄す」には、文章博士になれたのは「家風」のおかげ、式部輔《しきぶのすけ》（大輔《たいふ》と少輔《しょうふ》があり、当時の道真は後者）に任じられたのも「祖業」のおかげだとあり、自注には、祖父から自身に及ぶまで三代続けて文章博士・式部輔の官職を失わなかったために感謝の意をこめたのだと記している（『菅家文草』巻二）。この漢詩にあるとおり、菅原氏は文章博士を世襲する氏族であった。なお、平安時代の式部輔も紀伝道出身の儒者が任じられる官職であり、これにも清公・是善・道真と菅原氏から三代続けて任じられたのであった。

ただし、菅原氏が三代にわたって文章博士などの儒職を世襲できた理由は、菅原氏という出自だけではない。清公・是善・道真はいずれも、年少の頃より学業に優れていたことが伝えられている。特に道真の場合、文章生試に臨むにあたって父の是善が毎日模試として作詩を課していたことが知られている（『菅家文草』巻一）。こうした教育の結果として、菅原氏は三代にわたって儒職を世襲することができたのである。

清公・是善・道真は、公的な場では官人として活躍する一方、私的な場では菅家廊下《かんけろうか》とよばれる私塾を主宰し、門人の教育にあたっていた。菅家廊下の呼称は、左京にあった邸宅の廊下に塾が置かれていたことによるもので、単に「廊下」とも呼ばれた。『扶桑略記《ふそうりやっき》』に掲載された是善の薨伝《こうでん》によると、公卿・官人や儒者・詩人の多くが是善の門人だったという。また、八九三年（寛平《かんぴょう》五）に道真が記した「書斎記」によると、文章生・文章得業生で菅家廊下の出身者は百人に及び、このことから「竜門」と呼ばれた（『菅家文草』巻七）。さらに道真の時代になると、「数百の門徒が朝野に充満した」（『北野天神御伝《きたのてんじんごでん》』）とされるほどで、九〇一年（昌泰《しょうたい》四）二月九日に三善清行《みよしのきよゆき》が藤原時平《ときひら》に送った書においても「その門人弟子は諸司に半ばしている」（『政事要略《せいじようりやく》』巻二十二）といわれている。

†道真の子孫たち

文章博士や式部輔の継承について詠んだ前述の漢詩の後半において道真は、四歳にして読書のすべを知った長男の高視《たかみ》について、官職を末孫に伝えてくれるであろうかとの想いを詠んでいた。高視が文章博士に任じられることはなかったものの、道真の子のなかでは淳茂《あつしげ》が九〇九年（延喜九）に文章博士となり、さらにその子孫にあたる在躬《ありつね》・輔正《すけまさ》・忠貞《ただ さだ》も文章博士に任じられている。

しかし、後世に続くのは高視の子孫であった。高視の子である文時《ふみとき》は、村上天皇の時代に文章博士などとして活躍し、従三位に至ったことから「菅三品《かんさんぼん》」と呼ばれたことで知られている。また、同じく高視の子では雅規《まさのり》の系統から多くの文章博士が出ており、こちらは後の唐橋《からはし》・高辻《たかつじ》・五条《ごじょう》・東坊城《ひがしぼうじょう》といった諸家に繋がっていく。

ところで、文章博士を世襲するようになったのは九世紀の菅原氏が最も早いが、十世紀になると大江氏（もと大枝氏で土師氏の後裔）も文章博士を世襲するようになる。紀伝道の校舎・寄宿舎である文章院《もんじょういん》は東曹・西曹に分かれるが、十世紀半ばまでには菅原氏が西曹を、大江氏が東曹をそれぞれ管轄するようになっていた。また、文章生も出身の家ごとに東西両曹に分属するようになった。鎌倉時代に編纂された『二中歴《にちゅうれき》』（第二「儒職歴《じゅしょくれき》」）には、儒者を出す七家が東西両曹のどちらに属するかが記されている（菅家は西曹）。このことは、紀伝道から官途につく氏族が限定されていったことを示している。

なお一〇〇二年（長保《ちょうほう》四）、大江匡衡《まさひら》は子の能公《よしとも》の学問料を請う奏状において、菅原・大江の両家は「門業《もんぎょう》」を伝えるために才能や年齢に関係なく学問料が受給されるべきだと主張しており、菅原為紀《ためのり》が七代であることをもって推挙された時、高岳相如《たかおかのすけゆき》・賀茂《かも》（慶滋《よししげの》）保胤《やすたね》という優れた人物がいたものの争わなかったという事例を挙げている（『本朝文粋《ほんちょうもんずい》』巻六）。菅原氏の人びとが紀伝道で学び儒職につくにあたっては、菅原氏という出自こそが重要になっていたのである。

†古人と桓武天皇の意志

ここまで、土師氏と菅原氏がそれぞれどのような氏族だったのかみてきた。話題を桓武天皇の時代に戻すと、外階コースで喪葬と関わりの深い氏族であった土師氏は、二度の改賜姓を経て、内階コースで紀伝道出身の儒者を輩出する菅原氏へと転成したことになる。最後に、こうした菅原氏誕生の事情を探ってみたい。鍵を握るのは、菅原への改姓を願い出た中心人物である古人と、それを認めた桓武天皇である。

古人は、桓武天皇が皇太子の頃に侍読《じとう》を務めた人物であった。侍読とは、天皇や皇太子に仕えて学問を教授する学者のことである。桓武天皇は自らの皇位を正当化するために儒教の思想を積極的に利用したが、古人はそうした知識を教授した人物の一人だった。

ところで興味深いのは、古人らが菅原に改姓したタイミングである。古人らの改姓が認められたのは、七八一年（天応元）四月に桓武天皇が即位してから三箇月弱ほど後のことである。土師氏を外戚にもち、古人を侍読としていた桓武天皇が即位したことによって、改姓が有利に運んだのである。また、古人は七八一年六月十六日に外従五位下から従五位下となっており、菅原に改姓したのはその九日後であった。そして古人は、七八三年（延暦二）頃に亡くなったらしい。菅原への改姓は、桓武天皇の侍読をつとめ、さらに従五位下にまで至った古人がいてこそ実現したものだったから、彼の生前におこなわれる必要があった。要するに、桓武天皇の即位後かつ従五位下に至った古人の生前という、絶妙のタイミングで菅原への改姓がおこなわれたのである。その結果として恩恵を受けたのは、古人の子孫たちであった。古人は自身のためというよりも、むしろ子孫のために菅原へ改姓したのである。

古人の家は貧しく、子どもたちは苦労したという（『続日本後紀《しょくにほんこうき》』清公薨伝）。そうしたなかで七八五年（延暦四）十二月、桓武天皇は亡き古人の男子四人に衣粮を支給し、学業につとめさせた。古人が桓武天皇の侍読を務めた功労によるものである。古人は子どもたちに儒職を継承させるために年少の頃から教育を施しており、彼の死後も桓武天皇が学業を支援したのである。桓武天皇も、古人の子孫が父と同様に儒者として自身の皇統を支えてくれることを期待していたのであった。桓武天皇による学業支援を受けた兄弟のなかからは、やがて清公が頭角を現すこととなる。

かつて、土師氏は改姓によって「一般的な律令官人」を目指したのだといわれてきた。また、死の穢《けがれ》に対する忌避から改姓が理解されることも多い。しかし、菅原氏は改姓の段階から儒職の継承を明確に志向しており、その道筋を示したのが古人と桓武天皇だったのである。

さらに詳しく知るための参考文献

米沢康「土師氏の伝承と実態――『日本書紀』の所伝を中心として」(『日本古代の神話と歴史』吉川弘文館、一九九二)……土師氏に関する先駆的な研究。蘇我氏との関係や外交への従事といった喪葬以外の面に着目し、土師氏の「動的な存在形態」を見出す。

直木孝次郎「土師氏の研究――古代的氏族と律令制との関連をめぐって」(『日本古代の氏族と天皇』塙書房、一九六四)……土師氏に関する通説的な位置を占めた研究。土師氏の歴史的展開を国家史のなかに位置づける。氏族研究の意義についても学ぶところが多い。

大阪府立近つ飛鳥博物館編『百舌鳥・古市古墳群と土師氏』(大阪府立近つ飛鳥博物館、二〇一九)……令和元年度に大阪府立近つ飛鳥博物館で開催された特別展「百舌鳥・古市古墳群と土師氏」の図録。埴輪をはじめとする考古資料から、土師氏あるいはその前身となった集団の実像に迫る。

滝川幸司『菅原道真――学者政治家の栄光と没落』(中公新書、二〇一九)……『菅家文草』や『菅家後集』をはじめとする史料にもとづき、道真の人生を四期に分けて叙述。特に、紀伝道出身者としての道真を重視する。著者には、道真やその周辺に関する論文を収めた『菅原道真論』(塙書房、二〇一四)もある。

森公章『天神様の正体――菅原道真の生涯』(吉川弘文館、二〇二〇)……天神様として崇敬される菅原道真の生涯に迫る。土師氏の多彩な活動や、道真と関わる政治動向についても詳しい。

第11講　藤原北家

中野渡俊治

†藤原氏の始まり

藤原氏の歴史は、中臣鎌足《なかとみのかまたり》（六一四〜六六九）が六六九年（天智天皇八）に天智天皇から大《たい》織冠《しょくかん》と藤原姓を賜与されたことに始まる。その後藤原姓は六九八年（文武天皇二年）、鎌足の子である不比等《ふひと》（六五九〜七二〇）のみが継承することとなり、神事を掌る中臣氏から分離した藤原氏が出現した。藤原不比等は大宝律令制定に関与したように、実務官僚としても頭角を現し、また娘の宮子と安宿媛《あすかべひめ》（光明子）を相次いで天皇のキサキとするなど、朝廷内での藤原氏の位置づけを確かなものにしていった。

不比等には男子が四人あり、それぞれ独立した家系の始祖となった。順に武智麻呂《むちまろ》（南家、六八〇〜七三七）・房前《ふささき》（北家、六八一〜七三七）・宇合《うまかい》（式家、六九四〜七三七）・麻呂《まろ》（京家、六九五〜七三七）である。律令の規定には、父祖の地位により、その子・孫が二十一歳以上になると一定の位階を与えられる、蔭位《おんい》の制がある。長子の武智麻呂と次子房前は七〇五年（慶雲二）、それぞれ正六位上と正六位下から従五位下に昇叙している（『続日本紀《しょくにほんぎ》』）。このことから、七〇一年（大宝元）に二十歳を越えていた武智麻呂と房前は、正六位上と正六位下に叙せられていたことになり、正三位であった不比等ではなく、一位に相当する大織冠であった祖父鎌足の蔭位が適用されたことになる。このように、武智麻呂と房前は早くから官人として優位な立場にあった。

七一七年（養老元）十一月、房前は兄武智麻呂に先だって参議となり、父不比等とともに議政官《ぎせいかん》の一員となった。さらに七二一年十月、元明太上天皇の病状悪化に際しては、右大臣長屋王とともに後事を託され、また内臣として天皇の補佐を命じられている。このことから北家の始祖である房前が、他の兄弟に先んじて早くから頭角を現していたようにも見える。しかし、房前が内臣となった七二一年の正月には、南家の始祖である長子武智麻呂は参議を経ずに中納言《ちゅうなごん》となっており、さらに大納言・右大臣・左大臣と昇進している（木本好信『藤原四子』ミネルヴァ書房、二〇一三）。その一方で房前は終始参議に留まっていたのである。

七三七年（天平九）の天然痘大流行により、武智麻呂以下の藤原四子は相次いでこの世を去った。このとき武智麻呂の子たちは豊成《とよなり》が三十四歳、仲麻呂《なかまろ》が三十二歳であり、豊成は藤原氏出身議政官の空白を埋めるかのように、同年従四位下で参議となり、仲麻呂も七四三年に従四位上で参議となっている。しかし房前の子たちは、永手《ながて》（七一四〜七七一）が二十四歳、真楯《またて》（八束《やつか》、七一五〜七六六）が二十三歳であり、七三七年当時は永手が従五位下であり、真楯は七四〇年に従五位下となっている。また藤原四子没後は橘諸兄《たちばなのもろえ》政権の時代となる。さらに七五七年（天平宝字元《てんぴょうほうじ》）の橘奈良麻呂の変に関わって、藤原豊成が右大臣を解官《げかん》された後は藤原仲麻呂（恵美押勝《えみのおしかつ》）政権となり、南家主流の時期が続いた。このようななかにあって北家の永手は、仲麻呂政権下で中納言となっており、藤原仲麻呂との関係は当初は良好であったのが、次第に離れていったようである（木本好信『藤原四子』）。

式家との競合

七六四年の藤原仲麻呂（恵美押勝）の乱の後、称徳天皇のもとで藤原永手は左大臣となり、右大臣の吉備真備《きびのまきび》とともに太政官《だいじょうかん》を主導した。永手はさらに七七〇年（宝亀元）、称徳天皇が後継者を定めないまま没した際、白壁王《しらかべおう》（光仁天皇）を皇太子とする称徳天皇の「遺宣」を述べている（『続日本紀』宝亀元年八月癸巳条）。これは『日本紀略《にほんきりやく》』所引「百川伝」に「百川《ももかわ》、永手・良継《よしつぐ》と策を禁中に定め、偽《いつわ》りて宣命《せんみょう》の語を作り、宣命使を庭に立て、宣制せしむ」とあるように（『日本紀略』宝亀元年八月癸巳条）、式家の藤原百川・良継とともに

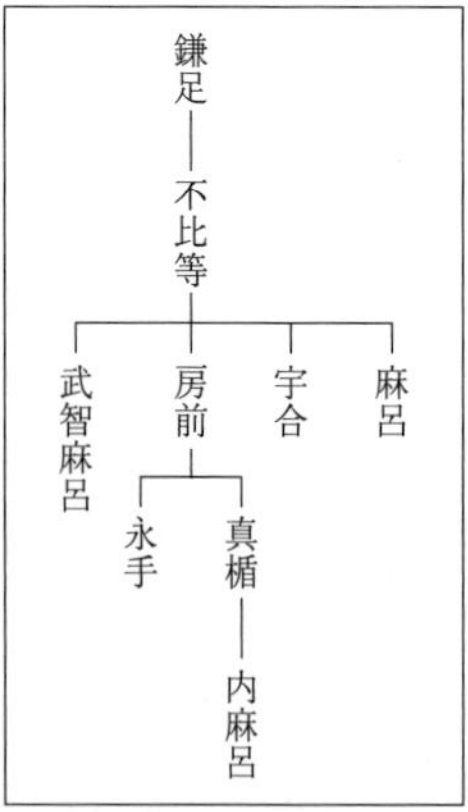

藤原北家系図1

光仁天皇擁立を謀ったものである。永手はこののち光仁天皇のもとでも左大臣を勤め、また光仁天皇即位に際して正一位に叙された。しかし翌七七一年には没してしまい、子の家依《いえより》も参議のまま七八五年（延暦《えんりゃく》四）に没した。光仁天皇に続く桓武天皇の時代は、永手の弟である魚名《うおな》が一時左大臣となったものの間もなく解官された（七八二年）。さらに桓武天皇は、自らの即位に深く関わった式家出身の藤原種継《たねつぐ》（宇合の孫）や緒嗣《おつぐ》（百川の子）を重用し、また後宮にも百川や良継の娘を迎え入れている。

こうしたなかで、北家が優位に立つ契機となったのが、藤原真楯の子の内麻呂《うちまろ》（七五六～八一二）の存在である。永手の弟である真楯自身は七六六年（天平神護《てんぴょうじんご》二）、大納言在任中に没していたが、その子の内麻呂は、平城天皇即位後まもなくの八〇六年（大同元）に神《みわ》王《おう》のあとをうけて右大臣となり、嵯峨天皇の弘仁《こうにん》三年（八一二）までその地位にあった。この間に南家は八〇七年に発生した伊予親王事件（伊予親王の生母は南家の吉子）に連坐して、大納言の雄友《おとも》・中納言の乙叡《たかとし》が解官されるなど朝廷内での地位を失い、また式家は種継の子の仲成《なかなり》・薬子《くすこ》が、八一〇年に発生した平城太上天皇の変（薬子の変）の中心人物となったこともあり、緒嗣が淳和天皇の時代に右大臣・左大臣を歴任したものの、次第に勢いを失っていくことになる。

内麻呂はその薨伝に「凡《およ》そ枢機を典《つかさど》ること十有余年、愆失《けんしつ》有ることなし」（政務の中枢に参画して十有余年過ごしたが、過ちを犯すことはなかった）とあるように（『日本後紀《にほんこうき》』弘仁三年十月辛卯条）、政治家としての力量を備えていたが、加えて妻であった百済永継《くだらのえいけい》の存在も見過ごせない。百済永継は、初め内麻呂との間に真夏《まなつ》・冬嗣《ふゆつぐ》の二子をもうけたのち、桓武天皇の後宮に入った。これには桓武天皇の後宮において尚侍であった、百済王明信《くだらのこにきしみょうしん》の関与を想定する指摘がある（瀧浪貞子『藤原良房・基経』ミネルヴァ書房、二〇一七）。内麻呂は百済永継・百済王明信を通じて桓武天皇との関係を持っており、それは内麻呂の昇進にもつながったのである。

†冬嗣・良房の台頭

内麻呂と百済永継との間に生まれた真夏（七七四〜八三〇）・冬嗣（七七五〜八二六）の兄弟は、それぞれ平城天皇・嵯峨天皇兄弟の側近となっている。このうち藤原真夏は平城太上天皇の変（薬子の変）後も平城太上天皇に仕え、朝廷内の主流とはならなかった。それに対して弟の冬嗣は、春宮大進《とうぐうのだいしん》・春宮亮《とうぐうのすけ》として皇太子時代の嵯峨天皇に仕え、また平城太上天皇の変（薬子の変）に際して、最初の蔵人頭《くろうどのとう》となり嵯峨天皇を支えた。冬嗣は、八一八年（弘仁九）に右大臣藤原園人《そのひと》（北家）が没して以降、大納言のまま太政官の首班となり、さらに八二一年に右大臣、次いで八二五年（天長二）、左大臣となった。長く空席であった左大臣への任官は、前述の藤原魚名が七八二年に解官されて以来のことである。また冬嗣は藤原一族のために勧学院《かんがくいん》を創設し、施薬院《せやくいん》の財政基盤を強化している。勧学院は大学寮で学ぶ藤原氏の子弟のための寄宿舎、施薬院はおもに藤原氏の窮乏者を保護する施設である。これらは北家に限らず藤原一族に対して開かれた施設である。しかしそれらの創設や整備を主導したのは北家の冬嗣であり、すなわち藤原一族を代表するのは、北家であるということになる。こうした冬嗣の位置付けについては、プレ「藤氏長者《とうしちょうじゃ》」であるとする指摘もある（虎尾達哉『藤原冬嗣』吉川弘文館、二〇二〇）。

なお冬嗣の妻藤原美都子《みつこ》（南家。良房・良相・順子らの生母）は、尚侍《ないしのかみ》として嵯峨天皇・淳和天皇の後宮に仕えている。またその兄の三守《みもり》の妻 橘 安万子《たちばなのあまこ》と嵯峨天皇の皇后 橘 嘉智子《たちばなのかちこ》は姉妹であり、冬嗣の時代は藤原北家と天皇との結びつきが強くなり始めた。さらに冬嗣の娘の順子（八〇九～八七一）は仁明天皇の女御《にょうご》となり、文徳天皇の生母となった。

この文徳天皇との関係が深いのが、冬嗣の子の良房《よしふさ》（八〇四～八七二）である。そもそも良房は嵯峨天皇皇女の 源 潔姫《みなもとのきよひめ》（八〇九～八五六）を妻としていた。本来、律令の規定では、皇族と臣下の婚姻は制限されており、臣下は親王・内親王などとは婚姻できないことになっていた（「継嗣令《けいしりょう》」王娶親王条）。この規定は七九三年（延暦十二）に緩和され、特に藤原氏は「累代相承《あいう》け、政を摂《と》ること絶えず」ということで、二世皇族との婚姻が可能になっていた（『日本紀略』延暦十二年九月丙戌条）。源潔姫は八一四年に臣籍降下《しんせきこうか》しており、皇女であるものの臣下の身分でもあり、良房との婚姻が成立したようである。また特にこの婚姻は、嵯峨天皇からの希望によるものであり、良房は早くからその力量を評価されていた（『日本文徳天皇実録《にほんもんとくてんのうじつろく》』斉衡《さいこう》三年六月丙申条）。こうしたこともあって、良房は八三五年（承和《じょうわ》二）、参議から上席七人を超えて権中納言《ごんちゅうなごん》となり、さらに八四〇年には中納言に昇進している。

この良房と潔姫との間に生まれたのが明子《あきらけいこ》（八二八〜九〇〇）である。明子は良房の甥（妹の順子所生）になる文徳天皇の女御となり、のちに清和天皇となる惟仁《これひと》親王の生母となった。

†政変と藤原北家

八四二年（承和九）に発生した承和の変は、橘逸勢《たちばなのはやなり》と春宮坊《とうぐうぼう》の官人である伴健岑《とものこわみね》による謀反の容疑に端を発する事件である。これによって仁明天皇の皇太子であった恒貞親王は廃位され、代わって仁明天皇と女御藤原順子の長子である道康親王（文徳天皇）が皇太子となった。また大納言藤原愛発《ちかなり》（北家、内麻呂の子）や淳和天皇旧臣の中納言藤原吉野（式家）らが解官された。この政変は伴・橘両氏の排斥《はいせき》が目的ではなく、恒貞親王廃太子と、大納言の藤原愛発、中納言の藤原吉野ら淳和天皇―皇太子恒貞親王に連なる勢力を排除することが目的であり、仁明天皇長子である道康親王の立太子を目指すものであった。またこのとき、良房は藤原愛発・吉野の解官をうけて大納言に昇進している。この政変への良房の関与については、はっきりしない点があるものの、良房が編纂に加わっている『続日《しょくに》本後紀《ほんこうき》』では、この承和九年のことが詳細に記述されている。このことから、『続日本後紀』編纂に際して、文徳天皇の即位を正当化するために、藤原良房が意図した形で記録されたと考えられ、承和の変は仁明天皇の同意のもと、太皇太后橘嘉智子・藤原良房らが事件を主導したとされる（遠藤慶太「『続日本後紀』と承和の変」『平安勅撰史書研究』皇學館大学出版部、二〇〇六所収。初出二〇〇〇）。

　文徳天皇が即位した八五〇年（嘉祥《かしょう》三）、皇太子として、この年に生まれたばかりの惟仁親王が立てられた。惟仁親王は前述のように良房の娘の明子所生である。同じ年、藤原冬嗣・美都子の夫妻は、文徳天皇の外祖父母であるということで、没後に正一位を贈られていた冬嗣には太政大臣、従三位であった美都子にも正一位が追贈された。さらに藤原氏の氏神である春日社の祭神である建御賀豆智命《たけみかづちのみこと》・伊波比主命《いはひぬしのみこと》に正一位、天児屋根命《あまのこやねのみこと》に従一位、比売神《ひめのかみ》には正四位上が贈られており（『日本文徳天皇実録《にほんもんとくてんのうじつろく》』嘉祥三年七月壬辰条・九月己丑条）、藤原氏関係の顕彰が目立つようになる。なお八五八年（天安二）、年終に荷前《のさき》の幣物《へいもつ》を奉る対象陵墓を定めた際（十陵四墓《じゅうりょうしぼ》）、天智天皇を始祖とする平安時代の天皇・皇后陵とともに、藤原鎌足・冬嗣・美都子・源潔姫の墓が加えられている。これもまた、藤原氏の始祖鎌足と並んで、良房の父母と妻に対しての顕彰であり、冬嗣が、鎌足に匹敵する存在として扱われたことになる（虎尾達哉『藤原冬嗣』）。そしてこのことは、藤原北家が天皇の外戚としての地位を固めたことも意味するのである。

八五七年、良房は右大臣から左大臣を経ずに太政大臣となった。生前に太政大臣に任官したのは、平安時代になってからでは初めてである（奈良時代には、藤原仲麻呂（恵美押勝）が太政大臣に相当する大師、道鏡が太政大臣禅師になっている）。良房が律令官制上最高の官職である太政大臣となったのには、文徳天皇が老齢となった良房の功績をたたえるとともに、引き続き政務への精励をうながす意図があったとされる（今正秀『藤原良房』山川出版社、二〇一二）。

†藤原良房の摂政就任と清和天皇

八五八年（天安二）八月、文徳天皇は三十二歳で急逝し、皇太子惟仁親王が九歳で即位

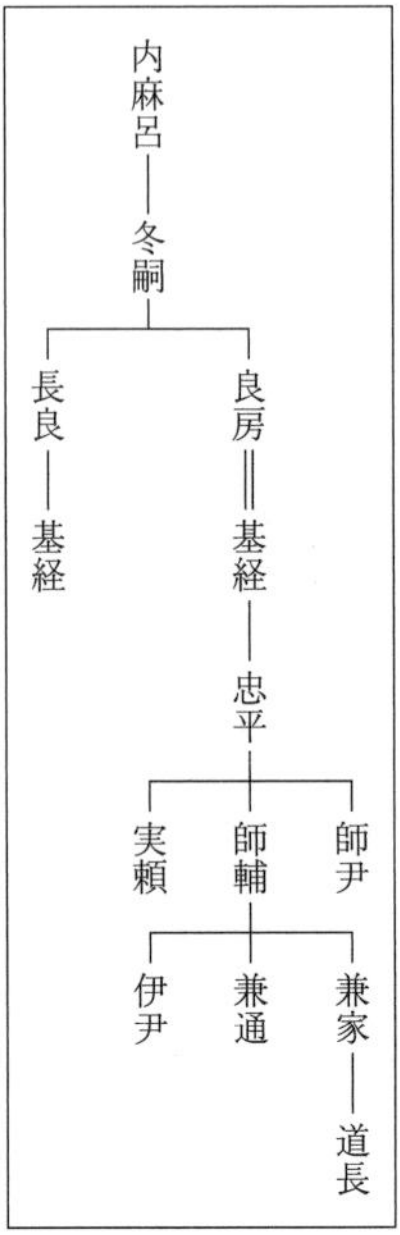

藤原北家系図2

した。清和天皇（在位八五八～八七六）である。幼い清和天皇の後見は、外祖父藤原良房に委ねられた。良房の摂政就任時期については諸説あるものの、実際は前例がない、外祖父による幼帝の補佐を前にしての対応が先行したようである。良房は摂政任命の詔勅がないまま天皇大権を代行することとなり、八六四年（貞観《じょうがん》六）の清和天皇元服後も、その地位のまま成人した清和天皇を支えた。そして八六六年の応天門の変に当たって、清和天皇は「太政大臣に勅して、天下の政を摂行せしむ」（『日本三代実録《にほんさんだいじつろく》』貞観八年八月十九日条）として、事態の解決を求めた（今正秀『藤原良房』）。公卿《くぎょう》の多くが事件に関係して身動きが取れないなか、清和天皇が頼りとしたのは外祖父の良房だったのである。なお良房の子基経《もとつね》（実父は長良）はこの年の十二月、かつての父良房と同様に、上席七人を超えて従四位下参議から従三位中納言に昇進している。

八七一年、清和天皇は従一位の良房に対して、正一位に叙したいと希望した。ここで清和天皇は「義は君臣たるも恩は父母に過ぐ」と述べている（『日本三代実録』貞観十三年四月十日条）。このときの叙位は良房が辞退したため実現しなかったものの、八七二年に良房が薨去《こうきょ》した際、改めて正一位が追贈されている。また薨去にあたっては廃朝《はいちょう》三日に加えて、固関《こげん》が行われ、美濃国に封じて美濃公とされ、忠仁と諡《おくりな》された（忠仁公《ちゅうじんこう》）。臣下の薨去に際して固関が行われたのは良房が初例である。このように良房は清和天皇の外祖父として、他氏にはみられない厚い待遇をうけることになったのである。

良房の没後、その政治的地位は子の基経が継承した。八七六年（貞観十八）に清和天皇が九歳の皇太子貞明《さだあきら》親王（陽成天皇）に譲位した際は、清和天皇の勅により藤原基経が摂政となった。この清和天皇の勅では「右大臣従二位兼行左近衛大将《ぎょうさこのえたいしょう》藤原朝臣基経、幼主を保輔《たす》け、天子の政を摂行せむこと、忠仁公の故事の如し」とあり、すなわち藤原良房と同様に幼帝を補佐することが求められている。また基経自身についても「政務に励んでおり、また皇太子の外舅《がいきゅう》なので、幼主を寄託する」とされる（『日本三代実録』貞観十八年十一月二十九日条）。さらに八八〇年（元慶《がんぎょう》四）十二月、清和太上天皇が崩御した日、それに先だって右大臣藤原基経が太政大臣となっている。これも基経が陽成天皇の「親舅《しんきゅう》」で陽成天皇が幼少の時から「輔導崇護」した人物であり、さらに「帯びる所の官（右大臣）は摂政の職には相当」らず、また太上天皇の意向もあるので、摂政に見合う官職に就けたいということで、父良房に続いて太政大臣となっている。陽成天皇の生母藤原高子《たかいこ》は基経の同母妹であり、基経もまた外戚として幼帝を支えることになったのである。なお同じ藤原北家であっても、こうした主流から外れた場合は中級の官人となることもある。天慶《てんぎょう》の乱で知られる藤原純友《すみとも》は、基経の実父長良の曾孫であり、伊予掾《いよのじょう》（伊予国司の第三等官）を経た後に「海賊」化している。

†摂政・関白を担う家系としての藤原北家

陽成天皇と藤原基経との関係は最終的に良好とはならず、八八四年（元慶八）二月、陽成天皇は「病数発」を理由として退位した。代わって即位した光孝天皇はすでに五十五歳であり、基経が摂政を続ける必要はなかった。ここで光孝天皇は、太政大臣でもある藤原基経に対して「今日より官庁に坐《ま》して、就《つ》きて万《よろず》の政《まつりごと》を領《す》べ行ひ、入りては朕が身を輔《たす》け、出でては百官を総《す》ぶべし。奏すべきの事、下すべきの事、必ず先《ま》ず諮《はか》り稟《う》けよ」（『日本三代実録』元慶八年六月五日条）と宣命を発して、基経に対して政務への関与を求めた。この光孝天皇の措置は、光孝天皇の次の宇多天皇が「其れ万機巨細、百官《ひゃっかん》己《おの》れを総《す》ぶるは、皆太政大臣に関《あずか》り白《もう》し、然《しか》る後に奏下すること、一《もは》ら旧事の如くせよ」と詔し（『政事要《せいじよう》略《りゃく》』所引仁和三年十一月二十一日宇多天皇詔）、さらにその内容をめぐって発生した阿衡紛議《あこうふんぎ》を経て、関白の職掌成立につながるのである。

この時期には、他の藤原氏の家系が朝廷内での主流となることはなくなり、また北家のなかでも良房から基経へと受け継がれた系統が、天皇との外戚関係を深めながら、摂政・関白の地位を占めることになる。忠平《ただひら》（基経の子）の子たち（実頼《さねより》・師輔《もろすけ》・師尹《もろまさ》）や、師輔の子たち（伊尹《これまさ》・兼通《かねみち》・兼家《かねいえ》）による摂関の地位をめぐる争いののち、兼家が良房以来の天皇の外祖父摂政となった。さらに兼家の子の道長が、自らの娘を相次いで天皇のキサキとしたことによって、「御堂流《みどうりゅう》」と称された道長の子孫が、摂関家としての家柄を確立した。さらにこの系統は、中世以降に五摂家《ごせっけ》（近衛・一条・九条・二条・鷹司）に分かれながら摂政・関白を独占し、公家社会において最高位の家格として続くことになるのである。

さらに詳しく知るための参考文献

倉本一宏『藤原氏――権力中枢の一族』（中公新書、二〇一七）……古代から中世にかけての藤原氏の歴史を通観できる概説書。参考図版・参考文献リストも充実している。

木本好信『藤原四子――国家を鎮安す』（ミネルヴァ書房・ミネルヴァ日本評伝選、二〇一三）……奈良時代の藤原氏について、北家以外の他三家の歴史とともに述べる。奈良時代の政治動向のなかに藤原四子を位置付けながら詳述しており、それぞれの家系の成立とその後をたどることができる。

虎尾達哉『藤原冬嗣』（吉川弘文館・人物叢書、二〇二〇）……藤原北家躍進の時代となった藤原冬嗣の専論伝記。冬嗣の人物像に迫りながら、平安時代初期政治過程のなかに藤原北家を位置付けている。

今正秀『藤原良房　天皇制を安定に導いた摂関政治』（山川出版社・日本史リブレット人、二〇一二）

……冬嗣に続く良房の時代の専論書。承和の変や応天門の変と良房との関係をみながら、良房の摂政職の理解についても、的確にまとめている。

佐々木恵介『天皇の歴史3　天皇と摂政・関白』(講談社学術文庫、二〇一八)……「天皇の歴史」ではあるが、副題にあるように、摂関政治の時代を概説している。本章では深くふれなかった十世紀以降の藤原北家の動向や、摂関政治の構造や政務形態についての理解を深めることができる。

第12講

摂関時代の藤原氏（九条流・小野宮流）

西本昌弘

†藤原時平から忠平へ

藤原良房は清和天皇の摂政、藤原基経は陽成天皇の摂政、光孝・宇多両天皇の関白となり、摂関政治の基礎固めを行ったが、基経の死後、宇多天皇は摂関を置かず、学者出身の菅原道真と藤原時平を競わせながら、天皇親政を行った（寛平《かんぴょう》の治《ち》）。八九七年（寛平九）七月、宇多は元服した皇太子敦仁《あつひと》親王に譲位し、大納言の時平と権大納言の道真に内覧《ないらん》として新天皇醍醐を補佐することを命じた。内覧とは摂政・関白がいないときや摂関が病気のときに、大臣や大納言が奏上文書や奏下文書にまず目を通す職務で、関白に准ずる重い役職であった。道真が九〇一年（延喜元）に大宰権帥《だざいのごんのそち》に左遷され、時平が九〇九年に死去すると、二人に代わって時平の弟忠平《ただひら》が急速に昇進し、九一四年に右大臣、九二四年（延長二）に左大臣となった。醍醐天皇も摂政・関白を置かず、天皇親政を行った（延喜の治）。

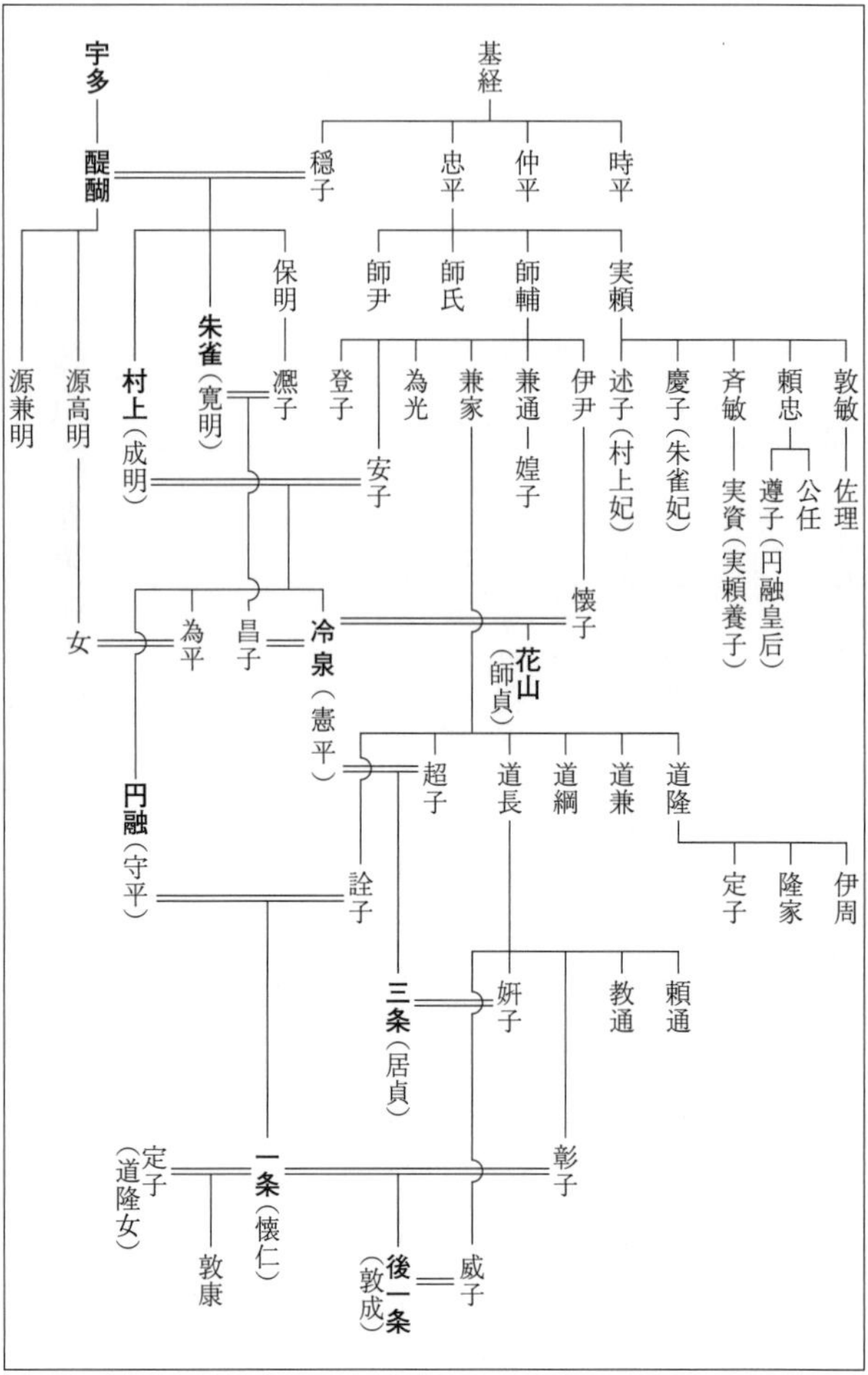
宇多
醍醐
源兼明
源高明
村上（成明）
朱雀（寛明）
保明
凞子
女
為平
昌子
冷泉（憲平）
円融（守平）
基経
穏子
忠平
仲平
時平
師尹
師氏
師輔
実頼
登子
安子
為光
兼家
兼通
媓子
伊尹
懐子
花山（師貞）
述子（村上妃）
慶子（朱雀妃）
斉敏
実資（実頼養子）
頼忠
遵子（円融皇后）
公任
敦敏
佐理
超子
道長
道綱
道兼
道隆
定子
隆家
伊周
詮子
三条（居貞）
妍子
教通
頼通
彰子
定子（道隆女）
一条（懐仁）
敦康
後一条（敦成）
威子
天皇家・藤原氏関係系図

醍醐天皇は即位後に時平・忠平の妹穏子《おんし》が生んだ保明《やすあきら》親王を皇太子としたが、保明は九二三年に急死し、代わって立太子した慶頼《よしより》王（保明親王の子）も二年後に没したため、保明の同母弟である寛明《ゆたあきら》親王が皇太子となった。皇太子の度重なる死去は菅原道真の祟りであると噂された。醍醐は死の間際の九三〇年九月、寛明親王に譲位し、八歳の朱雀天皇が即位した。半世紀ぶりの幼帝即位であり、このとき忠平に「幼主を保輔《たす》け、政事を摂行《せっこう》せよ」という詔が下された。新天皇の伯父忠平が左大臣として摂政となったのである。

忠平は九三六年（承平六）八月に太政大臣となり、翌年には朱雀が元服するが、その後も摂政を続け、九四一年（天慶四）に至って、「万機巨細《ばんきこさい》、百官の総己《そうき》は皆太政大臣に関《あづか》り白《もう》し、然《しか》る後に奏下《そうげ》すること、仁和《にんな》の故事の如くせよ」との詔を受け、基経の前例にならって関白に任ぜられた。忠平は同じ朱雀天皇のもとで摂政と関白の両方に任命されたのであり、天皇が幼少時は摂政、元服後は関白として、天皇の職務を代行もしくは補佐するという慣行が確立した。ただし、忠平が基経の前例にしたがって摂政や関白に任命されたことからみても、こうした慣行はすでに九世紀後半から存在していたとみるべきであろう（西本昌弘「古代国家の政務と儀式」『日本古代の王宮と儀礼』塙書房、二〇〇八）。

†藤原忠平と子息たち

九四六年（天慶九）四月、二十四歳になった朱雀は同母弟の成明《なりあきら》親王に譲位した。二十一歳で即位した村上天皇である。村上は忠平に引き続き関白として補佐することを命じた。忠平は九四九年（天暦三）に七十歳で死去し、貞信公《ていしんこう》という諡《おくりな》を贈られた。朱雀朝の全般と村上朝の初期は忠平が摂政・関白として政権を握った時代で、彼の子息たちも順調に昇進を重ねた。忠平には実頼《さねより》・師輔《もろすけ》・師氏《もろうじ》・師尹《もろただ》らの子息がいたが、実頼は小野宮《おののみや》家、師輔は九条家、師尹は小一条《こいちじょう》家の祖となり、それぞれの家が摂関の地位をめぐって競合することになる。

藤原実頼は忠平の第一子で、母は宇多天皇皇女の源順子（『大鏡』『公卿補任』）であった。文徳天皇皇子の惟喬《これたか》親王は山城国小野に住み小野宮と呼ばれたが、その親王の京内の邸宅（大炊御門通りの南、烏丸通りの西にあった）を伝領したので、小野宮家と呼ばれた。実頼には時平の娘を母とする敦敏《あつとし》・頼忠《よりただ》・斉敏《なりとし》の三子と慶子《けいし》・述子《じゅつし》の二女がいたが、敦敏は三十歳の若さで亡くなる。慶子・述子はそれぞれ朱雀天皇・村上天皇の後宮に入るが、皇子を儲《もう》けることができず、天皇との間に強い外戚関係を築くことができなかった。

一方、藤原師輔は忠平の第二子で、母は源能有の娘である。九条坊門通りの南、町尻通りの東に邸宅があったことから九条家と呼ばれた。伊尹《これただ》・兼通・兼家らと安子《あんし》・登子《とうし》・三君《さんのきみ》らの子女があり、安子は村上天皇の中宮となり、冷泉・円融の二天皇を生んだ。登子と三君もそれぞれ重明《しげあきら》親王と源高明《たかあき》に嫁しており、天皇や有力貴族との間に強固な外戚関係を築くことに成功した。師輔自身は外孫の即位をみることなく、九六〇年（天徳四）に右大臣として五十三歳で死去したが、その子孫は摂政・関白に多く任ぜられることになる。

†九条流と小野宮流

平安時代には朝儀における口伝・故実の形成が進んだ。政治が摂関中心に行われるようになると、正しい朝儀作法を形成・記録し、これを子孫に継承することが重要になってきたのである。これを集大成したのが藤原忠平であり、忠平の口伝《くでん》と教命《きょうみょう》が子の実頼・師輔に伝えられて、小野宮流と九条流が成立した（竹内理三「口伝と教命」『竹内理三著作集』五、角川書店、一九九九）。師輔は忠平の教えを『貞信公教命』（陽明文庫本『九暦記』）に書き残し、日々の出来事を日記『九暦《きゅうれき》』に書き連ねたほか、子孫への訓戒を『九条殿遺誡《ゆいかい》』にまとめた。また、日記を行事ごとに分類した部類記である『九暦別記』（天理図書館所蔵『九条殿記』）や年中行事書である『九条年中行事』も編纂した。『九暦別記』は『九条年中行事』を完成するための準備稿であるといわれてきたが（山中裕「『九暦』と『九条年中行事』」『平安時代の古記録と貴族文化』思文閣出版、一九八八）、『九条年中行事』単体では不十分であり、『九暦』『九暦別記』などとあわせて参照することで、師輔の有職故実の全体像が把握できるとみる方が妥当であろう（磐下徹「年中行事書」『史料で読み解く日本史1　中世日記の世界』ミネルヴァ書房、二〇一七）。

一方、小野宮流の実頼には日記『清慎公記《せいしんこうき》』があるものの、年中行事書の作成は未完成に終わったとして、有職書は兄実頼よりも先に師輔が完成したと評価されている（山中裕「藤原師輔の時代」『平安時代の古記録と貴族文化』前掲書）。しかし、実頼は忠平の日記を抄出して『貞信公記抄』を著し、忠平の教命を『小野宮故実旧例』に書き残している。また、一〇一五年（長和四）四月十三日に藤原公任が同宿する婿の藤原教通《のりみち》家の火災で、「故殿（藤原実頼）御日記季御読経巻」「年中行事葉子二帖」が焼失したが、後者は『小野宮年中行事』の前身となる書物と推測でき（西本昌弘「東山御文庫所蔵の二冊本『年中行事』について」『日本古代の年中行事書と新史料』吉川弘文館、二〇一二）、前者は日記をもとに作成された季御読経《きのみどきよう》の部類記と思われる（桃裕行「『北山抄』と『清慎公記』」『対外関係と政治文化』第二、吉川弘文館、一九七四）。このように考えると、有職書の編纂について師輔が実頼に先行していたとはいえず、二人は歩調を合わせて父忠平の故実を継承しようとしていたとみた方がよいであろう。

†村上天皇の親政

藤原忠平の死後、村上天皇は摂政・関白を置かず、天皇親政を展開した。これを天暦《てんりゃく》の治といい、醍醐天皇の親政と並んで延喜・天暦の治と称され、後世には理想の統治が行われた時代として回想された。ただし、忠平没後も左大臣には藤原実頼、右大臣には藤原師輔が並び立ち、この二人が政権の首脳部を形作っていたので、藤原氏の影響力は失われていなかった。九五〇年（天暦四）五月、村上天皇と師輔の娘安子との間に憲平《のりひら》親王が誕生すると、七月には早くも皇太子に立てられた。これに対して、村上天皇に嫁した実頼の娘述子は九四七年に懐妊中に死去しており、実頼は弟の師輔に一歩遅れをとることになった。

その師輔が外孫の即位をみることなく、九六〇年（天徳四）五月に五十三歳で死去すると、八月に弟の師尹が権大納言に任命され、九条家と小野宮家の競合のなかに小一条家が加わることになった。師輔の子息のなかでは伊尹《これただ》が参議に任ぜられ、実頼の子頼忠を引き離すことになる。藤原師尹もやはり父忠平の教命を承って儀式に臨んだ人物で（所功「『清涼記』の復元」『平安朝儀式書成立史の研究』国書刊行会、一九八五）、村上天皇がみずから編纂した『清涼記』（『新儀式』は異名同書）に注を加えさせた人物でもあった（西本昌弘「九条家本『神今食次第』にみえる「清涼御記」逸文」『日本古代の年中行事書と新史料』前掲）。小一条家の師尹は村上天皇の権威を背景に、有職故実の点でも九条家・小野宮家に並ぶ地位を築きつつあった。

†冷泉天皇と関白実頼

九六七年（康保四）五月に村上天皇が没すると、十八歳の憲平親王が即位して冷泉天皇となった。左大臣実頼は六月に関白となり、十二月には太政大臣となった。冷泉天皇の外祖父師輔は故人であったため、兄の実頼が関白となったのであるが、天皇の外伯父である伊尹・兼通・兼家らも健在であった。実頼は日記『清慎公記』において、「狂乱の君」たる冷泉のもとで、「外戚不善《ふぜん》の輩《ともがら》」（外戚のよからぬ連中）が昇進を競い合い、右大将（師尹）と藤納言（伊尹）が除目のことを議定しているとして（渡辺滋「冷泉朝における藤原実頼の立場」『日本歴史』七八七、二〇一三）、自身のことを「揚名関白《ようめいのかんぱく》」（名ばかりの関白）と自嘲している（『源語秘訣』所引「清慎公記」康保四年七月二十二日条）。

かつてはこの記事を大きな根拠として、関白実頼に政治的権力はなく、実権は冷泉の外戚たる伊尹・兼通・兼家が握っていたといわれた（山本信吉「冷泉朝における小野宮家・九条家をめぐって」『摂関時代史論考』吉川弘文館、二〇〇三）。しかし、「揚名関白」という自嘲を文字通りに解するのは問題であろう（山口博「安和の変補考」『王朝歌壇の研究　村上冷泉円融朝篇』桜楓社、一九六七)。実頼は左大臣として村上朝の廟堂を主導しており、太政官符・宣旨の上卿《しょうけい》をもっとも多く勤めている(中斎洋平「藤原実頼論」『皇学館史学』一六、二〇〇二)。実頼は憲平親王の皇太子傅《ふ》でもあったから、関白として冷泉を補佐するのは当然であり、冷泉朝においても実頼は実質的な政治権力を保有していたとみるべきである(立花真直「藤原実頼・頼忠にみる関白の政治的意味」『国史学』一九七、二〇〇九)。

†守平親王の立太子

病弱で行動に不安のある天皇であったが、冷泉は兄保明の女熙子《きし》女王と朱雀の間に生まれた昌子内親王を娶っており、保明・朱雀の血統と村上の血統を結びつける正統の役割を期待されていた(沢田和久「円融朝政治史の一試論」『日本歴史』六四八、二〇〇二)。このため皇太子の人選には微妙な問題が絡むことになる。東宮の候補はいずれも冷泉の同母弟である為平親王と守平親王であったが、為平は源高明の娘を娶っていた。儀式書『西宮記《さいきゅうき》』の著者としても著名な高明は、太政大臣実頼に次ぐ左大臣の地位にあり、実頼の次に摂関となりうる人材であった。こうした状況のなか、九六七年九月に守平親王が立太子することになる。また、伊尹の娘懐子《かいし》が冷泉の女御となり、翌年に師貞《もろさだ》親王を生んだ。

『大鏡』師輔は、源高明の婿である為平親王が帝位につけば、源氏の世の中になるので、それを恐れた「御をじたち」（伊尹・兼通・兼家）が、弟の守平親王を東宮に立てたといい、『栄花物語』には、実頼が生前の村上天皇に東宮のことを尋ねたところ、村上は為平が望ましいが、今は守平を立てるべきと答えたとある。守平立坊については従来、実頼が小野宮家の発展を願うために主導した（山中裕「栄華物語・大鏡に現れた安和の変」『日本歴史』一六八、一九六二）、九条家の伊尹・兼通・兼家の陰謀である（山本信吉「冷泉朝における小野宮家・九条家をめぐって」前掲）などとされてきたが、近年はこうした藤原氏中心の視点から脱却して、天皇の意向を重視する説が唱えられている。すなわち、冷泉は正統に位置づけられる天皇であったから、村上天皇は冷泉と対抗しうる為平よりは、年齢の離れた守平の方が一代限りの天皇にふさわしいと考え、守平の立太子を望んだのであるという（沢田和久「冷泉朝・円融朝初期政治史の一考察」『北大史学』五五、二〇一五）。こうした村上の意向を実頼が受け入れ、守平の立太子が実現したと考えられる。

†安和の変

九六九年（安和二）三月二十五日、左馬助《さまのすけ》源満仲《みつなか》と前武蔵介藤原善時《よしとき》が中務少輔橘敏《とし》延《のぶ》・左兵衛大尉源連《つらぬ》らが謀叛を企てていると密告した。敏延らは逮捕され、罪を認めたため、翌日、左大臣源高明は大宰員外帥《いんげのそち》に左遷され、為平親王の家司《けいし》藤原為光は昇殿を止められた。前相模介藤原千晴らも逮捕され、のちに敏延らとともに流罪となった。いわゆる安和の変である。高明に代わって藤原師尹が左大臣に昇った。高明らが謀叛を謀ったというのは疑わしく、為平親王の立太子を阻まれたものの、左大臣としてなお台閣首脳部に立つ源高明を排除するために仕組まれた政変とするのが通説である。『大鏡』師尹は、この政変は師尹の言い出したものであるとし、『帝王編年記』は師尹が左大臣に転じるために企てたと述べている。

ただし、中務少輔の橘敏延は中務卿為平親王の下僚であり、為平親王の家司為光が昇殿を止められたことは、これが為平を狙い撃ちにした政変であることを示している（沢田和久「冷泉朝・円融朝初期政治史の一考察」前掲）。為平は一度は立坊の機会を失ったが、守平の次に立太子する可能性は残されている。正統天皇の冷泉としては守平を一代限りの天皇とし、その次にわが子の師貞を即位させるためにも、為平という危険な芽は摘んでおくべきと考えたのであろう。師貞の外祖父である伊尹がこの計画に関与したことも十分想定しうる。源高明は婿の為平が排除される政変に巻き込まれて失脚したが、九七一年（天禄二）には許されて入京している。

源満仲は純友の乱を平定した清和源氏経基《つねもと》の子で、九六〇年ごろから京都の治安維持に動員されていた。安和の変で流罪となった藤原千晴は、将門の乱を平定した秀郷《ひでさと》の子である。満仲は密告によって、為平親王を葬り去るとともに、秀郷流の千晴を失脚させ、京都における軍事貴族としての地位を確立したのである（元木泰雄『源満仲・頼光』ミネルヴァ書房、二〇〇四）。

†円融天皇と兼通・兼家

安和の変から五ヵ月後の九六九年八月、二十歳の冷泉天皇が譲位して、守平親王が十一歳で即位した。円融天皇である。藤原実頼が摂政となり、師貞親王が皇太子となった。この年十月には左大臣の藤原師尹が五十歳で死去し、翌年五月には摂政・太政大臣の実頼が七十一歳で没した。このあと右大臣伊尹が摂政となったが、九七二年（天禄三）十月、伊尹が病気のため摂政を辞すと、兼通と兼家の兄弟が円融の面前で執政就任をめぐって激しく論争した。このとき兼通は従三位権中納言、兼家は正三位大納言の地位にあり、弟の兼家の方が官職でリードしていたが、兼通が亡き村上中宮藤原安子（円融の母）の書き付け（「関白は兄弟順に」）を天皇に示すと、円融は兼通に伊尹病中の内覧を命じた。十一月に伊尹が没すると、円融は右大臣頼忠と相談した上で、兼通を内大臣に任じ、内覧の継続も認めた（倉本一宏「藤原兼通の政権獲得過程」『日本律令制の展開』吉川弘文館、二〇〇三）。九七三年（天延元）には兼通は娘の媓子《こうし》を円融天皇の皇后とし、翌年には関白・太政大臣となった。

このあとしばらく、兼家は雌伏を余儀なくされることになる。

近年の研究では、兼通が内大臣・内覧に指名されたのは、現状打破を願う円融天皇が同じ境遇にある兼通と提携したためであるとされる。一代限りの天皇とされた円融は、冷泉派の伊尹・兼家ではなく、兼通・頼忠と連携することで、子孫に皇統を繫げる可能性を模索したというのである（沢田和久「円融朝政治史の一試論」前掲、同「冷泉朝・円融朝初期政治史の一考察」前掲）。円融の母代わりとなった安子の妹登子が娘を兼通の子朝光《ともみつ》に納れたことで、兼通と登子の間に紐帯が結ばれたことも、冷泉への対抗軸を形成させた（栗山圭子「兼通政権の前提」『平安朝の女性と政治文化』明石書店）。このとき関白就任の可能性があった頼忠は、兼通にこれを譲り恩を売ることで将来に望みを託したのである（倉本一宏「藤原兼通の政権獲得過程」前掲）。

†円融天皇と藤原頼忠

九七七年（貞元二）十月、兼通は病気のため関白を辞すと、関白職は左大臣であった小野宮家の頼忠に譲られた。『大鏡』や『古事談』は次のような話を伝えている。自邸で臥していた兼通は、兼家の車がこちらに向かってくるのを聞き、見舞いにきたものと思い込んだが、兼家の車は自邸を素通りして内裏の方に向かった。激怒した兼通は病気をおして参内して、関白を頼忠に譲り、兼家から右大将を奪って、治部卿に落とした。兼通はほどなく他界した。有名な逸話であるが、正二位左大臣の頼忠が関白となるのは順当な人事である（立花真直「藤原実頼・頼忠にみる関白の政治的意味」）。円融天皇が兼家ではなく、頼忠を選んだということであり、かつて兼通に恩を売った頼忠が、その功績により関白の座を譲られたとみることもできる（倉本一宏「藤原兼通の政権獲得過程」）。『大鏡』などの説話には誇張があると考えるべきであろう。

九七八年（天元元）十月、頼忠は太政大臣となった。頼忠は娘の遵子《じゅんし》を円融に入内させ、兼家も娘の詮子《せんし》を入内させた。遵子は子を儲けることがなく、詮子は九八〇年に懐仁《かねひと》親王を生んだが、円融は九八二年に遵子を中宮とした。遵子は「素腹《すばら》の后《きさき》」と呼ばれ、頼忠は「よそ人」の関白と称されたが（『大鏡』頼忠）、遵子立后の時点では、円融はまだ遵子が懐妊する可能性を棄てておらず、頼忠との提携関係を重視する姿勢を保っていたのであろう（沢田和久「円融朝政治史の一試論」）。しかし、懐仁親王の誕生によって円融系の後継者を確保した円融は、九八四年（永観二）に二十六歳で譲位し、師貞親王を即位させた。花山天皇である。同日、頼忠が関白となり、懐仁親王が五歳で皇太子に指名された。円融は若くして譲位することで、懐仁を立太子させ、円融系皇統を成立させた。ここに至って円融は兼家と提携する道を選んだのである（沢田和久「円融朝政治史の一試論」）。

†花山天皇から一条天皇へ

九八五年（寛和元）七月、花山天皇の女御であった忯子《しし》（藤原為光の娘）が懐妊中に亡くなった。花山はこれを深く悲しみ、出家の意思を漏らしはじめた。兼家の子道兼はともに出家せんと誘い、翌年六月二十三日の深夜、天皇を内裏から連れ出し、東山の元慶寺で花山を出家させた。こうして皇太子の懐仁親王が即位した。七歳の一条天皇である。兼家は外祖父として摂政に任ぜられた。七月には冷泉皇子の居貞《いやさだ》親王が皇太子となる。居貞の母も兼家の娘超子であった。

九九〇年（正暦元）正月、一条天皇が十一歳で元服すると、兼家は五月に関白となったが、まもなく長男の道隆に関白を譲った。道隆はほどなく摂政に転じる。道隆は一条天皇に入内していた娘の定子を中宮とし、円融天皇の中宮であった遵子を皇后とした。醍醐天皇の皇后穏子以降、中宮は皇后の別称となっていたが、ここでは今帝の正后を中宮、前帝の正后を皇后と称する異例の措置がとられた。九九三年四月、道隆は関白となる。のちに中関白家《なかのかんぱく》と呼ばれる道隆の家系は、中宮定子を擁して一時隆盛期を迎えるのである。

†藤原伊周と藤原道長

九九五年（長徳元）三月、病が重くなった道隆は、関白を子の伊周《これちか》に譲ろうとしたが、一六歳になっていた一条天皇はこれを許さず、父の病気の間のみ伊周に内覧を許すこととした。四月に道隆が死去すると、弟の右大臣道兼が関白となるが、道兼は五月に死去し、「七日関白」と言われた。道兼の後継者となりうるのは内大臣伊周と権大納言道長（道隆・道兼の弟）の二人であったが、一条天皇の生母詮子が弟道長の登用を推したこともあって、道長が内覧を命ぜられ、六月には右大臣に昇った。九九六年正月、伊周・隆家兄弟の従者が花山法皇に矢を射かけるという事件が起こり、四月に伊周は大宰権帥、隆家は出雲権守に左遷された。二人の姉中宮定子も出家して尼となった。労せずして対抗馬を退場させた道長は、七月に左大臣となり、内覧と台閣首班の地位を手に入れることになった。道長はこの地位を長く維持し、天皇の補佐と公卿会議の主宰という両輪を武器に、政界をリードしてゆくのである。

†道長政権の誕生

九九九年（長保元）十一月、道長の娘彰子《しょうし》が一条天皇の女御となった。この前後に中宮定子は一条の第一皇子敦康親王を生んでいる。翌年二月、中宮定子が皇后とされ、彰子が中宮に立てられた。皇后と中宮が並立するのはすでに前例ができていたが、ここでは同じ天皇に皇后と中宮が並び立つという異例の措置が行われたのである。いうまでもなく、定子に代わって彰子の地位を押し上げようとする道長の深謀であった。彰子は一〇〇八年（寛弘五）九月に第二皇子の敦《あつ》成《ひら》親王、翌年十一月には第三皇子の敦良《あつよし》親王を生み、のちに父道長が外祖父として権勢を振るう基盤を作り上げた。

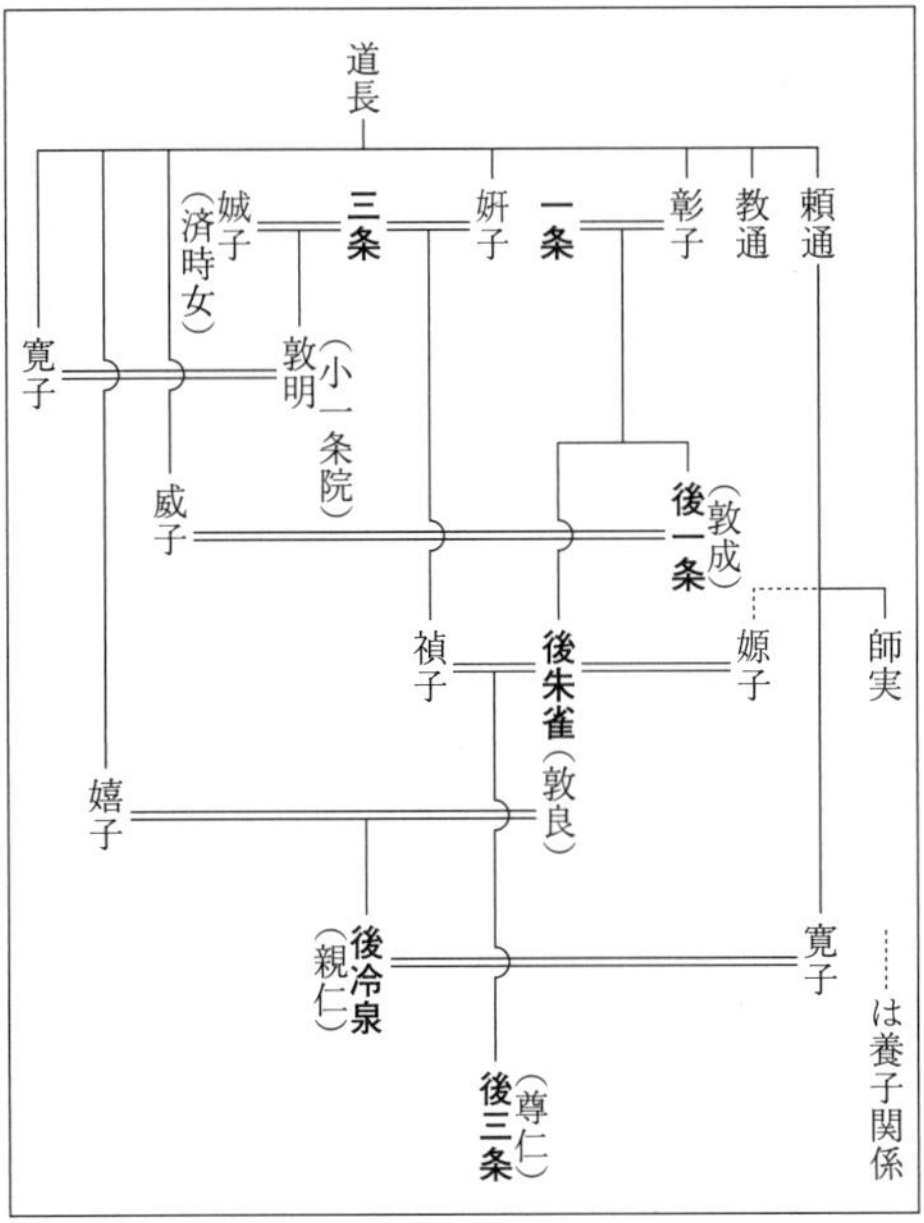

藤原道長と天皇家の外戚関係

一〇一一年六月、一条天皇は病気のため譲位し、三十六歳の居貞親王が即位した。三条天皇である。皇太子には道長の外孫敦成親王が立てられ、道長に内覧が命ぜられた。道長は東宮時代の三条に娘の妍子《けんし》を納れていたが、三条は藤原済時《なりとき》の娘娍子《せいし》との間に敦明《あつあきら》親王を儲けており、いずれは敦明が立太子することを望んでいたため、道長と対立するようになる。一〇一四年（長和三）に三条が眼病になり、なかなか回復しないことを知ると、道長は三条に譲位を勧めるようになる。三条は敦明の立太子を条件に譲位することになり、一〇一六年正月、九歳の敦成親王が即位した。後一条天皇である。道長は外祖父として摂政に任命された。皇太子には敦明親王が立ったが、父の三条上皇が一〇一七年（寛仁元）に死去すると、その後ろ楯を失うことになり、八月に敦明は東宮を辞退した。敦明には小一条院の称号が贈られる。代わって道長の外孫敦良親王が立太子した。

一〇一八年正月に後一条が元服すると、道長は三月に娘の威子《いし》を入内させ、十月十六日に中宮に立てた。一条天皇中宮の彰子、三条天皇中宮の妍子、後一条天皇中宮の威子と三人の娘が天皇の正后となったのであり、まさに「一家三后」という未曾有の事態が出現した。威子が中宮に立った日の祝宴は満月のもとで行われた。このとき道長は有名な「望月の歌」を詠み、「我が世」の絶頂を誇ったのであった。小野宮家の藤原実資《さねすけ》が『小右記《しょうゆうき》』に記録した有名な情景である。

†道長から頼通へ

摂政となった道長は一〇一六年十二月に左大臣を辞任し、翌年三月には摂政を辞した。長子の頼通が三月に内大臣となり、新たな摂政に任命されたが、道長はこのあとも大殿《おおとの》（出家後は禅閤《ぜんこう》）として政治的な影響力を維持し、頼通らに指示を出している。一〇一九年三月、道長は土御門邸で出家し、その東に無量寿院《むりょうじゅいん》（のちの法成寺《ほうじょうじ》）の造営を開始した。そして、一〇二七年（万寿四）十一月、病状の進行した道長は法成寺阿弥陀堂に入り、十二月四日、九体阿弥陀仏の前で六十二歳の生涯を閉じた。道長は摂関政治期の代表的人物とされ、「御堂関白」とも呼ばれるが、関白になったことはなく、摂政もわずか一年余の在任であった。内覧・左大臣として長く実質的権力を保持したことが、道長を「関白」と呼ばせることになったのであろう。

一〇一七年三月に摂政となった頼通は、一〇一九年十二月に関白に任ぜられた。一〇三六年（長元九）四月に後一条天皇が亡くなると、東宮敦良親王が二十八歳で即位した。後朱雀天皇である。頼通はひきつづき関白に任命された。頼通は父が築き上げた強固な外戚関係に支えられて、後一条・後朱雀・後冷泉の三代、約五十一年にわたって摂政・関白として権勢を振るった。しかし、頼通は後朱雀や後冷泉に養女の嫄子《げんし》や娘の寛子を入内させ

平等院鳳凰堂

たものの、皇子を儲けることができず、天皇との新たな外戚関係を築くことはかなわなかった。このため、やがて外戚関係のない尊仁《たかひと》親王（母は三条天皇皇女の禎子《ていし》内親王）が後三条天皇として即位すると、摂政・関白を独占してきた藤原氏の力は相対的に低下し、院政の時代へと移っていくことになるのである。

頼通は一〇六八年（治暦四）、のちに子の師実《もろざね》に譲るという条件で、関白職を弟の教通に譲り、宇治に隠棲した。頼通は道長から伝領した宇治の別業を、末法初年の一〇五二年（永承七）に寺に改めて平等院と号し、翌年に阿弥陀堂（鳳凰堂）を完成させていた。晩年は平等院に住み、宇治殿と呼ばれたが、一〇七二年（延久四）に出家し、一〇七四年（承保元）に八十三歳で死去した。

†小野宮流のその後

九条家の藤原師輔の子孫である伊尹・兼通・兼家・道隆・道長・頼通らは摂政・関白の地位をほぼ独占した。とくに道長・頼通父子は前後約七十年にわたって朝廷を主導し、摂関政治の全盛期を築き上げた。一方、小野宮家の実頼と頼忠も左大臣あるいは関白として一時期政権を担ったが、天皇との間に強い外戚関係を築くことができず、その後は摂関を出すことができなかった。実頼の養子実資は道長・頼通への対抗心を抱きながらも、有職故実に通じていたことから、道長父子から信頼され、中納言・大納言・右大臣としてその政権を支えた。実資は日記『小右記』を書き継ぎ、『小野宮年中行事』を完成させた。実頼の長子敦敏の子が能書で名高い佐理《すけまさ》で、頼忠の子が儀式書『北山抄《ほくざんしょう》』を著した公任《きんとう》である（赤木志津子「摂関家と小野宮家」『平安貴族の生活と文化』講談社、一九六四）。小野宮流の公任が教通（頼通の弟）を婿に迎えて九条流の儀式を取り入れたように、小野宮流と九条流の故実・作法は対立と融合を重ねながら洗練され、実頼と師輔の子孫が朝廷の政務と儀式の両面で主導権を握る上で大きな武器となっていったのである。

さらに詳しく知るための参考文献

佐々木恵介『天皇の歴史03　天皇と摂政・関白』(講談社学術文庫、二〇一八)……摂政・関白は天皇と対立するものではなく、天皇の権能を代行・補佐するものという視点から、摂関政治の推移を平易に説いた通史。

坂上康俊『日本古代の歴史5　摂関政治と地方社会』(吉川弘文館、二〇一五)……飛鳥・奈良時代の貴族と平安時代の貴族を比較しながら、摂関政治の時代を読み解いた通史。

倉本一宏『藤原氏——権力中枢の一族』(中公新書、二〇一七)……藤原氏の歴史を古代を通して追跡した概説。第四章「摂関政治の時代」では摂関をめぐる抗争とそれが道長政権に収斂してゆく過程を描く。

佐藤信編『古代史講義——邪馬台国から平安時代まで』(ちくま新書、二〇一八)……第11講の榎本淳一「摂関政治の実像」は、最近の研究成果を踏まえて、摂関政治の権力構造、摂関政治と天皇制など本質的な問題について叙述する。

第13講

源氏

岩田真由子

八一四年（弘仁五）五月八日、嵯峨天皇は詔《みことのり》を出し、皇子女に朝臣《あそん》の姓を賜い臣籍に降ろした。五歳以下の皇子女八人が源の姓を賜る。賜姓《しせい》源氏の始まりである。皇子に姓を賜うこと自体は桓武朝にすでに行われており、広根朝臣諸勝《もろかつ》（父は光仁天皇）、長岡朝臣岡《おか》成《なり》・良峰朝臣安世（父は桓武天皇）がその先例である。しかし、賜姓源氏は以後の天皇に継承され、九世紀から十世紀半ばにかけ、仁明《にんみょう》・文徳・清和・陽成・光孝・宇多・醍醐・村上天皇も皇子女の一部を源氏とする（図1参照）。天皇の賜姓により平安時代に生みだされた源氏は、後には武家社会を代表する氏族として発展してゆく。本講では、多様な広がりをもつ源氏について、源氏の誕生、官人としての源氏の動向、源氏の明暗、氏としてのまとまりはあったのか、村上源氏の繁栄という五つの論点に絞りみていきたい。

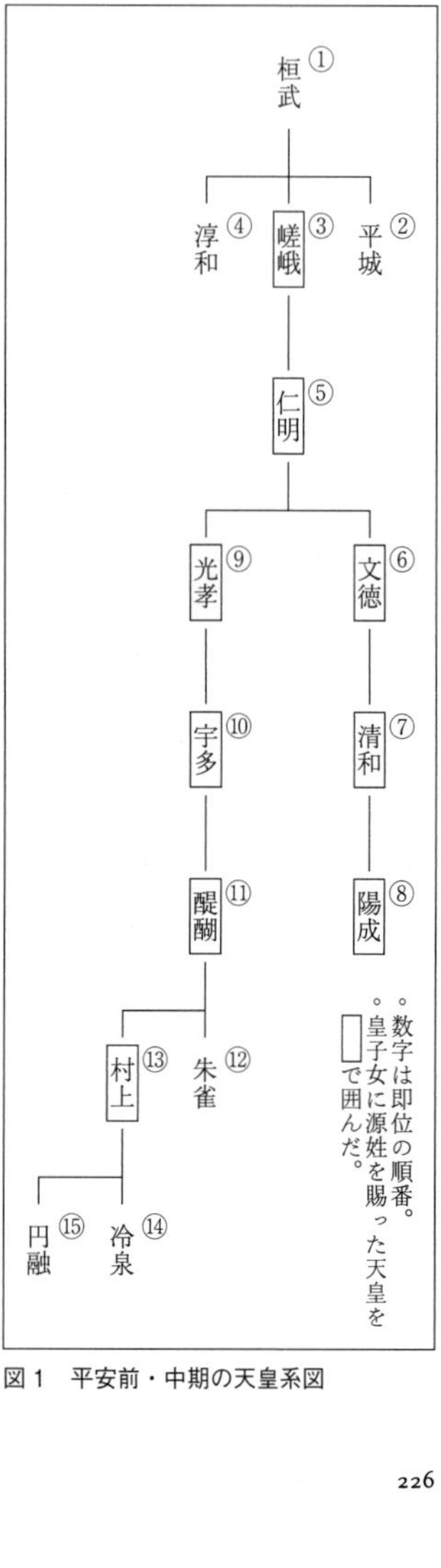

図1　平安前・中期の天皇系図

†源氏の誕生

嵯峨天皇が皇子女を臣籍降下させた理由は、賜姓の詔によると、子が多く、「辱《かたじけな》くも封邑を累ね、空しく府庫を費やす」ためである。親王・内親王は、品位《ほんい》の有無や品位のランクなどに応じて品田・食封・時服などの封禄を国家から支給される。当時二十九歳の嵯峨天皇には十三人以上の皇子女がおり、それに加えて桓武天皇の親王八人・内親王十六人が生存していた。多数の親王・内親王の存在は、国家財政の負担となっていた。

また、詔には「編《つら》ねて同籍す」とある。賜姓された源信《まこと》、弘《ひろむ》、常《ときわ》、明、貞姫《さだひめ》、潔姫《きよひめ》、全姫《またひめ》・善姫《よしひめ》の八人は信を戸主として左京一条一坊に貫せられる（『日本後紀』弘仁六年六月十九日条、『新撰姓氏録』左京皇別上）。嵯峨天皇は最終的に五十人の子を儲け、三十二人（男子十七人、女子十五人）を源氏とした。詔によると、すでに親王宣下を受けた者とその同母弟妹とは賜姓対象外とする。嵯峨が子を源氏とした基準について、林陸朗氏は、生母の身分による区分が行われ、賜姓された皇子女の母は正式なキサキではなく、女孺《にょじゅ》などの中下級女官が多いと指摘する。また、親王と源氏とで命名の用字法が異なることから（親王の通字は良で二字名、内親王の通字は子、源氏男子は一字の嘉字、源氏女子の通字は姫）、弘仁五年以前に親王と賜姓者との区別が考慮されていたとする。

次の淳和《じゅんな》天皇（嵯峨天皇の異母弟）は賜姓の詔を出すも、女子一人に統朝臣《むねあそん》を賜うのみであった。しかし仁明天皇（父は嵯峨天皇）以後、嵯峨の子孫は賜姓源氏を継承する。仁明から陽成天皇までは、親王と賜姓源氏の対象者とは母親の出自・命名により区別があるが、以後その原則は崩れる。傍系から即位した光孝天皇は、斎院・斎宮を除く全ての皇子女に源の姓を賜る。醍醐・村上朝には、親王宣下を受けた者の同母弟妹でも賜姓される例が出てくる。

いったん皇室を離れた一世源氏のうち、政治的理由などにより、親王にされる者もあった。八八七年（仁和三）、父光孝天皇の死の直前に皇太子に指名された源定省《さだみ》（のちの宇多天皇）は親王となり、立太子する。その宇多天皇は即位後、父により賜姓された同母兄弟らを親王・内親王とする。また、冷泉朝の九六七年（康保四）には源盛明《もりあきら》（醍醐一世源氏）が、円融朝の九七七年（貞元二）には左大臣源兼明《かねあきら》（醍醐一世源氏）と源昭平《あきひら》（村上一世源氏）とが親王となっている。

逆に源氏の姓を削られる者もあった。仁明天皇の皇子源登は母の過失のため、父により源朝臣の籍を削られ、清和朝に兄弟の申請により貞朝臣を賜る（『日本三代実録』貞観八年三月二日条）。仁明天皇は、母に過失があった場合には、その子は源氏であることは許されないという父嵯峨天皇の遺旨に従う。また、清和朝の八七〇年（貞観十二）に時康《ときやす》親王（のちの光孝天皇）の申請により、源氏の姓を賜った男子の一人源清実は、清和朝末か陽成朝初めに自身の過失のため、源朝臣の籍を削られる。その後、光孝朝の八八六年（仁和二）、光孝天皇の兄弟の申請により滋水《よしみず》朝臣を賜っている（『日本三代実録』仁和二年十月十三日条）。

源氏が生み出される契機は天皇の皇子女への賜姓の他に、親王の子、すなわち天皇の孫世代の王への賜姓があった。上述の時康親王を含む仁明天皇の親王の子世代からみられる。清和天皇は自身の皇子女を賜姓する勅において、親王の子は早く王号を停止し朝臣を賜うよう述べており（『日本三代実録』貞観十五年四月二十一日条）、諸王は源の姓を賜っている。他には、文徳・陽成・光孝・宇多・醍醐・村上・花山・三条・後三条天皇の孫世代に対する賜姓が行われる。

嵯峨天皇が賜姓源氏を行った理由について、国家財政の負担を軽減するため、朝廷における皇親勢力を構成し天皇家の藩屛とするため、などの説がある。一世源氏の成立事情に関しては林陸朗氏の基礎的研究に詳しいが、二〇〇〇年以後、林説の再検討も含め、嵯峨朝から村上朝までの各賜姓源氏の目的や原則の解明が試みられるようになった。

†官人としての源氏の動向

源氏はどのように官人として生きたのか。大人社会への編入を意味する元服儀について、少ない実例から判断すると、一世源氏は親王と同様、今上天皇の子（養子を含む）のみが天皇出御のもと内裏で挙行することができた。彼らは十四～十七歳で元服したが、父天皇の譲位後や崩御後に元服を行う年齢に達する者も多かった。父崩御後は私邸（自宅か外戚宅）で儀式を行い、父太上天皇が健在の場合は不明であるけれども、親王の例から推測すると、父の所有する邸宅で元服儀を行った可能性がある。

官人としてスタートするにあたって、彼らが最初に賜った位階について確認しよう。嵯峨天皇の賜姓の詔には「公に従事せしめ、出身の初めに一に六位に叙せん」とあるが、実際に嵯峨一世源氏は、淳和・仁明朝にかけて、十代後半で従四位上や従四位下を賜っている者が多い。元服翌年に従三位を賜った源定《さだむ》(淳和天皇の養子)や、元服と同時に正四位下を賜った源融(仁明天皇の養子)などは特例である。以後、一世源氏はおおむね従四位上に初叙されており、元服と同時の叙位は確認できない。養老令の規定では、蔭位《おんい》による初叙は二十一歳以上であり、一位の嫡子で従五位下に叙されることになっている。藤原氏では、九世紀末から元服と同時もしくは元服後に叙位される者が出てくるものの(服藤早苗「元服と家の成立過程――平安貴族の元服と叙位」『家成立史の研究』)、一世源氏は一般貴族よりも優遇されていたのである。

昇進の状況をみると、特に嵯峨一世源氏が注目される。信は淳和朝の八三一年(天長八)に二十二歳の若さで参議となり、翌年、常が二十一歳で参議を経ずに中納言となっている。仁明朝の八三三年(天長十)には定が参議となる(十九歳)。この時期、藤原氏で早い者でも三十代で参議になっているのと比較すると、異例の速さである。全ての嵯峨一世源氏が急激に昇進したわけではないが、公卿になった者は十七人中八名であり、信・常・融は左大臣にまでなる。

八四〇年(承和七)の淳和太上天皇の崩御に続き、八四二年に嵯峨太上天皇が崩御すると、承和の変が起こる。皇太子恒貞親王(父は淳和天皇)は廃太子となり、変に関与したとされる公卿三人を含む大量の官人が解任・左遷される。この際に仁明天皇は、父太上天皇の喪に服し、官職を解かれていた異母兄弟に対してわずか十日で官職を与えるという前例のない処置をする。参議だった信（三十三歳）を中納言に、治部卿だった弘（三十一歳）を参議にした。承和の変による解任・左遷のために空いた中納言・参議のポストに異母兄弟を入れたのである。これに加え、二年前から右大臣になっている常（三十一歳）がいた。八四七年（承和十四）には、養父の淳和太上天皇崩御後、参議を辞していた定が復任しており、公卿（非参議を除く。以下同じ）十二人中四人が嵯峨一世源氏となる。八四九年（嘉祥二）には明（三十六歳）が参議となり、仁明朝の末期に嵯峨一世源氏の公卿は五人となった。

文徳朝の八五四年（仁寿四）には、仁明一世源氏で文徳天皇の異母弟多《まさる》（二十四歳）が参議となり、嵯峨一世源氏とあわせて源氏の公卿は四人である。以後、仁明一世源氏は六人中三人が公卿となり（右大臣二人）、文徳一世源氏は八人中一人（右大臣一人）、清和一世源氏は四人中〇人、陽成一世源氏は三人中一人、光孝一世源氏は十六人中三人、醍醐一世源氏は六人中三人（左大臣二人）が公卿となっている。このように通覧すると、各一世源氏からは公卿が一定数輩出している。

†源氏の明暗

二世源氏（一世源氏の子、もしくは親王の子で賜姓された者）になると、公卿になる者はさらに減少する。一世源氏の子は正六位上に初叙される者が多く、おおむね四位・五位に留まり、八省の輔《すけ》や寮の頭《かみ》、地方官で終わっている。常に数名の源氏が公卿に列していたが、それは一つの系統の源氏が地位を保ち続けたのではなく、次々と生み出される天皇と血縁の近い新たな源氏がその席を占めていたのである。嵯峨源氏の最後の公卿は三世源氏の源等（父は希《まれ》）であり、村上朝の九四七年（天暦元）に六十八歳でようやく参議となり、七十二歳で没している。時の天皇との血縁関係が遠くなり、二世代で没落する系統が多い中で、宇多源氏の源雅信・重信（ともに父は敦実《あつみ》親王、母は藤原時平の娘）、醍醐一世源氏の源高明《たかあきら》は左大臣まで登り、それらの系統は数代公卿を輩出し続ける。特に村上源氏の源師房《もろふさ》（父は具平《ともひら》親王）の系統は中世以降も存続する。これらの系統が存続したのは、摂関家との婚姻・血縁関係や官人としての有能さによる。賜姓源氏が宮廷社会に長く踏みとどまるには、単なる貴種から宮廷官僚に脱皮することが必要であった（橋本義彦「貴族政権の政治構造」『平安貴族』）。

源氏は天皇家の藩屏《はんぺい》であったのか。確かに常に一定数の公卿を源氏が占めていたが、政治力を発揮したのかというと否定的な見解が多い。父太上天皇や異母兄弟の天皇が存命ならばまだしも、庇護者がいなくなると政変に巻き込まれる者もいた。清和朝の八六六年（貞観八）、左大臣源信（嵯峨一世源氏）は大納言伴善男に応天門の放火犯として告発され、罪を免れたものの、以後出仕しなくなった（応天門の変）。また、冷泉朝の九六九年（安和二）、左大臣源高明（醍醐一世源氏）は舅の藤原師輔《もろすけ》の死後、藤原氏により排斥され、大宰権帥に左遷された（安和の変）。

武士化する系統も出てくる。最も早く武士化の道を進んだのは清和源氏である。貞純《さだずみ》親王の子で源氏となった経基《つねもと》の系統だ。清和天皇の子や孫世代が官人として出身する頃には、皇統は光孝・宇多・醍醐天皇の系統に移り、天皇との血縁関係は遠のいていた。経基は、朱雀天皇の時代に起こった平将門の乱に際し、九四〇年（天慶三）に征夷副将軍、藤原純友の乱では追捕南海凶賊使次官に任命された。また、大宰権少弐として任地にあった際には賊徒を追討した。その子満仲は官職をもつ在京武士として朝廷に仕え、彼とその子孫は摂関家に奉仕し密着するようになる（下向井龍彦）。満仲の子孫からはやがて頼朝が出て、初の武家政権を樹立することになる。

†氏としてのまとまりはあったのか

嵯峨天皇の血をひく各天皇を祖として各源氏は生み出されてきたが、彼らには「源氏」という一つの氏としての結束や連帯意識はあったのだろうか。平安時代には、一族全体に関わる役割を果たす「源氏長者」が存在しており、氏としての源氏を考える一つの材料となる。平安時代、諸氏には氏長者《うじのちょうじゃ》がおり、氏の中で官位第一の者が任じられる。その機能は①氏神の祭祀および氏社氏寺の管理、②大学別曹（諸氏がその子弟のために設けた大学寮付属の教育施設）の管理、③氏爵《うじのしゃく》（毎年氏人の中で六位の者一名を五位に叙す）の推挙であった（竹内理三「氏長者」『律令制と貴族政権　第二部』）。源氏長者の場合、奨学院（皇族出身者の大学別曹）・淳和院（淳和天皇の離宮でのち寺院）の両別当や薬師寺俗別当を担い、氏爵の推挙を行った。

かつては史料的制約がある中、源氏長者やその諸機能がいつ成立したのかわからない部分も多かったが、近年は九世紀後半、嵯峨一世源氏が廟堂を占めた時代から源氏長者がいたと推定されている（岡野友彦「源氏長者の淵源について」『中世久我家と久我家領荘園』、西村健太郎「源氏長者と氏爵――平安期における賜姓源氏の展開をめぐって」『ヒストリア』二六八）。十世紀半ばの源等（嵯峨三世源氏）や重明《しげあきら》親王（父は醍醐天皇、母は嵯峨二世源氏源昇の娘）までは嵯峨源氏（とその血縁者）が源氏長者を担い、それ以降は、源氏の公卿全体の中で官位第一の者が担うという（宇根俊範「氏爵と氏長者」『王朝国家国政史の研究』、西村健太郎）。十一世紀半ばには村上源氏が源氏長者を務めるようになり、中世以後も村上源氏が継承する。

先述の源氏の姓を削られた者について、別の姓を与えるように天皇に申請したのは、親王を含む兄弟や父方の叔父であった。この点から、源氏長者が賜姓申請すべきところを関与していないのは、源氏長者の氏人に対する統制力が弱いものであったという宇根敏範氏の指摘がある。林陸朗氏はそれを受けて、賜姓源氏という各グループの集積という氏族構成ではあるが、現実的な結束は嵯峨源氏、仁明源氏という血縁グループ、場合によってはさらに小規模なファミリーのグループがまとまりの単位となっていて、氏族構成が複雑になるとともに小規模なファミリーのグループが結束する傾向をうかがうことができると述べている（林陸朗「平安初期政界における嵯峨源氏」『古代文化』四六〇）。

醍醐一世源氏の源允明《すけあきら》は亡父醍醐天皇の周忌仏事の布施料を支出できず、さらに外戚の援助もなく自身の元服儀を挙行できなかった。彼のために、兄の重明親王は布施料を肩代わりし、別の兄代明《よりあきら》親王は元服儀を執り行う。この事例について、対面保持という点で親王・一世源氏の兄弟意識が発揚したという安田政彦氏の指摘もあるが（安田政彦「醍醐皇子女」『平安時代皇親の研究』）、皇族・一世源氏の垣根を越えた近親として結びついている様子がうかがえる。それは先の源氏の姓を削られた者に対して、親王を含む兄弟や父方の叔父が天皇に申請した例においても同じことがいえる。

源氏は一つの氏としての結束や連帯意識をもたず、父子兄弟・叔父甥という小さな範囲で結びついていたのである。それは他の貴族と同様といえよう。

†村上源氏の繁栄

最後に、中世以後も存続する村上源氏についてみてゆこう。村上天皇から賜姓された唯一の皇子源昭平は親王宣下を受ける。よって「村上源氏」は村上天皇の孫世代である二世賜姓源氏以下をさす。この中で注目すべきは具平親王の男子源師房《もろふさ》の系統である。師房は藤原頼通の養子となり、藤原道長の娘と結婚する。その子孫は院政期にかけて次々に大臣となり繁栄する。かつては摂関家と村上源氏を対立的に捉え、後三条天皇が摂関家に対抗させるために村上源氏を登用したという考えもあった。だが近年の研究では、むしろ両者は密接な関係を構築して一体化していたと考えられている。

師房は一〇〇八年（寛弘五）に生まれるものの、翌年父が薨去する。師房は子にめぐまれなかった頼通と同母姉の隆姫《たかひめ》女王夫婦のもとで養育される。一〇二〇年（寛仁四）正月五日、元服前に養老選叙令《せんじょりょう》の規定に基づき、親王の子として従四位下に叙される（十三歳）。同年十二月二十六日には、頼通の上東門第で彼の養子として元服する。源姓を賜り、名を資定《すけさだ》から師房に改名し、資定王から源師房となる。一〇二四年（治安四）三月に道長の娘尊子《そんし》と結婚すると（十七歳）、同年九月に従四位下から正四位下、二日後には従三位に叙せられ、位階が急激に上がる。

師房と摂関家との関係についてはさまざまな指摘がある。藤原道長は男子のいない息子頼通の後継者として異姓養子源師房を立てることにし、娘尊子と結婚させたとする見解（坂本賞三「村上源氏の性格」『後期摂関時代史の研究』）や、それに対して「源姓」という「他姓」を賜った時点で師房は摂関継承の資格を失っていると批判し、摂関家は一員に等しい師房に源氏の姓を与えた上で、その筆頭公卿に引き上げ、彼を通じて源氏長者の権能を獲得しようとしたとする見解もある（岡野友彦）。

結局頼通は男子に恵まれるのだが、師房は道長の男子や頼通の実子に次いで昇進する。後一条朝の一〇二六年（万寿三）に参議を経ずに権中納言（十九歳）、一〇三五年（長元八）には権大納言（二十八歳）、後冷泉朝の一〇六五年（康平八）に内大臣となる（五十八歳）。源氏が大臣となったのは、一条朝の左大臣源重信（父は宇多天皇皇子の敦実親王）以来、七十年ぶりである。後三条朝の一〇六九年（延久元）には右大臣になる（六十二歳）。また、師房の男子俊房・顕房《あきふさ》も摂関家の子息達と同様の昇進を遂げる。俊房は十六歳で従三位となり、二十三歳で参議、白河朝の一〇八二年（永保二）には四十八歳で右大臣、翌年には左大臣となる。顕房《あきふさ》も二十五歳で参議・従三位となり、一〇八三年には四十七歳で右大臣となり、兄の俊房とともに左右大臣を占めた。彼らは摂関家の中に位置づけられており、その昇進ぶりは藤原頼通の系統であったためだという評価もある（坂本賞三）。師房の次男顕房の娘

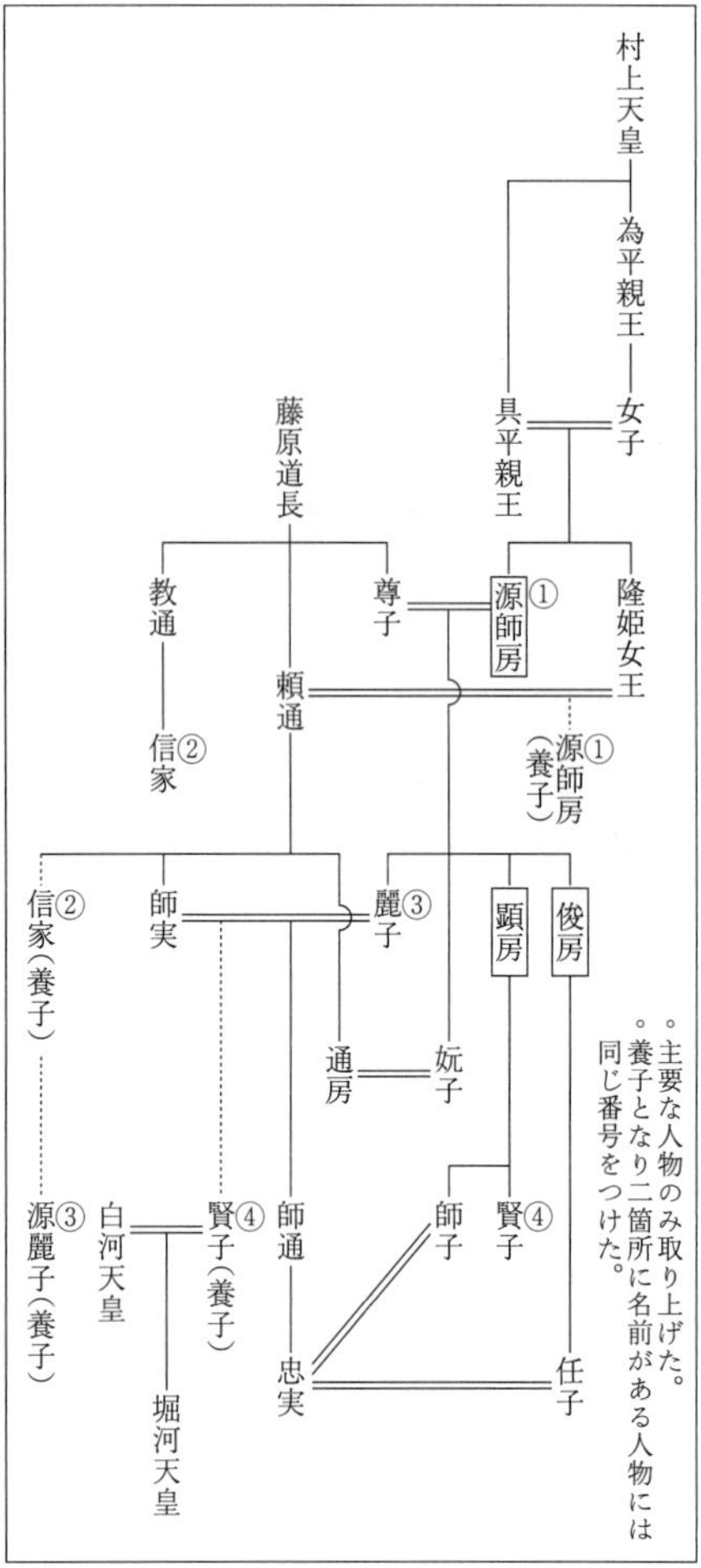

図2　村上源氏・藤原氏略系図

賢子《けんし》は、娘のいなかった藤原師実《もろざね》・源麗子《れいし》（父は師房）夫婦の養女となり、皇太子貞仁《さだひと》親王（のちの白河天皇）の妃となる。白河朝の一〇七四年（延久六）に中宮となり、善仁《たるひと》親王（のちの堀河天皇）らを産み、堀河天皇の時代に外祖父となった源顕房は権勢をふるう。堀河朝の一一〇二年（康和四）には、公卿二十四人中の半分が源氏となり、そのうち八人は俊房の子、顕房の子や孫で占められる。

なお、摂関家との重層的な婚姻関係も村上源氏の発展を語る上で重視されてきた。師房自身が道長の娘尊子と結婚したことに加え、師房の娘達は藤原頼通の実子と結婚する。妧《がん》子《し》は藤原通房《みちふさ》と結婚し、麗子は通房没後に頼通の後継者となった師実と結婚し、嫡男師通《もろみち》を生む。また、俊房と顕房の娘はそれぞれ師通の嫡男忠実《ただざね》と結婚している。しかし、『栄花物語』にある、師房は妧子を入内させたいと思ったけれども、摂関家の子女達が入内するなか割り込む余地がなく断念したという話（巻三十九布引の滝）や、藤原信家（父は藤原教通、頼通の養子）は源麗子を養女として育て、皇太子尊仁《たかひと》親王（のちの後三条天皇）の妃にしたかったが断念し、師実と結婚させたという話（巻三十六根あわせ）などからは、師房と養親とは天皇との姻戚関係を結ぼうとしていたこと、養親の意図により摂関家嫡流の師実との結婚が実現したかもしれないことがうかがえ、師房が主体的に摂関家との婚姻関係を築こうとしていたかどうかは不明である。

源顕房の外孫堀河天皇の崩御後、天皇とのミウチ関係が希薄化した村上源氏は、国母美福門院一門、平氏、後白河院など時の権力者に接近して家格を維持する。顕房の男子雅実を祖とする久我《こが》家は清華《せいが》家《け》として鎌倉・室町時代に代々太政大臣を出す。諸源氏が没落するか武士化する中で、村上源氏は幾度か危機に直面しながらも家格を維持し、明治維新に至るまで生き延びる。

さらに詳しく知るための参考文献

林陸朗『上代政治社会の研究』(吉川弘文館、一九六九)……賜姓源氏の基本的論文「嵯峨源氏の研究」・「賜姓源氏の成立事情」が収められている。

倉本一宏『公家源氏――王権を支えた名族』(中公新書、二〇一九)……朝廷に仕える各源氏の特徴やその子孫の動向について、中世以後も含めて詳細に論じる。

奥富敬之『天皇家と源氏――臣籍降下の皇族たち』(吉川弘文館・読みなおす日本史、二〇二〇)……源氏二十一流と平氏四流の軌跡について詳細に解説。武士化する系統にも言及し、特に清和源氏の歴史に注目する。

岡野友彦『源氏長者――武家政権の系譜』(吉川弘文館、二〇一八)……武家政権における源氏長者の地位の重要性を論じる中で、源氏長者の機能や源師房についても言及する。

坂本賞三『藤原頼通の時代――摂関政治から院政へ』(平凡社選書、一九九一)……摂関家と源師房との関係について独自の見解を述べる。

下向井龍彦『日本の歴史07　武士の成長と院政』(講談社学術文庫、二〇〇九)……武士が出現し、平氏・源氏が政権を獲得するまでの過程を描く。本稿であまり言及できなかった、武士化した源氏の歴史を知ることができる。

第14講　平氏

黒須利夫

院政期から鎌倉時代にかけての政治史を、私たちは「源平の争い」として、すなわち源氏対平氏という対立の図式でとらえてきた。そして、「おごる平家は久しからず」という言葉とともに、「武士」の出身でありながら「貴族」化した平氏に対して、少なからず良からぬイメージを抱いてきたのではないだろうか。

しかしながら、近年は「武士」とは何かということがあらためて問われ、また「源平の争い」についても見直しが進んでいる（川合康『源平合戦の虚像を剝ぐ』講談社学術文庫、二〇一〇）。平氏のイメージも大きく変化していると言えよう。

ここでは、平安時代前期から院政期に至る平氏の歴史を追いながら、平氏という氏族の特質についてあらためて考えてみたい。

†平氏の源流

平氏賜姓は、八二五年（天長二）に桓武天皇の皇子葛原《かずらはら》親王が、子の高棟《たかむね》王らに平朝臣の賜姓を願い出たことに始まる。すでに嵯峨天皇の弘仁年間において、皇親数の増加が財政を圧迫するようになり、源朝臣の賜姓が行われていた。源朝臣姓が原則として天皇の皇子女（一世王）に与えられるのに対し、平朝臣姓は二世王以下の世代に賜与されるところに違いがある。

平姓の由来については、桓武天皇の呼称（「平安宮《たいらのみや》仁御宇之倭根子天皇」『朝野群載』内記）によると考えるのが妥当であろう（藤木邦彦「奈良・平安朝における皇親賜姓について」『平安王朝の政治と制度』吉川弘文館、一九九一）。八六三年（貞観五）八月に房世《ふさよ》王は平氏賜姓を願い出ているが、その上表文の中には「平を得るの義を取りて、将に貽厥《いけつ》（＝子孫に残すこと）の謀を為さんとす」とある。平安を得て、子孫に残そうという意図がうかがえる。

平氏賜姓が増加するのは、九世紀の後半清和天皇の貞観年間からである。八六二年（貞観四）四月には正躬《まさみ》王（万多親王の子）、翌年には房世王（仲野親王の子）、八七四年（貞観十六）に茂世《しげよ》王（仲野親王の子）など、二世王が平氏賜姓を願い出ている。いずれの申請においても、①皇親の籍にいる自分の非才を恥じ、②子孫の多さによる財政の圧迫を指摘した上で、

③臣籍に降して皇親としての禄を省くという内容であった。

それでは、貞観年間からなぜ平氏賜姓が増加するのであろうか。清和天皇がわずか九歳で即位した貞観年間は、災害や疫病が頻発しており（保立道久『歴史のなかの大地動乱』岩波新書、二〇一二）、朝廷は財政の窮乏に悩まされていた。八六二年（貞観四）四月に清和天皇は、「府帑《ふど》、空竭《くうけつ》して、経用支えず」（＝国の倉庫は空となり、支出をまかなえない）という状況を踏まえ、参議以上の公卿に積極的な提言を求めるという詔を出した（『日本三代実録』貞観四年四月十五日条）。同年十二月には右大臣藤原良相《よしみ》が詔に返答する上表を提出した。内容は多岐にわたるが、右大弁南淵年名《みなぶちのとしな》・山城守紀今守《きのいまもり》・伊予守豊前王《とよさき》・大宰大弐藤原冬緒《ふゆお》・大和守弘宗王《ひろむね》ら五名の「有識《ゆうそく》」（＝知識人。「良吏」と評される人物）にも意見を求めることを提言している。

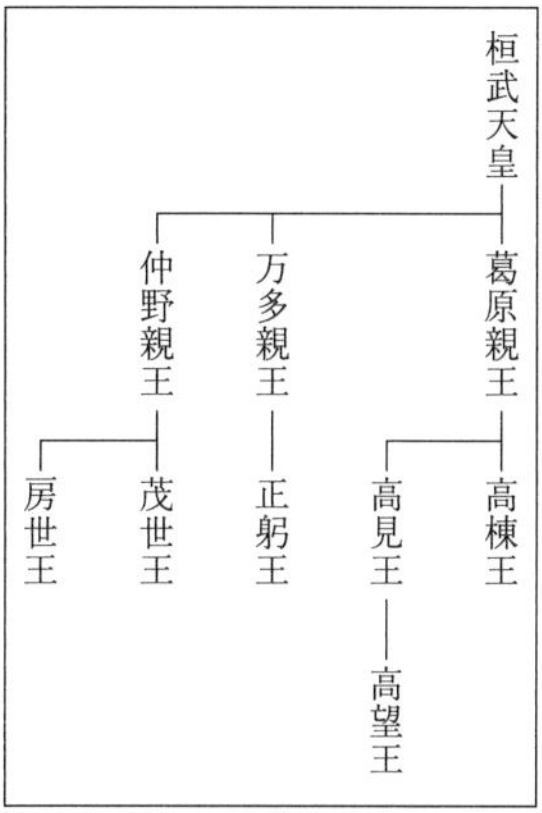

図1　桓武平氏の源流（『尊卑分脈』より作成）

この五名の中で、豊前王の意見は史料上で確認できる。豊前王は、皇親の定数がないため、いたずらに時服《じふく》（＝春・秋二度にわたって皇親に支給される給与）の費用がかさむことを指摘した。豊前王の提言は八七〇年（貞観十二）

の公卿奏に反映され、諸王の定員が四二九人と定められた（『三代実録』七年二月二日条）。この諸王の定数は、その後『延喜式』にも規定されることとなる（正親式2王定条）。

このように、貞観年間には皇親時服の定数が定められ、諸王に対する給与が削減されたのであった。清和朝は財政支出の削減のため、皇親政策が大きく転換した時期であり、平氏賜姓も諸王の増加を防ぎ、財政削減を目的とした施策であった（相曽貴志「皇親時服について」『延喜式研究』創刊号、一九八八）。諸王の側にしても、諸臣身分で任官する方が有利という認識があったと考えられる（安田政彦「平氏賜姓」『平安時代皇親の研究』吉川弘文館、一九九八）。八六二年の正躬王の平氏賜姓を願う上表（四月二十日）は、清和の詔（四月十五日）が出た直後に提出されたものであり、財政危機に対応するための一連の動きであったと考えるべきであろう。

貞観年間以降、嵯峨天皇の血統である孫王までは源朝臣、桓武天皇の血統には平朝臣姓を賜与されるようになる。著名な桓武平氏以外にも、仁明平氏（仁明の皇子本康《もとやす》親王の子孫）・文徳平氏（文徳の皇子惟彦《これひこ》親王の子孫）・光孝平氏（光孝の皇子是忠《これただ》親王の子孫）という流れが存在する。

嵯峨源氏は、少なくとも平安前期においては公卿を続けて出し、廟堂の一部を構成するようになる。また、源氏や藤原氏には氏爵《うじのしゃく》の優遇措置があり、毎年一人ずつ五位に叙せられて、以後も上級貴族の地位を保つこととなる。

　これに対し、平氏賜姓を受けた者たちは、源氏とは対照的な動きをみせることとなる。桓武平氏は葛原親王の系統が最も栄えたが、この系統も親王の長男高棟を祖とする流れと孫高望《たかもち》の流れとに大きく分かれる。

　八二五年（天長二）に平氏賜姓を受けた平高棟は、八六七年（貞観九）に正三位大納言にて没する。この高棟の子孫は十世紀においても公卿を出し続け、公家平氏とも称される。高棟の子惟範《これのり》は儒学を大蔵善行《おおくらのよしゆき》に学び、藤原時平《ときひら》との交流も知られている。『延喜格』の編纂にも関わり、従三位中納言にまで達している。孫の時望《ときもち》（中納言従三位）・伊望《これもち》（大納言従三位）は兄弟で醍醐・朱雀両帝に仕えている。摂関期になると、この一族は学者や実務官僚の血筋として知られるようになる。平親信《ちかのぶ》は文章生から六位蔵人という実務官僚の官

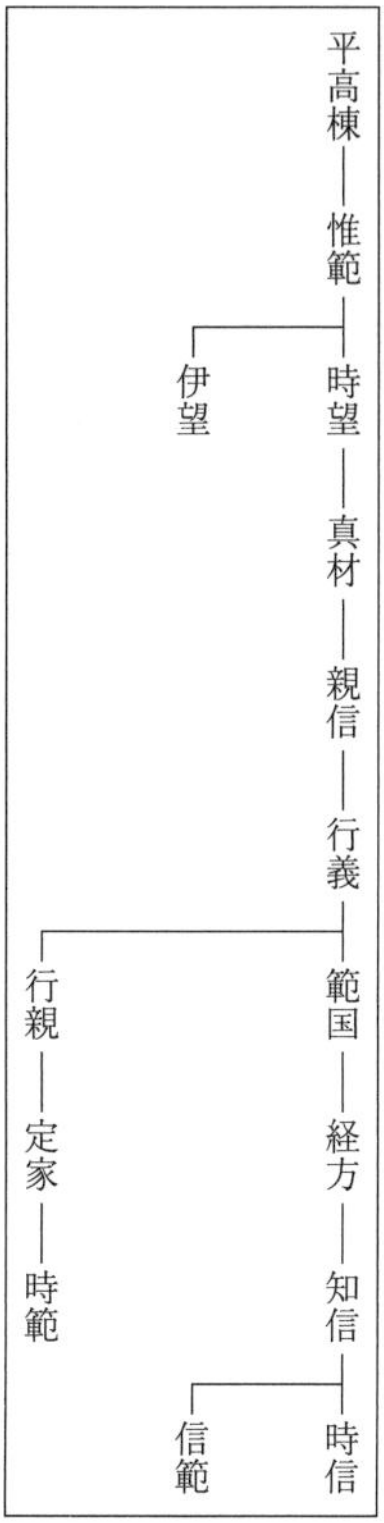

図2　公家平氏

歴を進み、『親信卿記』という日記を残している（山本信吉「『親信卿記』の研究」『摂関政治史論考』吉川弘文館、二〇〇三）。他にも、平知信《とものぶ》（『平知信朝臣記』）、平時範《ときのり》（『時範記』）、平時信《ときのぶ》（『時信記』）、平信範《のぶのり》（『兵範記』）など、代々有職故実を日記に記して保存したことから、「日記《にき》の家」と呼ばれるようになる。

†画期としての天慶の乱

続いて、葛原親王の孫高望王の流れを見ていきたい。

高望王は、八八九年（寛平元）に平氏姓を賜り（『日本紀略』同年条）、上総介として坂東の地に入っている。九世紀の坂東は、俘囚《ふしゆう》（＝律令国家に服属した蝦夷）の反乱や群盗が問題となり、治安の悪化が顕著であった。八四八年（承和十五）には上総国で俘囚丸子廻毛《まるこのつむじ》らが反乱を起こし、八七〇年（貞観十二）には上総国の俘囚反乱で「凡そ群盗の徒、これより起こる」と記されている（『三代実録』貞観十二年十二月二日条）。八八九年（寛平元）には「東国賊首」と称された物部氏永《もののべのうじなが》が大規模な反乱を起こし、この反乱は十年にも及んだという。

平高望は、武勇に優れていてこのような騒乱の地を治めるために任命されたというのが通説である。高望は任期を終えても坂東の地に留まり、開発を行いながら独自の拠点を築いていったと考えられる。子の国香《くにか》と良兼《よしかね》は前常陸大掾源護《まもる》の娘と婚姻関係を結んでいるように、在地豪族と結び付き、土着していくのであった。国香は常陸大掾、良兼は上総介となり、さらに将門の父良持《よしもち》（将）は鎮守府将軍・下総介というように、高望の一族は坂東の地に根付いたと言える。ここから出てきたのが、平将門《まさかど》であった。

平将門は、下総国豊田郡・猿島郡（茨城県常総市・坂東市付近）を中心に私営田や馬牧の経営を行い、製鉄工房も所有していた。馬や武具を豊富に備え、強力な軍隊を所有していたと考えられる（福田豊彦『平将門の乱』岩波新書、一九八一）。平将門の乱は、二つの段階に分かれる。九三一年（承平元）には伯父良兼との間でトラブルがあり、

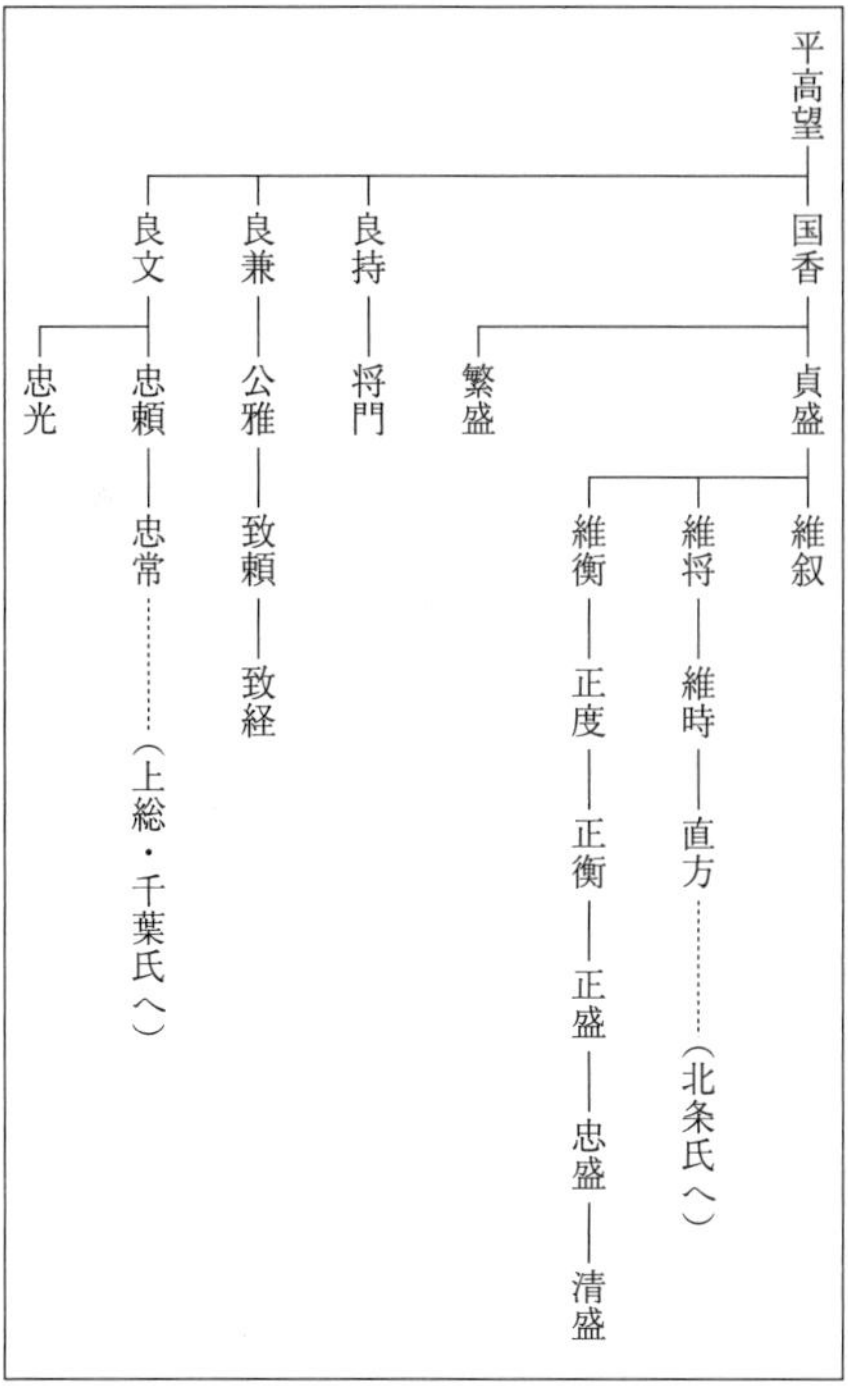

図3　平氏系図

九三五年（承平五）には伯父国香および源護の一族と争い、国香を殺害している。九三八年（天慶元）には、武蔵権守興世《おきよ》王・同介源経基《つねもと》と足立郡司武蔵武芝《むさしのたけしば》との争いに、将門が介入する。将門による騒乱は、平貞盛《さだもり》（国香の子）・源経基によって京に訴えられるが、この段階では将門が家人として仕えていた藤原忠平《ただひら》の介入もあってか、大きな問題となることはなかった。

九三九年（天慶二）には常陸国の私営田領主藤原玄明《はるあき》が常陸介藤原維幾《これちか》と争い、これに将門が介入する。十一月に将門は常陸国府を襲撃し、印鎰《いんやく》を奪う。印鎰とは、国衙の官印と正倉の鎰《かぎ》であり、国衙による地方支配の象徴であった。これを奪うことは政府に対する反逆行為であり、ここから将門の行為は謀反として京の貴族に認識されることとなる。将門は十二月に下野・上野国府を襲い、上野国府では「新皇《しんのう》」の号を宣言し、坂東諸国の国司を任命する。

翌年、朝廷は追補使《ついぶし》を任命し、正月十一日には将門追討の官符が出され、鎮圧に活躍した者には五位以上の位階や功田を約束している。直後に将門追討のため、坂東諸国の掾が任命された。常陸掾平貞盛、下野掾藤原秀郷《ひでさと》、上総掾平公雅《きみまさ》（良兼の子）、下総権少掾平公《きみ》連《つら》などが名前を連ねている。戦いは熾烈なものであったが、二月には下総国猿島郡において将門は平貞盛・藤原秀郷により討伐され、四月に将門の首が都にもたらされる結果となった。

平将門の乱は、ほぼ同時期に西国で起こった藤原純友《すみとも》の謀反と併せて、天慶の乱と呼ばれる。天慶の乱の意義として、軍事貴族を生み出したことがあげられる（元木泰雄『武士の成立』吉川弘文館、一九九四）。乱鎮圧に活躍した者たちは、律令国家の貴族と認められる四位・五位に叙され、武官として活躍する機会を得るのである。藤原秀郷は従四位下下野守となり、その後も武蔵守・鎮守府将軍に任じられている。秀郷の子孫（秀郷流藤原氏）は鎮守府将軍をたびたび輩出し、摂関家との結び付きもできるようになる。源経基（清和源氏の祖）は大宰少弐となり、藤原純友の乱においても追補使次官として活躍した。

そして、平貞盛は従五位上右馬助となり、中央に進出して貴族の地位を手に入れた。坂東の地には弟の繁盛《しげもり》が残り、勢力を拡大させることとなる。また、貞盛は鎮守府将軍としても活躍し、後に陸奥守となることによって陸奥との交易が拡大したと指摘されている（渕原智幸「古代末期の東北支配と軍事力編成」『平安期東北支配の研究』塙書房、二〇一三）。貞盛の子孫も検非違使・鎮守府将軍などの軍事・警察部門の要職に就くこととなり、武門としての地位を確立したのであった。

九九六年（長徳二）五月花山法皇に矢が放たれ、中関白家藤原伊周《これちか》・隆家《たかいえ》が左遷されるという事件があった（長徳の変）。事件の背後には藤原道長《みちなが》が存在したが、この際に内裏を警固したのが、平維叙《これのぶ》（貞盛の子）・維時《これとき》（貞盛の孫）、源頼光《よりみつ》（経基の孫、満仲《みつなか》の子、摂津源氏の祖）・頼親《よりちか》（頼光の弟、大和源氏の祖）の四人であった。彼らは「満仲・貞盛の子孫也」で、「名つは物ども」と評された（『栄花物語』巻五）。また、『続本朝往生伝』の中では、一条朝における天下の「武士」として、源満仲・満正《みつまさ》（満政、満仲の弟）・頼光、平維衡《これひら》（貞盛の子）・致頼《むねより》（良兼の孫、公雅の子）があげられている。

いずれも、平貞盛・源経基ら天慶の乱の鎮圧者の子孫を、特別な「兵《つはもの》」の血筋として認めている。すなわち、天慶の乱を経ることによって、武芸を家業とする「兵の家」が成立したのである（川尻秋生『平将門の乱』吉川弘文館、二〇〇七）。

武士の起源をめぐっては、平安時代に入り、地方の有力農民が土地を守るために武装化することに始まると説かれることが多かった。彼らが私営田領主に成長し、平氏・源氏を棟梁と仰ぎ、武士へと成長すると考えられてきたのである。これに対し、武士とは「弓馬の芸」を職能とする者であり、武器・武具や武芸自体も律令国家における六衛府などの武官を起源とするという批判が加えられた（髙橋昌明『武士の成立　武士像の創出』東京大学出版会、一九九九）。前者が地方から武士が発生したとするのに対し、後者は都において武士は発生したとしているのであり、対照的である。

近年は、地方か都かという問い方ではなく、そもそも武士は地方と都とを往来する存在であるという認識が広まっている。平将門は、都で藤原忠平に家人《けにん》として仕えていた。平貞盛は、将門の乱を鎮圧した後、都で中央官人化したわけであるが、弟の繁盛は坂東に残っている。また、受領に任じられるなどして、在地に基盤を築くことができた一族は、都と在地を往復しながら、摂関家等の権門に武力と財力の両面で奉仕することが可能となった。権門との強い関係を築くことができた一族は、さらに受領を出し続けて武士として成長したのであった。

†伊勢平氏の成立

九九八年（長徳四）先に述べた平維衡（貞盛流）と致頼（良兼流）は、伊勢国において私闘をくり広げた。維衡と致頼の対立は、右大弁藤原行成《ゆきなり》により左大臣藤原道長に報告されている（『権記』同年十二月十四日条）。『今昔物語集』にもこの騒動は記され、ともに勘問されて、致頼は隠岐に配流、維衡は淡路国に移されることとなった（巻二三－一三）。

平氏がいつの段階から伊勢に進出したのか、詳細は不明である。しかし、貞盛の郎等として名前が出てくる館諸忠《たてのもろただ》（『今昔』巻二九－二五）は、伊勢の豪族である館氏の祖と考えられ、すでに貞盛の段階から伊勢に進出していたと指摘されている（髙橋昌明『清盛以前』平凡社、二〇一一）。貞盛が京と坂東とを往来する中で、東海道における交通の拠点のひとつである伊勢を勢力下においたのであろうか。後には、東山道の信濃においても平氏の進出が見られる（井原今朝男「中世善光寺平の災害と開発」『国立歴史民俗博物館研究報告』九六、二〇〇二）。

平維衡は、九九六年（長徳二）頃に右大臣藤原顕光《あきみつ》が伝領した堀河院を修造している（『栄花物語』巻一六）。維衡は最初は顕光の家人であったと考えられるが、一〇一〇年（寛弘七）には馬一〇匹を藤原道長に献上している。また、一〇二〇年（寛仁四）に常陸介として赴任する際には大納言藤原実資《さねすけ》から馬を贈られている。

このように、維衡は道長などの有力者との関係を次から次へと築き、これによって受領を歴任していたのであろう。伊勢国を本拠としながらも、維衡は京と地方とを往来して有力者との関係を築きあげた。さらに、受領を歴任して富を蓄積することにより、政治的地位を向上させていったと考えられる。

維衡の子孫はその後も受領に任じられ、検非違使などの中央の武官にも任じられるようになる。一方、致頼の子孫には目立った受領への任官は見られなくなる。摂関家などの権門との関係により、大きな差ができたと考えられるのである。伊勢の地は、十世紀末から十一世紀前半にかけて平氏内部の争いが見られたのであるが、結果的には維衡の子孫が勝利し、伊勢平氏が成立したのである。

†平忠常の乱

常総地域においても、貞盛流と良文流による平氏内部の争いがあった。

従来、不明な点が多かった平良文《よしふみ》（高望の子、将門の叔父）について、近年、川尻秋生氏により将門の乱に参加したこと、そして将門死亡の第一報を行った人物であったことが明らかにされた（川尻『平将門の乱』）。乱の後は、上総・下総の地域に残り、貞盛・繁盛の子孫たちと対立した。九八七年（永延元）平繁盛が延暦寺に金泥般若経六〇〇巻を奉納しようとしたところ、陸奥介平忠頼《ただより》（良文の子）と弟の忠光《ただみつ》が妨害したことが知られている。

良文の孫、忠頼の子が平忠常《ただつね》である。一〇二八年（長元元）忠常は安房国司を襲撃、上総国府を占拠した。上総・下総に勢力を築いた忠常が、国司との間での軋轢が生じたと考えられる。追討使《ついとうし》として平直方《なおかた》（貞盛流）が任じられ、ここにおいても良文流と貞盛流との対立の構図が生まれたのであるが、直方は討伐に失敗する。あらためて追討使として甲斐守源頼信《よりのぶ》（満仲の子、河内源氏の祖）が任じられる。忠常は常陸介であった時に頼信に臣従しており、すぐさま投降することとなる。

忠常の乱によって、安房・上総・下総は大きな被害を受けている。上総介藤原辰重《ときしげ》（時重）の報告によると、①上総国は忠常追討のために、三年分の官物を徴発している、②前任平維時の時に二万二千九百八十町余あった本田が十八町に減じており、これは将門の乱の時よりも被害が多い、③自分が着任してから、復興して千二百町余にまで回復している、という内容であった（『左経記』長元七年十月二十四日条）。『今昔物語集』にも、辰重が逃散した農民を集めて農業を復興する様子が記されている（巻一七－三二）。これは在地の新たな有力者が農民を集めて「開発」を行うという、中世的な「開発」の様子を示している。坂東の新たな時代の幕開けである。

良文流からは、千葉氏・上総氏などのいわゆる坂東平氏が出てくる。良文流は、忠常が源頼信に臣従していたように、もともと源氏との結び付きが強かった。坂東平氏は、河内源氏の東国支配に従うことになり、源頼朝の挙兵の際には主力の部隊となっていく。一方、忠常と対立した直方の子孫から、北条氏が出てくるとされている。時家《ときいえ》の代に伊豆介となり、北条氏を名乗る。その孫北条時政《ときまさ》は、伊豆配流中の頼朝に政子《まさこ》を嫁がせることとなる。坂東における平氏は、後には源頼朝を助ける勢力へと変貌する。東国における広範囲な武士の主従関係が形成され、やがて「武家の棟梁」が出現するのである。

†平氏の再編

十一世紀後半に院政が開始されると、伊勢平氏は院の武力の中心となる。平維衡の曾孫正盛《まさもり》は、一〇九七年（永長二）伊賀国の開発所領を白河院第一皇女媞子《ていし》内親王の菩提所六条院に寄進する。これにより白河院に接近し、院の北面の武士となり、中央に進出する。一一〇八年（嘉承三）正月には正盛は源義親《よしちか》（河内源氏、義家の子）の追討を果たして京に凱旋し、一躍その武威を京の貴族社会に誇示した。追討の功により但馬守に任じられると、その後も丹後・備前・讃岐などの有力な西国受領に任じられ、平氏の西国における基盤が形成されることとなる。『中右記』において藤原宗忠《むねただ》は、「最下品の者」が院との結び付きにより、通常は任じられない良国の受領に任じられたと非難している（嘉承三年正月二十四日条）。これ以降、正盛は平氏の中でも優位な地位を確立し、その子孫も院の近臣という立場を利用して、政治的地位を向上させる（高橋『清盛以前』）。

摂関期までは、武芸を世襲する家は検非違使《けびいし》などの治安維持の職を世襲し、追討使などの官職を通じて軍事的役割を担っていた。これが院政期になると、武芸の家は官職とは関係なく、軍事動員されることとなる。この段階となると「源氏平氏の輩《ともがら》」と総称されるようになり、武門の血統が確立されたと言える。正盛の子忠盛《ただもり》は瀬戸内海の海賊鎮圧により鳥羽上皇の信任を勝ち取り、殿上人《てんじょうびと》の地位を得た。さらに、孫の清盛《きよもり》は保元の乱・平治の乱を経て、政権の中枢に上り詰めた。清盛の代に至って、平氏は全国の武士を家人として編成し、「武家の棟梁」となったのであった。

さらに詳しく知るための参考文献

元木泰雄『武士の成立』(吉川弘文館、一九九四)……武士とは何かという問いに対し、職能と在地領主という二面性を指摘し、京と地方を往来する存在であることなどを説く。武士について考える際に、まずは読んでもらいたい書物である。

下向井龍彦『日本の歴史07　武士の成長と院政』(講談社、二〇〇九)……平将門の乱以前、寛平・延喜年間に平高望らが東国の争乱において活躍したことを重視する。国家の軍事編制という視点から、平安時代が通史的に叙述されている。

川尻秋生『戦争の日本史4　平将門の乱』(吉川弘文館、二〇〇七)……平将門の乱に関して、現在の研究の到達点を示す。新史料の発見など、いくつもの新たな知見が提示されている。

髙橋昌明『増補改訂　清盛以前』(平凡社、二〇一一)……伊勢平氏がいかにして権力を掌握したのかという問題について、清盛の祖父正盛・父忠盛を中心に、史料を丹念に読み解いて明らかにする。

第15講

奥州藤原氏

樋口知志

†父系出自

古くは純然たる蝦夷《えみし》系豪族で摂関家藤原氏より藤原姓の名乗りを許されたなどと言われてきた奥州藤原氏だったが、戦後には父系に藤原氏の血を引いていたことが広く認められるようになった。その大きな契機となったのは一九五〇年（昭和二五）の奥州藤原氏四代の遺体学術調査であり、当時最先端の医学的調査により四代の当主がアイヌ的ではなく都の貴族風の形質的特徴をもっていたことが明らかになった（朝日新聞社編『中尊寺と藤原四代——中尊寺学術調査報告』朝日新聞社、一九五〇）。奥州藤原氏を北方夷賊視する偏見より解放された後は、系図類を含む諸史料の調査・研究が本格化し、同氏の父祖や奥六郡《おくろくぐん》（陸奥国の胆沢《いさわ》・江刺《えさし》・和賀《わが》・稗抜《ひえぬい》・志和《しわ》・岩手《いわて》の六郡）の安倍氏、出羽《でわ》山北三郡《せんぼくさんぐん》（出羽国の雄勝《おがち》・平鹿《ひらか》・山本の三郡）の清原氏との親族関係などについての考察が進んだ。その結果現在では、奥州藤原氏は藤原魚名《うおな》（北家）の子孫で承平・天慶の乱において平将門《まさかど》を討ち取ったことで有名な藤原秀郷《ひでさと》の末裔の一流に属することが判明している。

平泉開府を果たした奥州藤原氏初代清衡《きよひら》の実父経清《つねきよ》は、『造興福寺記《ぞうこうふくじき》』永承二年（一〇四七）二月二十一日条に興福寺再建のための経済的貢献を負った陸奥国在住の五位の藤原氏一族として名がみえている（佐藤圭「永承二（一〇四七）年における五位以上の藤原氏の構成」『年報中世史研究』八、一九八三）。経清の父祖の系譜では『尊卑分脈《そんぴぶんみゃく》』所収のものが最も信頼性が高く、祖父正頼《まさより》は従五位下《じゅごいのげ》下野守《しもつけのかみ》、父頼遠《よりとお》は下総国住人とみえるので、おそらく彼の一家は父か祖父の代に坂東で勃発した平忠常《ただつね》の乱（一〇二八～三一）を契機として源頼義《みなもとのよりよし》（前九年合戦《ぜんくねんかっせん》で安倍氏を討った河内源氏の棟梁）の父頼信《よりのぶ》と主従の契りを結んだのだろう。その後経清は頼信の次子である頼清《よりきよ》（頼義の弟）の郎従《ろうじゅう》となり、主君頼清が長久年間（一〇四〇～四四）に陸奥守《むつのかみ》に任じられた際に陸《む》奥権守《つのごんのかみ》としてともに下向したらしい（樋口知志「藤原清衡論」、樋口著『前九年・後三年合戦と奥州藤原氏』高志書院、二〇一一）。赴任後は国守頼清の下で顕著な働きをなし、褒賞として亘理《わたり》郡《ぐん》を拝領してそこに館《たち》を構え、権守の任が終わった後も都へ帰らずそのまま同郡に留住した。

頼清の後任の陸奥守となった藤原登任《なりとう》の郎従として都から下り、経清同様に主君への功によって一郡を拝領した者がいた。亘理郡に隣接する伊《い》具《ぐ》郡《ぐん》の主となった平永衡《ながひら》である。

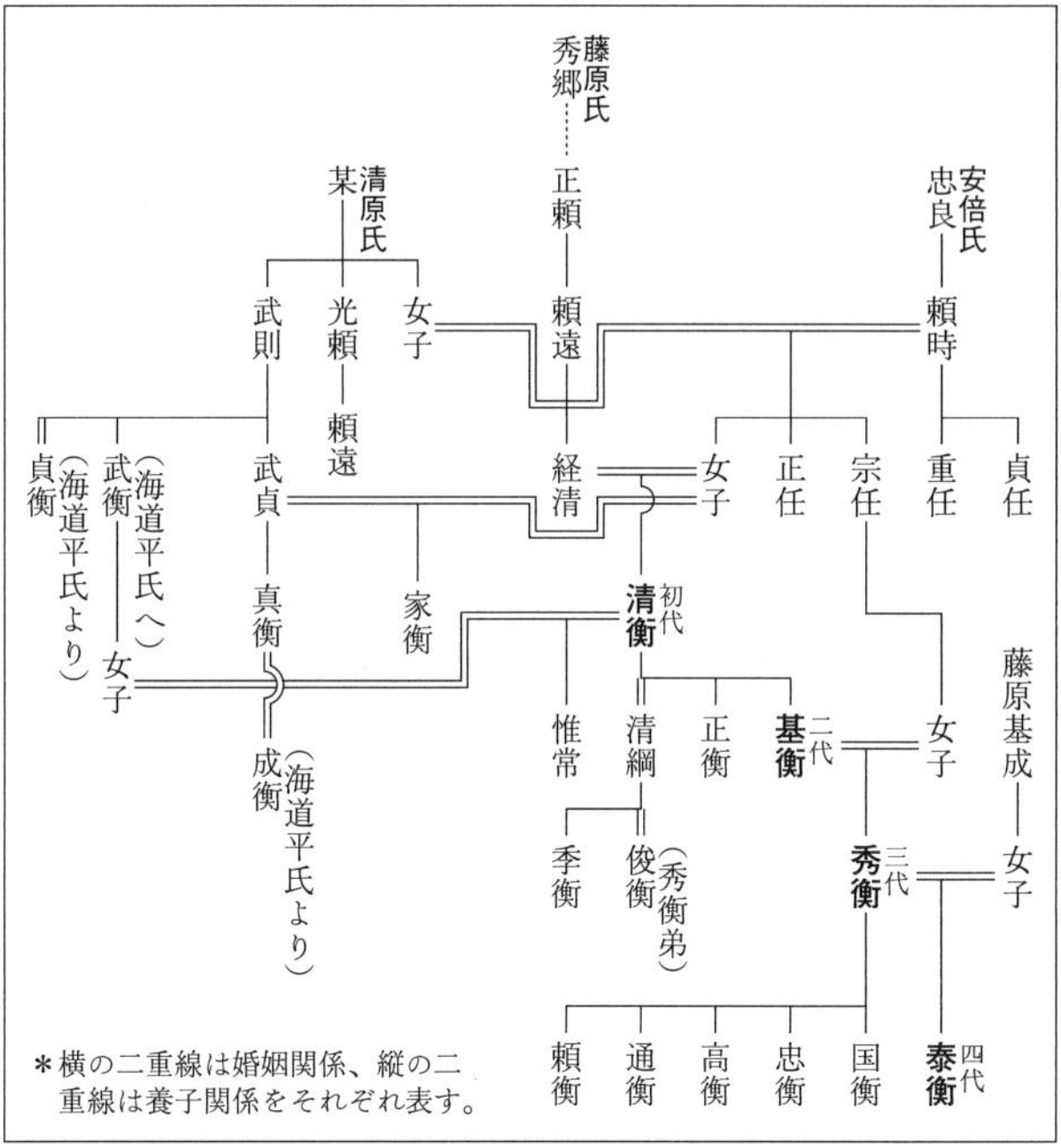

図　奥州藤原氏関係系図

経清と永衡との縁は次第に深まっていったが、一〇五〇年（永承五）以前に永衡が奥六郡主《おくろくぐんしゅ》（国家政府より承認された公式の奥六郡領主の地位）安倍頼良《あべのよりよし》の娘婿となった。その後一〇五一年に陸奥守登任と奥六郡主頼良との間に武力衝突が生じたが（前《ぜん》九《く》年合戦《ねんかっせん》の勃発）、後任の陸奥守源頼義の赴任によっていったん紛争は収束し、安倍頼良も恭順の意思を示すため新国守と同名であることを憚り頼時《よりとき》と改名した。しばらく頼義と頼時の間に危険な気配はなかったが、一〇五三年（天喜元）に頼義が鎮守府将軍職《ちんじゆふしようぐん》（一〇二九＝長元二年頃廃止）を復活させ自ら兼帯したあたりから雲行きが怪しくなる。そして奇しくも清衡が出生した一〇五六年（天喜四）に頼義は頼時次男貞任《さだとう》の「罪状」を口実に一方的に安倍氏を討伐しようとし、再び戦端が開かれたのである。

合戦再開の一因として、源氏の郎従だった経清が奥六郡主頼時の娘婿となった事実（時期は不明だが一〇五三年以降か）が伏在していた可能性がある。あるいは、武門の名族秀郷流と奥六郡主安倍氏の血統を併せ承けた清衡の出生が合戦再開の直接的原因になんらかのかたちで関わっていたのかもしれない。

†女系親族

清衡の実母が安倍頼時の娘だったことはよく知られる。だが頼時の妻は数人おり、清衡母の母親の血統にも注意を払う必要がある。『陸奥話記《むつわき》』と「康平七年（一〇六四）三月二十九日太政官符」（『朝野群載《ちようやぐんさい》』巻第十一）の詳密な考証により、頼時の三男宗任《むねとう》と五男正任《まさとう》の二人が頼時嫡妻の清原氏女性の所生子だったことが推察される（樋口知志「奥六郡安倍氏の滅亡――安倍頼時子息たちの動静を中心に」『アルテス　リベラレス』一〇二、二〇一八）。頼時が前九年合戦中盤の一〇五七年（天喜五）に源氏方へ離反した同族安倍富忠《とみただ》の伏兵に射られた箭《や》疵《きず》がもとで死去した後に彼の嫡子格として統率権を代行したのも、嫡妻腹の第一子宗任だった（一方の次男貞任は磐井郡金氏《こんし》出身の庶妻腹の庶子）。清衡の父経清と宗任とが親しい間柄だったことを思わせる徴証も『陸奥話記』中にみえ、おそらく清衡の母もまた宗任・正任と同じく頼時嫡妻の所生子だったと考えられる。とすれば、清衡の体内には清原氏の血が四分の一ほど流れていたことになる。

清衡にとって女系の祖である安倍氏と清原氏はどのような氏族だったか。まず安倍氏については、奥六郡の地で在地豪族として台頭した時期として、①九世紀末～十世紀初頭頃、②十世紀後期～末期頃、③十一世紀前半頃の三説がある。最も新しくみる③の説は、『範国記《のりくにき》』長元九年（一〇三六）十二月二十二日条で安倍忠好《ただよし》なる人物が陸奥権守に任じられていることを根拠に、奥六郡安倍氏はこのとき都から下向した頼良の父忠良《ただよし》に始まると解するもので、近年も同調する意見がみられる。しかしこの説では一〇二九年と一〇三〇、三一年頃の生まれとみられる忠良の孫の貞任・宗任がいずれも平安京で出生したことになり、都人だった頼良がどうやって出羽山北清原氏や磐井郡金氏の女性と婚姻を結びえたのかがまったく理解しがたくなる。やはり長元九年末に陸奥権守となった忠好は都下りの貴族などではなく、すでに奥六郡内で現地実力者として多大な勢力を蓄えていた頼時の父忠良その人だったと理解するのが穏当だろう。

最も成立の可能性が高いと思われるのは①の説であり、具体的には八七八年（元慶二）に出羽国北部で起こった元慶《がんきょう》の乱発生時の鎮守将軍《ちんじゅしょうぐん》で、乱後の奥羽復興にも貢献した安倍比高《これたか》が、奥六郡安倍氏の祖だったのではないかと推察される。比高はその前の出羽守《でわのかみ》時代、蝦夷系豪族に対して禄《ろく》の支給を厚くしたことでも知られ（『類聚三代格《るいじゅさんだいきゃく》』巻十八、貞観十七年〔八七五〕五月十五日太政官符）、奥羽北部の現地社会において声望の高い地方官僚だった。

おそらくこの比高と現地の蝦夷系豪族の女性との間に出生した一男子こそ、奥六郡安倍氏の初代だったのではないか（樋口知志「「奥六郡主」安倍氏について」樋口前掲書所収）。そうした推測は、近年福岡県久山町で見出された安倍宗任の念持仏かとみられる小さな一木造《いちぼくづくり》の如来坐像《にょらいざぞう》によっても補強される。この仏像は、九世紀後半〜十世紀初頭に平安京周辺で造像されたものとみられ（井形進「福岡県久山町の個人蔵の古仏」『九州歴史資料館研究論集』三六、二〇一一）、九世紀末頃、帰任して都にあった比高の依頼を受けた都周辺の仏師《ぶっし》が、陸奥国に残された彼の子息を護持する仏像を造って陸奥へ送り、その後その仏像は代々の安倍氏正嫡に受け継がれていき、前九年合戦後には嫡子格だった宗任とともにこの地に移ってきた、との経緯があったように推測される。

一方清衡母の母方の親族とみられる清原氏の場合も、安倍氏と同じく元慶の乱の際に清原令望《よしもち》が出羽権掾《でわのごんのじょう》として平定に功があり、その後は秋田城司《あきたじょうし》として戦後復興に尽力していて、古く太田亮『姓氏家系大辞典』（角川書店、一九三六）が示唆したように、令望と現地豪族の娘との間に生まれた清原某を初代とする在地豪族で、十世紀代より在地社会で着々と実力をつけ台頭していったものだろう。なお最近、明治期の系図家中田憲信《のりのぶ》によって書かれた「出羽山北清原氏系図」を清原氏の「真正の系図」と過大評価する説がみられるが、光頼・武則兄弟の祖父・父とされる「光蔭」・「武頼」の二代の名や傍注の内容は創作の可能性が濃厚であり、同系図は全体的に信頼しがたい。

奥州藤原氏の女系の祖である安倍・清原両氏は中央氏族安倍朝臣《あべのあそん》・清原真人《きよはらのまひと》両氏に父系出自をもち、蝦夷系の奥羽現地豪族を女系親族とする両属的な氏族であり、それゆえに中央政界と地方政界の両方に顔が利き、それぞれ奥六郡主・出羽山北主《でわせんぼくしゅ》として現地支配や都への貢賦進上といった重要な役割を果たすことができたと考えられるのである。

†初代清衡と前九年・後三年合戦

藤原清衡は、前九年合戦（一〇五一〜六二）最中の一〇五六年に生まれた。同合戦は当初、一〇五一年頃の陸奥守藤原登任と安倍頼良との紛争で幕を開けたが、翌年初め頃に源頼義が新たな陸奥守として着任するといったん戦いは収束した。だがちょうど清衡が生を享けた年に、源氏と安倍氏との合戦が始まった。頼義は朝廷に安倍氏追討の宣旨《せんじ》下給を要求したが、国家首脳部の間では衆議がまとまらず、この事件で安倍氏がただちに叛逆者とされたわけではない。しかし翌年の七月末、頼時が源氏方へ寝返った同族富忠《とみただ》の攻撃で負った箭疵により死去すると、十一月、貞任を総帥とする安倍氏軍は磐井《いわい》郡黄海《きのみ》（岩手県一関市）の合戦において猛虎の勢いで反撃、源氏軍を破った。だが安倍氏にとってはそのことが仇となり、同氏の謀叛を主張する源氏の側を大きく利する結果を招き、合戦直後に頼義に追討宣旨が下され、十二月に頼義は安倍氏追討を果たすべく陸奥守に再任された。

ところがその後も頼義率いる陸奥国軍は一向に安倍氏を討ち果たせず、逆に安倍氏方は奥六郡を南に踏み越え、磐井郡以南に進出。安倍氏軍の客将だった清衡の父経清は、本来国府に納められるべきこれらの郡の官物を安倍氏軍の軍糧として徴収した。

窮地に陥った頼義は出羽山北の清原氏に援軍を請い、一〇六二年（康平五）に入って当主清原光頼《みつより》の弟武則《たけのり》がようやく援軍派遣を受諾した。なお武則の真の参戦理由とは、源氏と安倍氏との長期にわたる戦いの過程で、磐井郡金氏の親族である頼時庶子の貞任が安倍氏一族内でカリスマ的信望や軍事的実力を獲得しつつあったことへの危機感から、安倍氏追討に便乗することで貞任とその家族を屠り、合戦後に清原氏の親族である頼時三男宗任を擁立し、自らの後見の下に安倍氏当主を継承させようとするものだったと考えられる。

源氏・清原氏連合軍は、同年八月十七日に安倍氏北伐を開始。一ヶ月におよぶ激戦を経て、九月十七日に岩手郡厨川《くりやがわ》・嫗戸柵《うばとのさく》（岩手県盛岡市）において安倍氏は敗れ去った。貞任・重任《しげとう》（頼時六男）・藤原経清は殺され、奥六郡主安倍氏はここに滅亡した。翌年二月の論功行賞で清原武則は鎮守府将軍に任じられ、さらに源頼義が宗任ら五人の頼時子息を拉致して伊予守《いよのかみ》の任に赴き陸奥を去った後の翌一〇六四年（康平七）頃には、安倍氏の跡を継いで奥六郡主をも兼ね、それを契機として武則の一家は出羽山北より奥六郡へと移住した。

合戦終結後、夫を失い未亡人となった清衡の母は、息子を連れて清原武則の長子武貞《たけさだ》に再嫁する。清衡の母は安倍氏と清原氏の両嫡流の血統を併せ享《う》けており、武貞は彼女を自分の嫡妻として迎えたとみられる。また安倍頼時の嫡女である母と、鎮守府将軍を多く輩出した秀郷流藤原氏の血を引く父を両親にもつ清衡の存在は、安倍氏の跡を継いで奥六郡主となった武則の一家にとっては、住人たちを従え領内を統治していくためにもきわめて重要だった。

武則死去後の一〇八〇年（承暦四）頃、嫡孫真衡《さねひら》（清衡の異父異母兄）が清原の家督を継ぎ奥六郡主となった。その後清原一族の内紛を契機として勃発したのが後三年合戦《ごさんねんかっせん》（一〇八三〜八七）である。

男子がなかった真衡は、海道小太郎成衡《かいどうこたろうなりひら》という海道平氏《かいどうへいし》（福島県いわき市周辺を本拠とする桓武平氏系武士団）の少年を養子に迎え後継者とし、その後源頼義が常陸国住人多気権守《たけのごんのかみ》平宗基《むねもと》の娘に生ませた女子をめあわせようとした。だが当主真衡が推進したこの極端な嫡宗継承路線が一門・同族内で大きな反発を招き、一〇八三年（永保三）夏頃には成衡の婚礼の際に生じた諍いをきっかけとして、当主真衡が率いる主流派と、清衡・家衡《いえひら》（清衡の異父同母弟）を擁する守旧派との間で戦端が開かれた。そこに陸奥守として赴任してきた源義家《よしいえ》（頼義の子）が介入したことで、事態は複雑化・激化していく。

当初は真衡・成衡・義家と清衡・家衡とが対決する構図だったが、途中で真衡が頓死すると、義家は成衡を清原氏より離縁させ清衡・家衡と和睦し、独断で真衡の遺領の奥六郡を三郡ずつ両人に受け継がせた。だが今度は清衡と家衡との仲が悪化し、一〇八六年（応徳三）に家衡が清衡の館を急襲しその妻子・眷属を殺害、義家と清衡の軍勢は家衡を出羽国平鹿《ひらか》郡沼柵《ぬまのさく》（秋田県横手市雄物川町）に攻めたが、討ち果たせずに引き揚げた。翌一〇八七年（寛治元）には三兄弟の叔父である平武衡《たけひら》（一般には清原武衡とされるが、『百錬抄《ひやくれんしよう》』同年十二月二十六日条に従い海道平氏の平姓としておく）が家衡方に加勢し、同年九月より義家・清衡軍と武衡・家衡軍による大激戦が同国山本郡金沢《かねざわ》（横手市金沢）の地で繰り広げられた。結果は義家・清衡軍の勝利に終わり、武衡・家衡は討たれた。

そもそも義家が清原氏の内紛に介入した意図は、当主真衡に味方するとみせかけて真衡父子を除いた後、清衡・家衡を仲違いさせて家衡を討ち、最後に一人残る清衡を傀儡《かいらい》として奥羽に覇権を打ち立てるというものだったと推察される。だが義家は戦後武衡・家衡追討官符《かんぷ》の下給を求めたものの、朝廷はこの戦いを義家の野心による私戦として陸奥守を罷免。河内源氏は前九年合戦に続きこのときも奥羽を掌中に収めることができなかった。

結局清衡一人が奥羽現地で清原氏嫡流の男子として生き残ったが、彼自身も義家に追従し奥羽に戦禍をもたらした人物として、その後長く中央政府・陸奥国府に警戒・監視されることとなる。かつては後三年合戦の直後に奥羽両国の支配権が清衡の掌中に入ったなどとされることが多かったが、それは決して真の史実ではない。

†平泉開府

後三年合戦直後の清衡は、中央政府や陸奥国府からは戦犯同然の危険人物として厳しく監視され、奥六郡主の座からも遠ざけられていた。愛する妻子を実弟家衡に殺された悲しみからも抜け出せず、当時の彼はきわめて不遇だった。深い悲しみの淵より脱した後は、まずそれまで長く分裂・抗争を繰り返していた清原一門の融和・一体化に懸命に尽力した。敵方の頭目だった武衡の娘とみられる海道平氏の女性(北方平氏《きたのかたへいし》)を嫡妻《ちゃくさい》に迎えた彼は、努力の甲斐《かい》あって目的を達することができた。次いで清衡は中央政界に後楯を得るべく摂関家の庇護を求めて動き出し、一〇九一年（寛治五）の武衡・家衡らの命日（十一月十五日）に関白藤原師実《もろざね》に馬二疋と二通の手紙を献上している。その結果、摂関家との間に誼《よしみ》を通わすことができたが、しかし奥六郡主権《おくろくぐんしゆけん》公認への道はすぐには開かれなかった。『中右記《ちゆうゆうき》』には一〇九四〜九七年（嘉保元〜承徳元）頃に兵衛尉《ひようえのじよう》の官にあった平清衡《きよひら》なる人物がみえ、在京していた清衡その人だった可能性が高い（佐々木博康「藤原清衡の在京について」『ぐんしょ』二四、一九九四）。政情不安定だった陸奥より脱出して平安京へ至り、嫡妻北方平氏の平《たいら》姓を名乗り、中央政界における支援者探しや人脈づくりのために四、五年間ほどの間在京したと思われる。そこで彼は当時最先端の仏教思想や造寺・造仏に関するノウハウなどの諸情報にも接したとみられ、それらは後の平泉における仏都建設事業を推進するうえでの文化的基礎をなしただろう。

都での清衡の政治工作が功を奏し、十一世紀最末期頃より奥羽在地勢力に協調的・譲歩的な姿勢をとる陸奥守が相次いで現われた。源有宗《ありむね》（任一〇九五〜九九）、藤原実宗《さねむね》（任一〇九九〜一一〇三）、藤原基頼《もとより》（任一一〇三〜一一）の三人である。このうち実宗の代に清衡は正式に陸奥守直属の下僚とされ、また基頼の代にはついに長年の宿願だった奥六郡主権の公認を実現したのである（樋口「藤原清衡論」前掲）。

名実ともに奥羽社会の覇者となった清衡は、基頼の陸奥守在任中の一一〇三〜〇五年

（康和五〜長治二）頃に本拠を江刺郡豊田より磐井郡平泉へ遷し、平泉政権を樹立した。岩手県平泉町柳之御所遺跡《やなぎのごしょいせき》は、平泉政権における重要な政治的機能をともなった施設の遺構群とみられている。また清衡が本拠地を平泉に定めたのとほぼ同時に、平泉町北部の関山《かんざん》丘陵《きゅうりょう》上に中尊寺《ちゅうそんじ》の大規模な堂宇《どうう》造営が開始された。さらに都市平泉の繁栄は、中尊寺より北に望める衣川《ころもがわ》の北岸地区を中心に占地した商工業者居住地域や川湊などの経済的機能によって支えられており、それらの地では都市的な賑わいもみられた。

奥羽の乱世に終止符を打ち、恒久平和な仏国土を建設し、中央政権との共存体制の基礎を築くという重要な事業を成し遂げた清衡は、過去の戦乱の中で散っていった幾多の不幸な生命に鎮魂の祈りを捧げることも忘れなかった。中尊寺造営や紺紙金銀交書一切経書写《こんしきんぎんこうしょいっさいきょうしょしゃ》などに代表される清衡の仏教政策は、一面では奥羽在地社会の覇者を自認する彼の政治的意志の表出でもあると考えられるが、他面では過去の戦いで命を落とした人々に捧げた鎮魂の営みでもあった。一一二六年（天治三）三月二十四日の中尊寺伽藍の落慶供養《らっけいくよう》式典で彼自身によって読み上げられた「中尊寺供養願文《ちゅうそんじくようがんもん》」（中尊寺文書）の文章からは、「官軍」「夷虜」を限らずすべての戦没者の霊魂に対して普く哀悼し冥福を祈念しようとする精神の境地がうかがえる。この世に生を享けて以来、あまりにも深い苦悩に満ちた人生を生きぬくことを強いられてきた彼だからこそたどり着いた切なる平和への憧憬をみてとることができよう。

†二代基衡

一一二八年（大治三）七月、初代清衡が死去した。だがその翌年には、彼の長子惟常《これつね》（小《こ》館《たち》）と次子基衡《もとひら》（御曹子《おんぞうし》）とが跡目をめぐって相争う事態となった（『長秋記《ちょうしゅうき》』大治四年八月二十一日条）。合戦は、弟基衡が兄惟常とその子どもたちを殺害し、当主の座を暴力により奪取するという結果に終わり、清衡の妻の一人が上京して戦いのありさまを報じている（同、大治五年六月八日条）。この妻の正体については諸説あるが、基衡に襲われた惟常が越後国をめざして逃走したという『長秋記』の記載に注目するならば、越後城《じょう》氏当主の妻の姉妹で平（清原）武衡の娘だった清衡の嫡妻北方平氏その人と考えられる。つまり殺された惟常は彼女が生んだ長子であり、おそらく生前清衡が自分の後継者に指名していた可能性が高い。まさに基衡は、奥州藤原氏当主の座を簒奪《さんだつ》したのである。

基衡は実力で当主の座に就いたものの、代替わり後しばらくの間はさながら後三年合戦の頃のような同族内の内紛や政情不安の時期が続いたことだろう。なお彼の妻（三代秀衡《ひでひら》の母）は安倍宗任の娘だったから、安倍氏時代以来の奥羽在地社会の伝統を重んじる守旧的な勢力によって支えられていたことが考えられるが、一方では信夫郡《しのぶぐん》の佐藤氏のような基衡とのパーソナルな人格的関係の紐帯で強く結ばれた新たなタイプの家臣団の形成も進んでいったと思われる（入間田宣夫『平泉藤原氏と南奥武士団の成立』歴史春秋社、二〇〇七）。

一一三五年（保延元）、父清衡の代より陸奥守の任にあった源信雅《のぶまさ》が死去し、程なく後任の藤原師綱《もろつな》が新たな守として赴任する。この師綱の下向後に起こったのが、『古事談《こじだん》』（第四）や『十訓抄《じっきんしょう》』（第十）より知られるところの、信夫郡地頭犬庄司季春《じとういぬのしょうじすえはる》が師綱に斬刑《ざんけい》に処された一件である。着任した師綱は宣旨《せんじ》に従い一国の検注《けんちゅう》を強行しようとしたが、信夫郡において地頭の季春が基衡の命により検注を拒み、両軍の間で合戦となり、国司方に多数の負傷者が出た。違勅《いちょく》の罪を懼れた基衡は季春と話し合ったところ、季春は主君基衡が何も知らなかったことにし自分の首を差し出すべきことを進言。基衡もそれに従い、季春は師綱方に捕らえられ、昆次郎大夫《こんのじろうたいふ》の郎等気仙弥太郎《けせんのやたろう》により斬首されたという話である。一般には腹心の後見《こうけん》である季春の命を惜しむ基衡の狼狽が強調されがちだが、あるいは逆に、国守がひとたび命じればたとえ自身が寵愛する腹心の首であっても進んで差し出すという恭順ぶりを敢えて示すことで、基衡が院政権や陸奥国府の政治的信頼を獲得しようと目論んだという可能性も大いに考えられる。『古事談』や『十訓抄』にみえる「砂金一万両」献上などのくだりは原話作者によるただの尾鰭《おひれ》にすぎないのではないか。実際に基衡は、師綱在任中の一一三七年（保延三）七月より父清衡を供養するための法華経《ほけきょう》書写を開始しており（誉田慶信「平泉仏教の歴史的性格に関する文献資料学的考察」（『平泉文化研究年報』一四、二〇一四））、その頃彼の奥羽での覇権がようやく確立しつつあったことがうかがい知られる。

一一四三年（康治二）、師綱の後任として藤原基成《もとなり》が陸奥守となり、鎮守府将軍を兼ねた。基成は鳥羽院《とばいん》の近臣忠隆《ただたか》の子で、弟の信頼《のぶより》は後白河院《ごしらかわいん》の近臣、妹は関白近衛基実《このえもとざね》の嫡妻として後に関白となる基通《もとみち》を生んでいて、強い政治力をもつ「大物国司」だった。基衡と基成との間には蜜月関係が形成され、またおそらく基成を介した縁によって、基衡は仁和寺《にんなじ》御室覚法法親王《おむろかくほうほっしんのう》の支援もえた。覚法は基衡による毛越寺《もうつうじ》造営にさまざまな便宜をはかって協力し、平泉と宋商人とを結びつける役割をも果たしていたと推測される（遠藤基郎「基衡の苦悩」柳原敏昭編『平泉の光芒』吉川弘文館、二〇一五）。さらに久安・仁平年間（一一四五～五四）には、摂関家の藤原忠実《ただざね》・頼長《よりなが》父子を相手に奥羽の摂関家領荘園の年貢額をめぐって抜け目ない駆け引きを演じている（『台記《たいき》』仁平三年（一一五三）九月十四日条）。

基成や覚法、頼長らとの関係を通じて基衡の政治権力は一層中央政界へ接近し、彼の下で平泉は発展の転機を迎えていた。しかし都で保元《ほうげん》の乱が起こった後の一一五七年（保元二）頃、政治家として円熟の頂点にあった基衡は突如病により急死してしまう。

†三代秀衡

秀衡は父や祖父とは違って、兄弟と跡目相続の争いをせずに当主の座に就いている。それゆえ基衡から秀衡への当主継承は順調だったように思われがちなのだが、『吾妻鏡《あずまかがみ》』文治五年（一一八九）九月二十三日条には「秀衡、父の譲りを得て、絶ゆるを継ぎ廃《すた》るを興す」との一見不可解な文言がみえる。

奥州藤原氏三代の肖像（毛越寺所蔵）
上が藤原清衡、右が藤原基衡、左の法体姿が藤原秀衡

秀衡が史上に初めて登場するのも父の死去から十年ほども経った一一六七年（仁安二）まで降り、十月に後白河院の馬場御《ばばご》所《しょ》においておこなわれた競馬《くらべうま》に秀衡所有の馬二頭が出走している（『兵範《へいはん》記《き》』同年十月二十六日条）。秀衡の後継者となる泰衡《やすひら》が誕生したのも『吾妻鏡』吉川本《きっかわぼん》の二十五歳死

没説に従えば一一六五年（永万元）のこととなり、やはりこの空白期間に収まる。とすれば、秀衡と藤原基成の娘との婚姻は従来考えられてきたような基衡主導による縁談ではなく、基衡死没後の政治空白期において秀衡への政権移行を平穏に推進するために秀衡と基成の二人によって企図されたものだった可能性が浮かび上がってくる。

基成任了後の陸奥守は基成の甥の藤原隆親《たかちか》（任一一五三〜五七）、叔父の雅隆《まさたか》（任一一五七〜五九）と続き、その後一一五九年（平治元）十二月に起こった平治《へいじ》の乱の結果、翌年には基成本人が弟信頼ら乱の首謀者に連座して陸奥国へ流され、平泉に住み着いた。とすれば、基衡死去後の奥羽両国の政治における基成の影響力はかなり大きなものだったと考えざるをえない。秀衡の対抗馬として家臣団分裂の要因になりかねない弟俊衡《としひら》を清衡の子（養子の可能性も高い）である樋爪《ひづめ》藤原氏の当主清綱《きよつな》の跡取り養子とし、さらに秀衡の家督後継者としての地位を確固たるものとするために自分の娘を娶らせたのは、いずれも基成が秀衡とともに熟慮を重ねて考え出した方策だった可能性が高い。とくに後者は、奥六郡主の正嫡を嗣ぐ秀衡を代々院近臣家として多大な貢献をなしてきた自家の婿として迎えることにより、奥州藤原氏に平安京貴族の貴種性を付与し、それにより平泉を拠点とする奥羽の政治権力の体制的強化を目指そうとしたものだったとみられる。

一一七〇年（嘉応二）五月、秀衡は従五位下鎮守府将軍となった。父・祖父ともに到達できなかった武家最高の顕官に就いた彼は無量光院《むりょうこういん》と加羅御所《からごしょ》を造営し、都市平泉のさらなる整備を進めた。また中央の諸神を勧請して中央総社と四方の鎮守社を建立し、平泉の諸寺社では法会や祭礼などの年中行事も恒例化された。さらに源平合戦期の一一八一年（養和元）八月には従五位上陸奥守に補任された。

ところで一一七一年（承安元）には後三年合戦の顚末を描いた絵巻である『後三年絵《ごさんねんえ》』（現存せず）が後白河院の院宣により制作された（その詞書の内容は現存する『奥州後三年記《おうしゅうごさんねんき》』とほぼ同じだったと推測される）。絵巻の制作を担当した法印静賢《ほういんじょうけん》は平治《へいじ》の乱で源義朝《よしとも》（頼朝《よりとも》の父）に殺害された信西《しんぜい》（藤原通憲《みちのり》）の遺児であり、当時蓮華王院《れんげおういん》執行《しぎょう》で後白河院の近臣でもあった。また秀衡の将軍就任の翌年に絵巻が成っていることからすれば、秀衡・基成ら平泉の側から、初代清衡の監修下で記された『奥州後三年記』原本にもとづく絵巻の制作を院政権に対して働きかけた可能性も十分考慮する必要があるだろう。ただし基成は平治の乱当時、後三年合戦で清原氏を討った義家の曾孫義朝と結んで静賢の父信西を討った弟信頼の側にあったが、あるいは早くも後白河院は平清盛《きよもり》の牽制に動きはじめていて、乱後の平氏一門の急速な興隆に反感を抱く基成と静賢とを結びつけて自己の麾下に確保しようとする思惑をもっていたのかもしれない。

一一七四年（承安四）、鞍馬《くらま》寺《でら》を出奔した源義経《よしつね》が平泉に入る。義経の義父一条長成《いちじょうながなり》が基成と親戚関係だった縁を頼ったものと推測される。平泉の秀衡・基成の許で育てられた義経は、以仁王《もちひとおう》・源頼政《よりまさ》による打倒平氏の檄に応じて一一八〇年（治承四）に挙兵した兄頼朝の許に合流、以降頼朝を総大将とする平氏追討軍の主力を担い、一一八五年（文治元）三月ついに平氏を滅亡させた。だが合戦後は頼朝の信頼を失って敵対し、後白河院に頼朝追討の院宣を出させるも敗走、一転して頼朝に追われる身となり、一一八七年（同三）の夏か秋頃に再び平泉へ逃げ込んだ。

平泉で義経を迎えた秀衡は、熟考の末頼朝ら鎌倉幕府との対決を決意する。同年十月二十九日、秀衡は庶妻腹の長男国衡《くにひら》に嫡男泰衡の生母である自分の嫡妻を娶らせ、義経を主君とし兄弟和融して頼朝を討てとの遺言を残して世を去った（『玉葉《ぎょくよう》』文治四年正月九日条）。

†平泉滅亡

秀衡没後、嫡男泰衡が四代当主の座に就いたが、鎌倉方の揺さぶりによって平泉方の結束は乱されていき、ついには泰衡自身が父の遺言に違背し、一一八九年（文治五）閏四月三十日、源義経を藤原基成の衣川館《ころもがわのたち》に攻め滅ぼした。泰衡は義経の首を鎌倉に送り平泉討伐の赦免を願い出たが、すでに頼朝の胸中では奥州藤原氏を滅亡に追い込む決意は固まっていた。同年七月十九日、源頼朝自ら率いる大手軍《おおてぐん》が奥州を目指して鎌倉を発った。八月十日には平泉方が築いた阿津賀志山《あつかしやま》の防塁線（福島県国見町）が突破され平泉軍の大将軍国衡も戦死、二十二日には平泉が陥落、平泉を棄て北方へ落ち延びた当主泰衡も九月三日、肥内郡贄柵《ひないぐんにえのさく》（秋田県大館市）にて郎従河田次郎《かわだじろう》の裏切りに遭い殺害される。ここに奥州藤原氏四代の歴史は終焉を迎えたのである。

さらに詳しく知るための参考文献

大石直正『奥州藤原氏の時代』（吉川弘文館、二〇〇一）……一九七〇年代より中世史研究の立場から奥州藤原氏へのアプローチをおこなってきた著者の論文集。「藤原経清考」「奥州藤原氏の貢馬」「奥州藤原氏研究と柳之御所跡」などの研究史上重要な論考を収録。

高橋崇『奥州藤原氏――平泉の栄華百年』（中公新書、二〇〇二）……奥州藤原氏三代の歴史を闊達で親しみやすい筆致で描く。史料的根拠が明確で入門書に適する。

樋口知志『前九年・後三年合戦と奥州藤原氏』（高志書院、二〇一一）……安倍・清原氏の成立・台頭から前九年・後三年合戦を経て奥州藤原氏初代清衡期に至るまでの時代を扱った八編の論考を収録。

入間田宣夫『平泉の政治と仏教』（高志書院、二〇一三）……近年の東北中世史研究で主導的役割を果たしてきた著者の論文集。「亘理権大夫経清から平泉御館清衡へ」「清衡が立てた延暦寺千僧供の保について」「衣河館と平泉館」「「人々給絹日記」を読み解く」などの研究史上重要な論考を収録。

斉藤利男『平泉――北方王国の夢』（講談社選書メチエ、二〇一四）……著者には約三〇年前に刊行された『平泉――よみがえる中世都市』（岩波新書、一九九二）があるが、それとは大きく異なる新たな説を提示する。

柳原敏昭編『東北の中世史1　平泉の光芒』（吉川弘文館、二〇一五）……奥州藤原氏の時代を扱った現時点で最新の通史的概説書。七人の研究者による共著。

樋口知志編『東北の古代史5　前九年・後三年合戦と兵《つわもの》の時代』（吉川弘文館、二〇一六）……平安後期～平泉開府期の東北史を扱った現時点で最新の通史的概説書。五人の研究者による共著。

おわりに

佐藤　信

本書は、先に刊行された、ちくま新書の『古代史講義――邪馬台国から平安時代まで』（二〇一八年）、『古代史講義【戦乱篇】』（二〇一九年）、『古代史講義【宮都篇】』（二〇二〇年）に続く姉妹編である。これまでの三書は、古代史の代表的テーマ、政治史を彩った戦乱そして歴史の舞台である宮都にそれぞれ焦点をあてて、最新の研究成果を読みやすく提示しながら、列島の古代史を通観できるようにめざした内容であった。幸い、ご好評をいただき、多くの読者に受け容れていただいた。

本書では、古代の政治史を考える時に常に大きな影響を及ぼしてきた氏族に焦点を当てて、氏姓制から律令制への歴史的展開において各氏族のあり方がどう変動したか、古代貴族社会の背景とともに明らかにすることをめざした。律令国家のもとで律令官僚制が導入されても、前代からの氏姓制も社会的に遺り、氏族の存在は無視できないものがあった。国家や人物とは違う氏族を単位として歴史過程を検証することによって、見えてくるものがあるといえよう。

　古代氏族については、各氏族の個別研究もふくめて近年多様で多数の研究成果が積み上げられており、大きく展開しつつある。そうした最近の研究状況をふまえて、氏族をめぐる歴史的変遷を着実かつ簡明に紹介して、古代史像を総合的に見通そうとめざしたのが、本書の意図である。

　幸い、適任な各執筆者のご協力のもとに、ここに最新の研究をふまえて、古代氏族を通して古代の政治的展開を幅広い視野から通観した成果を提示することができた。どこからでも読み進めていただき、各氏族がそれぞれの立場を主張しながら政治史にどうからんでいたのか、全体的な歴史像とともに通観していただければ、うれしい。なお、執筆者の間で、用語や歴史像をあえて統一することはしなかった。各論考の間にもし若干の見解の違いがあるとしたら、そうした今日の研究段階をむしろ楽しんでいただければ、と思う。

　各論考では、最新の研究や史料を積極的に取り扱うとともに、参考文献も掲げてある。本書を入り口として、さらに詳しくそれぞれの氏族の歩みに踏み込めるだろう。そうした史料に則して歴史を学び考える楽しさにもふれていただければ、なお幸いである。

二〇二一年四月

編・執筆者紹介

佐藤 信（さとう・まこと）【編者／はじめに・第5講・おわりに】
一九五二年生まれ。東京大学名誉教授。横浜市歴史博物館館長、くまもと文学・歴史館館長。東京大学大学院人文科学研究科博士課程中退。博士（文学）。著書『日本古代の宮都と木簡』『列島の古代』（以上、吉川弘文館）、『出土史料の古代史』（東京大学出版会）、編著『大学の日本史①古代』（山川出版社）、『古代史講義』（ちくま新書）など。

＊

大川原竜一（おおかわら・りゅういち）【第1講】
一九七五年生まれ。高志の国文学館主任（学芸員）。明治大学大学院文学研究科博士後期課程単位取得退学。専門は日本古代史。共編著『国造制の研究―史料編・論考編―』『国造制・部民制の研究』（以上、八木書店）、著書『日本古代の氏と系譜』（共著、雄山閣）など。

篠川 賢（しのかわ・けん）【第2講】
一九五〇年生まれ。成城大学名誉教授。北海道大学大学院文学研究科博士課程単位取得満期退学。博士（文学）。専門は日本古代史。著書『日本古代国造制の研究』（吉川弘文館）、『日本古代の王権と王統』（吉川弘文館）、『物部氏の研究』（雄山閣）、『古代国造制と地域社会の研究』（吉川弘文館）など。

中村友一（なかむら・ともかず）【第3講】
一九七二年生まれ。明治大学文学部准教授。明治大学大学院文学研究科博士後期課程修了。博士（史学）。専門は日本古代史。著書『日本古代の氏姓制』（八木書店）。

服部一隆（はっとり・かずたか）【第4講】
一九七〇年生まれ。明治大学兼任講師。明治大学大学院博士後期課程退学。博士（史学）。専門は日本古代史。著書『班田収授法の復原的研究』（吉川弘文館）。論文「大宝令にみえる公民制の日本独自規定」（『日本歴史』八三八）、

「日唐令の比較と大宝令」(『唐代史研究』一七)、「娍子立后に対する藤原道長の論理」(『日本歴史』六九五)など。

新井重行(あらい・しげゆき)【第6講】
一九七三年生まれ。宮内庁書陵部編修課主任研究官。東京大学大学院人文社会系研究科博士課程単位取得退学。博士(文学)。専門は日本古代史。論文「皇子女の産養について」(『書陵部紀要』六三)、「『類聚三代格』における格の追補」(佐藤信編『史料・史跡と古代社会』吉川弘文館)など。

桑田訓也(くわた・くにや)【第7講】
一九七八年生まれ。奈良文化財研究所都城発掘調査部主任研究員。京都大学大学院文学研究科博士後期課程研究指導認定退学。専門は日本古代史。著書『木簡　古代からの便り』(共著、岩波書店)、『文化財学の新地平』(共著、吉川弘文館)、『灯明皿と官衙・集落・寺院』(共著、奈良文化財研究所)など。

寺西貞弘(てらにし・さだひろ)【第8講】
一九五三年生まれ。元和歌山市立博物館館長、現関西大学・立命館大学・龍谷大学各非常勤講師。関西大学大学院博士課程後期課程修了。文学博士。専門は日本古代史。著書『古代天皇制史論』(創元社)、『古代熊野の史的研究』(塙書房)、『紀氏の研究』(雄山閣)など。

山本　崇(やまもと・たかし)【第9講】
一九七二年生まれ。奈良文化財研究所都城発掘調査部飛鳥・藤原地区史料研究室長。立命館大学大学院文学研究科博士課程後期課程修了。博士(文学)。専門は日本古代史。著書『考証日本霊異記上』(本郷真紹監修・山本崇編集、法藏館)、奈良文化財研究所編(責任編集山本崇)『平城宮木簡七』『藤原宮木簡三』『藤原宮木簡四』など。

溝口優樹(みぞぐち・ゆうき)【第10講】
一九八六年生まれ。中京大学教養教育研究院講師。國學院大學大学院文学研究科博士後期課程修了。博士(歴史学)。専門は日本古代史。著書『日本古代の地域と社会統合』(吉川弘文館)、論文「土師氏の改姓と菅原・秋篠・大枝氏の

成立」(『ヒストリア』二七〇)、「政治的動向からみた土師氏の系譜」(『日本歴史』八四九)など。

中野渡俊治(なかのわたり・しゅんじ)【第11講】
一九七二年生まれ。清泉女子大学文学部教授。東北大学大学院文学研究科博士後期課程単位取得退学。博士(文学)。専門は日本古代史。著書『古代太上天皇の研究』(思文閣出版)、論文「藤原古子の従一位叙位と文徳天皇の後宮」(『京都学研究と文化史の視座』芙蓉書房出版)、「朝覲行幸と父子の礼・兄弟の礼」(『国史談話会雑誌』五六)など。

西本昌弘(にしもと・まさひろ)【第12講】
一九五五年生まれ。関西大学文学部教授。大阪大学大学院文学研究科博士課程修了。博士(文学)。専門は日本古代史。著書『日本古代の王宮と儀礼』(塙書房)、『桓武天皇』(山川出版社日本史リブレット人)、『早良親王』(吉川弘文館人物叢書)、『空海と弘仁皇帝の時代』(塙書房)など。

岩田真由子(いわた・まゆこ)【第13講】
一九七三年生まれ。同志社大学嘱託講師。同志社大学大学院文学研究科博士課程後期満期退学。博士(文化史学)。専門は日本古代史。著書『日本古代の親子関係——孝養・相続・追善』(八木書店)、『はじめて学ぶ芸術の教科書——史料の森を歩く』(共編著、京都芸術大学・東北芸術工科大学出版局藝術学舎)、論文「古代における内親王の恋と結婚——皇孫の血の世俗化」(『日本歴史』編集委員会編『恋する日本史』吉川弘文館)など。

黒須利夫(くろす・としお)【第14講】
一九六五年生まれ。聖徳大学文学部教授。筑波大学大学院歴史・人類学研究科単位取得退学。博士(文学)。専門は日本古代史。著書『奈良平安時代の〈知〉の相関』(共編著、岩田書院)、『奈良仏教と在地社会』(共著、岩田書院)、『王権と信仰の古代史』(共著、吉川弘文館)など。

樋口知志(ひぐち・ともじ)【第15講】
一九五九年生まれ。岩手大学人文社会科学部教授。東北大学大学院文学研究科博士後期課程中退。博士(文学)。専

門は日本古代史。著書『前九年・後三年合戦と奥州藤原氏』(高志書院)、『阿弖流為——夷俘と号すること莫かるべし』(ミネルヴァ書房)、『前九年・後三年合戦と兵の時代』(編著、吉川弘文館)など。

ちくま新書
1579

古代《こだい》史《し》講義《こうぎ》【氏《し》族《ぞく》篇《へん》】

二〇二一年六月一〇日 第一刷発行

編者 佐藤 信（さとう・まこと）

発行者 喜入冬子

発行所 株式会社 筑摩書房
東京都台東区蔵前二‐五‐三 郵便番号 一一一‐八七五五
電話番号〇三‐五六八七‐二六〇一（代表）

装幀者 間村俊一

印刷・製本 株式会社 精興社

ISBN978-4-480-07404-1 C0221

ちくま新書

1300
古代史講義
――邪馬台国から平安時代まで
佐藤信編
古代史研究の最新成果と動向を一般読者にわかりやすく伝えるべく15人の専門家の知を結集。列島史の全体像が1冊でつかめる最良の入門書。参考文献ガイドも充実。

1391
古代史講義【戦乱篇】
佐藤信編
日本の古代を大きく動かした15の戦い・政争を最新研究に基づき正確に叙述。通時的に歴史展開を見通すとともに、時代背景となる古代社会のあり方を明らかにする。

1480
古代史講義【宮都篇】
佐藤信編
飛鳥の宮から平城京・平安京などの都、太宰府、平泉まで古代の代表的宮都を紹介。最新の発掘・調査成果をもとに都市の実像を明らかにし、古代史像の刷新を図る。

1207
古墳の古代史
――東アジアのなかの日本
森下章司
社会変化の「渦」の中から支配者が出現した、古墳時代の中国・朝鮮・倭。一体何が起こったのか。日本と他地域の共通点と、明白な違いとは。最新考古学から考える。

1497
人事の古代史
――律令官人制からみた古代日本
十川陽一
報復左遷、飼い殺し、飼い慣らし……。天皇を中心に国を統治をするために様々な人の差配が必要となった。国家の礎となる官人とその支配制度に光を当てた一冊。

1247
建築から見た日本古代史
武澤秀一
飛鳥寺、四天王寺、伊勢神宮などの古代建築群を手がかりに日本誕生に至る古代史を一望する。仏教公伝、皇祖神創造、生前退位は如何に三次元的に表現されたのか？

1555
女帝の古代王権史
義江明子
古代天皇継承は女系と男系の双方を含む「双系」的なものだった。卑弥呼、推古、持統らに焦点を当て古代王権史を一望。男系の万世一系という天皇像を書き換える。